Werner Hau · Rechnungswesen

AF124621

Abschlussprüfung für Rechtsanwalts- und Notarfachangestellte

Die Bücher der Reihe Abschlussprüfung für Rechtsanwalts- und Notarfachangestellte richten sich an auszubildende Rechtsanwalts- und Notarfachangestellte, die sich auf die Prüfung vorbereiten. Die Bücher helfen, Verständnislücken auf prüfungsrelevanten Gebieten zu schließen, bieten eigene Kontrollmöglichkeiten an und geben somit die erforderliche Sicherheit für das erfolgreiche Bestehen der Prüfung.

Bisher sind erschienen:

Rechnungswesen
von Werner Hau

Wirtschaftslehre
von Werner Hau

Fachkunde
von Karsten Roeser

Training Fachkunde
von Karsten Roeser

Notariatskunde
von Lena Dannenberg-Mletzko

Werner Hau

Rechnungswesen

Fragen und Fälle mit Lösungen
aus Rechnen und Buchführung

3., überarbeitete Auflage

GABLER

Bibliografische Information Der Deutschen Bibliothek
Die Deutsche Bibliothek verzeichnet diese Publikation in der Deutschen Nationalbibliografie;
detaillierte bibliografische Daten sind im Internet über <http://dnb.ddb.de> abrufbar.

1. Auflage April 1995
2., überarbeitete Auflage März 2001
3., überarbeitete Auflage März 2003

Alle Rechte vorbehalten
© Betriebswirtschaftlicher Verlag Dr. Th. Gabler GmbH, Wiesbaden 2003

Der Gabler Verlag ist ein Unternehmen der Fachverlagsgruppe BertelsmannSpringer.
www.gabler.de

Das Werk einschließlich aller seiner Teile ist urheberrechtlich geschützt. Jede Ver-
wertung außerhalb der engen Grenzen des Urheberrechtsgesetzes ist ohne Zu-
stimmung des Verlags unzulässig und strafbar. Das gilt insbesondere für
Vervielfältigungen, Übersetzungen, Mikroverfilmungen und die Einspeicherung
und Verarbeitung in elektronischen Systemen.

Die Wiedergabe von Gebrauchsnamen, Handelsnamen, Warenbezeichnungen usw. in diesem Werk
berechtigt auch ohne besondere Kennzeichnung nicht zu der Annahme, dass solche Namen im
Sinne der Warenzeichen- und Markenschutz-Gesetzgebung als frei zu betrachten wären und daher
von jedermann benutzt werden dürften.

Umschlaggestaltung: Ulrike Weigel, www.CorporateDesignGroup.de

Gedruckt auf säurefreiem und chlorfrei gebleichtem Papier

ISBN 978-3-409-39728-5   ISBN 978-3-322-96606-3 (eBook)
DOI 10.1007/978-3-322-96606-3

Vorwort

Das vorliegende Buch ist nunmehr in der dritten Auflage erschienen. Änderungen verschiedener Rechtsgrundlagen sind eingearbeitet. Einzelne Aufgaben wurden inhaltlich neu gestaltet und aktualisiert. Die für die Abschlussprüfung bedeutsamen Lerngebiete des Prüfungsfachs Rechnungswesen, nämlich

- Rechnen und
- Buchführung,

sind abgedeckt.

Das Buch ist in enger Anlehnung an die auf Bundesebene erarbeiteten Lerninhalte, die von den einzelnen Bundesländern in die Rahmenlehrpläne für die Berufsschule übernommen werden, konzipiert. Es wird das Lerngebiet Rechnungswesen abgedeckt. Anders als für den Bereich Fachkunde gilt für dieses Gebiet, dass es für die vier rechtsanwendenden Ausbildungsberufe inhaltlich identisch ist. Insofern kann das Buch nicht nur von den im Titel angesprochenen, sondern von allen Auszubildenden der in der ReNoPat-Ausbildungsverordnung unterschiedenen Einzelberufe verwendet werden. Es handelt sich dabei um all jene Personen, die eine Berufsausbildung absolvieren

- zum/zur Rechtsanwaltsfachangestellten
- zum/zur Notarfachangestellten
- zum/zur Rechtsanwalts- und Notarfachangestellten und
- zum/zur Patentanwaltsfachangestellten.

Aus lernpsychologischen Gründen sind Aufgaben- und Lösungsteil voneinander getrennt. Der Leser hat also nach jeder Frage und jedem Fall die Lösung nicht auf dem gleichen Blatt vor Augen. Er muss deshalb sein Ergebnis zunächst selbst formulieren bzw. ermitteln, um es dann mit dem im Lösungsteil vorhandenen zu vergleichen. Dieses Vorgehen fördert eine intensivere Lernweise.

Im Aufgabenteil finden sich häufig auftretende Prüfungsfragen und Fälle aus dem Bereich Rechnungswesen sowie Anwendungsbeispiele aus der Tabellenkalkulation, einschließlich grafischer Darstellung.

Aufgaben- und Lösungsteil des Buches sind insbesondere dadurch gekennzeichnet, dass

- durch die Steigerung des Schwierigkeitsgrades in den einzelnen Kapiteln eine didaktische Vorgehensweise verfolgt wird,
- bei den Aufgaben weitestgehend auf Realitätsnähe Wert gelegt wird,
- fächerübergreifende Inhalte aus dem Bereich der Wirtschafts- und Sozialkunde und der Statistik in einzelne Aufgaben integriert sind,
- handlungsorientierte Aufgabenstellungen die Aktivität des Lesers/Prüflings erhöhen,

- zahlreiche Lösungen Hinweise auf Auszüge aus verschiedenen Rechtsgrundlagen enthalten,
- es Übersichten und Schaubilder ermöglichen, sich einzelne Inhalte besser einzuprägen,
- lebensnah gestaltete Aufgaben integriert sind, die mit Hilfe der Tabellenkalkulation gelöst und deren Ergebnisse mittels Grafiken dargestellt werden müssen.

Das Buch kann nicht nur unterrichtsunterstützend verwendet werden. Als Repetitorium kann es dem Auszubildenden grundsätzlich in dreierlei Hinsicht Hilfestellung bieten. So dient es

- der Auffrischung und Vertiefung der im Unterricht vermittelten Inhalte,
- der Vorbereitung auf bevorstehende Klassenarbeiten und
- der Vorbereitung auf die Zwischen- und Abschlussprüfung.

In dieser Publikation sind den Seiten VII bis IX Informationen zum Inhalt und zur Bewertung der Zwischen- und Abschlussprüfung zu entnehmen.

Am Ende des Buches ist eine Musterprüfung mit Aufgaben- und Lösungsteil einschließlich Bewertungsschlüssel enthalten. Sie entspricht den tatsächlichen Gegebenheiten in einer Abschlussprüfung und bietet somit die Möglichkeit den eigenen Wissensstand zu überprüfen.

Das vorliegende Repetitorium ist das Ergebnis von langjährigen Erfahrungen im Rahmen der täglichen Unterrichtspraxis. Anregungen, insbesondere von Seiten der Schüler, aber auch von Lehrerseite, waren für die inhaltliche Ausgestaltung und die im Rahmen von Neuauflagen erforderlichen Veränderungen sehr hilfreich.

Für konstruktive Kritik und Verbesserungsvorschläge bin ich auch künftig sehr dankbar.

Gerne können Sie dem Autor Ihre Meinung zu diesem Buch auch per E-Mail mitteilen: Werner.Hau@t-online.de.

Wenn Sie mehr über den Autor und seine Arbeit wissen möchten, können Sie ihn auf seiner Homepage im Internet besuchen: www.hau-werner.de.

Werner Hau

Informationen zur Zwischen- und Abschlussprüfung

Am 23. November 1987 ist die ReNoPat-Ausbildungsverordnung (ReNoPat-AusbV) im Bundesgesetzblatt (BGBl. I S. 2392 ff.) veröffentlicht und am 15. Februar 1995 (BGBl. I, S. 206 ff.) in geänderter Fassung publiziert worden. In ihr sind vier Ausbildungsberufe staatlich anerkannt. Es handelt sich dabei um die Ausbildung zum/zur

- Rechtsanwaltsfachangestellten,
- Notarfachangestellten,
- Rechtsanwalts- und Notarfachangestellten und
- Patentanwaltsfachangestellten.

Eine der Gemeinsamkeiten dieser vier so genannten Monoberufe besteht darin, dass die Ausbildungszeit grundsätzlich drei Jahre beträgt. Gemäß § 29 Berufsbildungsgesetz hat die zuständige Stelle (Rechtsanwaltskammer, Notarkammer, Bundespatentanwaltskammer) auf Antrag des/der Auszubildenden die Ausbildungszeit zu kürzen, wenn zu erwarten ist, dass der/die Auszubildende das Ausbildungsziel in der gekürzten Zeit erreichen wird. In der Regel kann die Ausbildungszeit um ein halbes Jahr verkürzt werden, wenn die Durchschnittsnote im Zeugnis der Berufsschule im 4. Halbjahr der Ausbildungszeit nicht schlechter als 2,5 ist.

Bestandteil der Ausbildung ist nicht nur die zweigleisige Ausbildung, d. h. die Ausbildung im Betrieb und in der Berufsschule, sondern auch das Absolvieren einer Zwischenprüfung und einer Abschlussprüfung. Die von einem Aufgabenerstellungsausschuss bei der jeweiligen zuständigen Stelle erstellten Aufgaben decken einen Teil der in der Schule und im Betrieb zu vermittelnden Inhalte und Fertigkeiten ab.

Die Zwischenprüfung soll gemäß Ausbildungsverordnung nach Ablauf des ersten Ausbildungsjahres, jedoch nicht später als 18 Monate nach Beginn der Ausbildung, stattfinden.

Die Abschlussprüfung erfolgt gegen Ende der dreijährigen (bzw. im Falle einer Verkürzung am Ende einer zweieinhalbjährigen) Ausbildungszeit. Im Gegensatz zur Zwischenprüfung ist nicht nur eine schriftliche, sondern auch eine mündliche Prüfung durchzuführen.

Der schriftliche Teil der Abschlussprüfung besteht aus fünf Prüfungsfächern. Der Prüfling soll praxisbezogene Fälle und Aufgaben aus seinem Ausbildungsberuf lösen und dabei zeigen, dass er Regelungen anwenden und rechtliche, wirtschaftliche und gesellschaftliche Zusammenhänge verstehen und beurteilen kann. Für alle vier Ausbildungsberufe gibt es drei gemeinsame Prüfungsfächer, außerdem sind für jeden der vier Ausbildungsberufe noch je zwei zusätzliche Prüfungsfächer zu absolvieren, die sich jedoch inhaltlich unterscheiden.

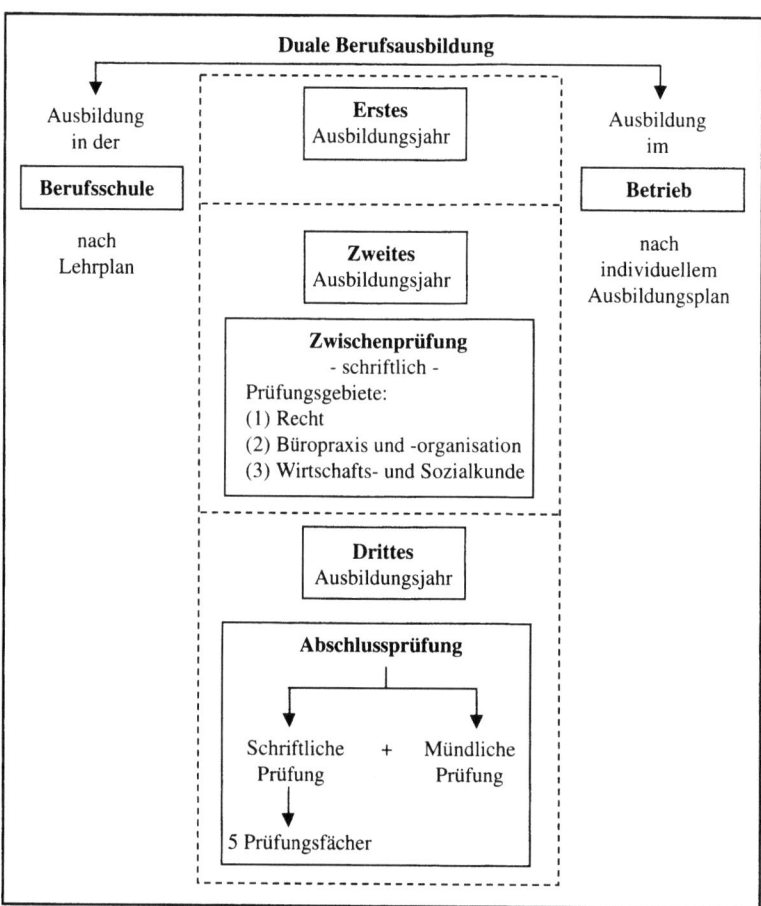

Im Prüfungsfach „Fachbezogene Informationsverarbeitung" wird eine Prüfungszeit von insgesamt 90 Minuten zu Grunde gelegt.

Für das Prüfungsfach Rechnungswesen beträgt die Prüfungsdauer 60 Minuten, für die übrigen Prüfungsfächer jeweils 90 Minuten; sie kann insbesondere unterschritten werden, soweit die Prüfung in programmierter Form durchgeführt wird.

Die mündliche Prüfung ist ein Prüfungsfach mit einer Prüfungsdauer von maximal 30 Minuten je Prüfling. In einem Prüfungsgespräch soll der Prüfling zeigen, dass er mit den für den Ausbildungsberuf wesentlichen Fragen vertraut ist und praktische Fälle lösen kann. Bei der Ermittlung des Gesamtergebnisses hat das Prüfungsfach „Mündliche Prüfung" gegenüber jedem der fünf schriftlichen Prüfungsfächer das doppelte Gewicht.

Die Prüfungsleistungen in der schriftlichen und mündlichen Prüfung einschließlich der mündlichen Ergänzungsprüfung sind nach den Vorschriften der

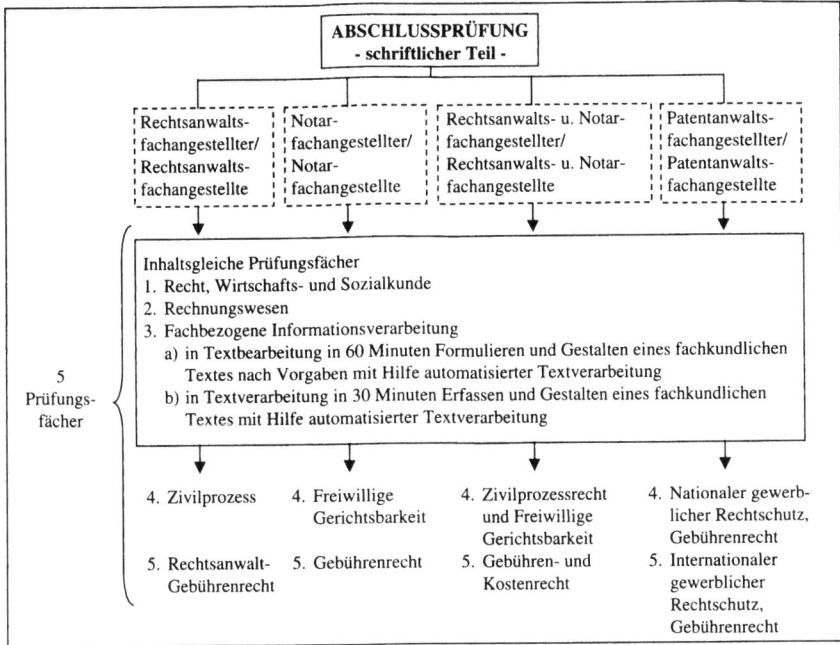

geltenden Prüfungsordnung der zuständigen Stelle (= Kammer) zu bewerten. Diese Bewertung kann z. B. wie folgt lauten (Bewertungsschema der Rechtsanwaltskammer Frankfurt/Main):

100–92 Punkte =	Note 1 =	sehr gut
91–81 Punkte =	Note 2 =	gut
80–67 Punkte =	Note 3 =	befriedigend
66–50 Punkte =	Note 4 =	ausreichend
49–26 Punkte =	Note 5 =	mangelhaft
25– 0 Punkte =	Note 6 =	ungenügend

Sind in der schriftlichen Prüfung die Prüfungsleistungen in bis zu zwei Fächern mit „mangelhaft" und in den übrigen Fächern mit mindestens „ausreichend" bewertet worden, so ist auf Antrag des Prüflings oder nach Ermessen des Prüfungsausschusses in einem der mit „mangelhaft" bewerteten Fächer die schriftliche Prüfung durch eine mündliche Prüfung von etwa 15 Minuten zu ergänzen, wenn diese für das Bestehen der Prüfung den Ausschlag geben kann. Das Fach ist vom Prüfling zu bestimmen. Das Ergebnis der mündlichen Ergänzungsprüfung ist doppelt zu gewichten.

Zum Bestehen der Abschlussprüfung müssen im Gesamtergebnis und in 5 Prüfungsfächern mindestens ausreichende Leistungen erbracht werden. Werden die Prüfungsleistungen in einem Prüfungsfach mit ungenügend bewertet, so ist die Prüfung nicht bestanden.

Die Abschlussprüfung kann gemäß § 34 (1) Berufsbildungsgesetz zwei Mal wiederholt werden.

Inhaltsverzeichnis

KENNST DU DAS AUCH?
(It's five o'clock)

KENNST DU DAS AUCH, DAS GEFÜHL:

NEIN, ICH KANN NICHT MEHR.

DU HAST VERSUCHT, WAS NUR GEHT,

DOCH ES WAR ZU SCHWER.

DU BIST VERZWEIFELT, AM ENDE MIT DEINER KRAFT.

DU GIBST SCHON AUF,

UND DANN HAST DU ES DOCH NOCH GESCHAFFT.

Text: Thomas Woitkewitsch

Lösungen

1 Rechnen

1.1 Grundrechenarten

Liebe Leserinnen und Leser,

auf den folgenden Seiten erwartet Sie eine Auswahl der verschiedenen Rechenarten, deren Anwendungen in Ihrem Beruf von Bedeutung sind. Da es sich hierbei um Grundrechenarten handelt, haben Sie sicher bereits Bekanntschaft damit gemacht.

Die hier aufgeführten Aufgaben sind also **Übung und Fitnessprogramm** zugleich für Sie. Bei solchen Trainingsphasen sollte man den **Taschenrechner** so **wenig wie möglich** benutzen, um dadurch zusätzliche **Konzentrationsübungen** durchzuführen.

Sie werden es erleben: Mit **häufigem Kopfrechnen** erreichen Sie **mehr Schnelligkeit und Sicherheit** beim Rechnen. – Haben Sie Geduld mit sich!

Um Ihnen manches mühevolle Abschreiben der Aufgaben zu erleichtern, haben Sie in bestimmten Fällen die Möglichkeit, die erforderlichen Rechenoperationen in diesem Buch durchzuführen, da genügend Platz dafür gelassen wurde.

Viel Spaß!

1.1.1 Addition/Subtraktion

Beim Addieren oder Subtrahieren von Zahlen, meist sind es Dezimalzahlen, kommt es sehr auf das saubere Untereinanderschreiben der Kommata und der gleichen Stellen an, d.h., die Einer müssen untereinander stehen, ebenso die Hunderter, Tausender oder Zehntel, Hundertstel usw.

Lösungen ab Seite 99

Beispiel: Sie addieren folgende €-Beträge:

$$
\begin{array}{r}
0{,}35 \ € \\
102{,}58 \ € \\
14{,}67 \ € \\
\underline{3{,}14 \ €} \\
\\
\underline{\underline{=}}
\end{array}
$$

Dazu beginnen Sie mit der Addition der letzten Stellen:

$4 + 7 + 8 + 5 = 24$

Die 4 schreiben Sie als Ergebnis unter die rechte Spalte und übertragen die 2 auf die Spalte davor. Diese Addition sieht nun so aus:

2 + 1 + 6 + 5 + 3 = 17

Die 7 kommt unter die erste Stelle hinter dem Komma, die 1 rückt zur nächsten Spalte vor.

1 + 3 + 4 + 2 + 0 = 10

Die 0 steht als Ergebnis unter den Einern, die 1 wandert um eine Stelle nach vorne.

1 + 1 + 0 = 2

Die 2 schreiben Sie unter die Zehner. Da das Teilergebnis unter 10 blieb, gibt es auch keine Zahl, die auf die nächste Spalte übertragen wird.

Bei den Hundertern muss nur noch die 1 ins Ergebnis geschrieben werden, da keine weitere Zahl zum Addieren vorhanden ist. Und so sieht das Ergebnis der gelösten Aufgabe aus:

$$
\begin{array}{r}
0,35\ \euro \\
102,58\ \euro \\
14,67\ \euro \\
3,14\ \euro \\
\hline
= \quad 120,74\ \euro
\end{array}
$$

1. **Addieren** Sie folgende Aufgaben *ohne Einsatz des Taschenrechners*!

   a)
$$
\begin{array}{r}
25,46\ \euro \\
10.017,09\ \euro \\
612,78\ \euro \\
5.024,95\ \euro \\
\hline
= \\
\end{array}
$$

   b)
$$
\begin{array}{r}
15,67\ \euro \\
0,98\ \euro \\
109,17\ \euro \\
23,08\ \euro \\
0,27\ \euro \\
4,56\ \euro \\
13,34\ \euro \\
0,79\ \euro \\
307,25\ \euro \\
16,48\ \euro \\
\hline
= \\
\end{array}
$$

c)

$$
\begin{array}{r}
345{,}067 \text{ kg} \\
39{,}456 \text{ kg} \\
24{,}078 \text{ kg} \\
89{,}560 \text{ kg} \\
1{,}010 \text{ kg} \\
95{,}309 \text{ kg} \\
0{,}489 \text{ kg} \\
46{,}357 \text{ kg} \\
\hline
\end{array}
$$

$$= \underline{\hspace{4cm}}$$

2. Führen Sie die folgende **Subtraktion** durch:

$$
\left.
\begin{array}{rr}
 & 23{,}56 \ € \\
- & 0{,}47 \ € \\
- & 15{,}08 \ € \\
- & 2{,}35 \ €
\end{array}
\right] +
$$

Addieren Sie Stelle für Stelle in der oben beschriebenen Weise alle Zahlen, bis auf die oberste, und subtrahieren Sie von der ersten Zahl:

$5 + 8 + 7 = 20$ bis 6 geht nicht; es muss auf 26 aufgefüllt werden. Also lautet das Ergebnis der rechten Spalte 6.

Die Addition der Zehntel ergibt:
2 (als Übertrag der Hundertstel) $+ 3 + 4 = 9$

Von 9 bis 5 geht nicht, also bis 15; Ergebnis 6 und Übertrag von 1 auf die Spalte davor.

Bei den Einern sieht's so aus:
$1 + 2 + 5 = 8$

Von 8 bis 13 fehlen 5, die als Ergebnis der Einer erscheinen. Die letzte Spalte sieht diese Rechnung vor:
$1 + 1 = 2$

Von 2 bis 2 ist 0. Nun diese Subtraktion im Ganzen:

$$
\left.
\begin{array}{rr}
 & 23{,}56 \ € \\
- & 0{,}47 \ € \\
- & 15{,}08 \ € \\
- & 2{,}35 \ € \\
\hline
= & 5{,}66 \ €
\end{array}
\right] +
$$

Führen Sie nun die nachstehenden Subtraktionen aus:

a)

	128,45 €	
–	0,08 €	
–	23,45 €	
–	6,70 €	
–	14,98 €	
=		

b)

	356,11 €	
–	34,99 €	
–	56,23 €	
–	7,59 €	
–	1,79 €	
–	16,46 €	
=		

c)

	465,980	kg
–	53,78	kg
–	2,256	kg
–	87,037	kg
–	9,12	kg
–	42,337	kg
=		

3. Angela Kring ist Auszubildende in einer Anwaltskanzlei. Sie ist bereit, für ihren Chef Einkäufe zu tätigen, weil dieser seinen 50. Geburtstag mit seinen Mitarbeitern und Mitarbeiterinnen im Büro feiern möchte. Er gibt ihr einen Einkaufszettel und 300 € in die Hand. Sie kauft die auf der Einkaufsliste aufgeführten Esswaren und Gegenstände ein und erhält folgenden Abrechnungszettel (siehe nächste Seite). Bei diesem Einkaufsgang kauft sie auch für sich selbst einige Dinge ein, deren Betrag sie jeweils auf dem Einkaufszettel ankreuzt (siehe Einkaufszettel). Beim Bäcker hat sie zusätzlich 46,20 € bezahlt. In dem Betrag sind 8,50 € für einen halben Kuchen enthalten, den sie für sich selbst erworben hat.

   – Wie viel Geld muss sie ihrem Chef zurückgeben?

   – Wie viel € muss sie für ihre Einkäufe bezahlen?

Feinkost Süssherz	2. April 20..
Wurstwaren	65,17 €
Spirituosen	34,79 €
Papiertaschentücher	3,98 € *
Wein	13,99 €
Wein	38,75 €
Sekt	48,16 €
Milch	2,09 € *
Joghurt	1,15 € *
Dekoration	15,28 €
Kerzen	5,68 €
Süßwaren	2,95 € *
Salzgebäck	9,67 €
Tomaten	5,15 €
Tomaten	2,56 € *

€

Wir danken für Ihren Besuch!

4. Susanne Beckerle hat ein Hobby: Sie sammelt alte Gegenstände und verkauft diese auf Flohmärkten. Zurzeit ist sie stolze Besitzerin der folgenden Dinge, die sie zu den angegebenen Preisen verkauft:

Mütze (3,95 €), Kerze (1,95 €), 7 Taschentücher (je 0,45 €), 3 Handtaschen (je 14,95 €), Kerzenständer (3,80 €), Lampe (8,90 €), Lampe (14,90 €), Deckchen (2,95 €), Vogelkäfig (45,50 €), 17 Kleidungsstücke (je 2,50 €), Schirm (4,75 €), 3 Hüte (je 4,80 €), 5 leere Parfumflaschen (je 1,95 €), eine Spielzeugkiste mit 57 Teilen (je 0,95 €).

Als Standgebühr muss sie 45,– € bezahlen. 10,– € hinterlegt sie als Pfand dafür, dass sie ihren Standplatz sauber verlässt.

a) Berechnen Sie den **Umsatz**, den Susanne Beckerle bei diesem Markt macht!

b) Ermitteln Sie ihren **Gewinn**!

1.1.2 Multiplikation/Division

Lösungen ab Seite 101

Multiplizieren Sie folgende Aufgabe:

$$0,34 \times 6,785 \qquad =$$

Die Elemente einer Multiplikationsaufgabe nennt man Faktoren, und diese kann man vertauschen. Bei der obigen Aufgabenstellung ist es natürlich sinnvoll, die Faktoren zu vertauschen, da man an die zweite Stelle immer die Zahl rückt, die die wenigsten Stellen besitzt, um die schriftliche Ausrechnung möglichst klein zu halten.

Also vertauschen wir die beiden Faktoren:

$$6,785 \times 0,34$$

20355	Sie multiplizieren die Zahl 6,785 zunächst mit 3.
27140	In dieser Zeile multiplizieren Sie 6,785 mit 4; da die 4 eine Stelle nach der 3 steht, beginnen Sie auch eine Stelle zurückversetzt.
2,30690	Die beiden Multiplikationen werden addiert. Von hinten zählen Sie fünf Stellen ab und setzen dort das Komma, weil die beiden zu multiplizierenden Dezimalzahlen zusammen fünf Nachkommastellen besitzen: 6,785 → drei Stellen nach dem Komma; 0,34 → 2 Stellen nach dem Komma, gibt zusammen im Ergebnis fünf Stellen hinter dem Komma.

Multipizieren Sie die folgenden **Dezimalzahlen**! Schreiben Sie die Aufgaben zunächst in der günstigsten Reihenfolge: die Zahl mit den wenigsten Stellen als zweiten Faktor!

1. a)   34,608   ×   5,67   =

    b)   0,45   ×   26,23   =

    c)   78,567   ×   13,49   =

    d)   56,05   ×   3,111   =

    e)   9,068   ×   0,456   =

    f)   87,01   ×   35,987   =

2. Die Auszubildende Sabine Weller hat sich vorgenommen, ihr Zimmer zu renovieren, um sich in ihrer Freizeit darin besser entspannen zu können. Neue Tapeten, Gardinen, Teppichboden, Lampen und einige Dekorationsstücke möchte sie haben. Bei Einsicht in ihr Sparbuch stellt sie fest, dass sie über 3.598,68 € verfügen kann. In den nächsten Tagen holt sie sich die nötigen Preise ein, um für sich einen Kostenvoranschlag zu machen. Außerdem nimmt sie sich vor, die handwerklichen Arbeiten teilweise selbst zu erledigen.

a) In welcher Höhe bewegt sich der **Kostenvoranschlag**, den Sabine anhand der Besorgungsliste erstellt?

b) Wie viel € wird sie von ihrem **Gesparten übrig behalten**?

c) Überraschend beteiligt sich ihr Vater mit 560 € an den Kosten. – Welcher **Betrag** verbleibt nun **auf ihrem Sparbuch**?

Besorgungsliste von Sabine Weller:

		Einzelpreis:	Gesamtpreis:
1)	4 Rollen Tapete	13,95 €	
2)	2 P. Leim	6,80 €	
3)	1 Tapeziererrolle	10,45 €	
4)	1 Kleisterpinsel	11,20 €	
5)	7 m Vorhangstoff	23,95 €	
6)	3 Röllchen Garn	2,95 €	
7)	2 Spots	24,39 €	
8)	1 Stehlampe	326,85 €	
9)	1,5 m Kabel	2,95 €	
10)	19 m2 Teppichboden	39,48 €	
11)	5,5 Arbeitsstunden zum Teppichverlegen	48,00 €	
12)	2 Kerzenständer	11,87 €	
13)	2 Kerzen	3,45 €	
14)	1 Trockenblumenstrauß	36,90 €	

3. In Mainz wohnt die Auszubildende Lena Vollers. Sie arbeitet 17 Kilometer entfernt in Wiesbaden bei dem Notar Stefan Eisele. Ins Büro fährt sie derzeit mit dem eigenen Auto, was ihr aber auf Dauer zu teuer ist. Deshalb überlegt sie, das Angebot ihres Chefs anzunehmen, der für sie ein Jobticket zu 70,– € im Monat beantragen möchte. Das bedeutet, dass sie ihr Auto zu Hause lässt und öffentliche Verkehrsmittel in Anspruch nimmt. Eine andere Möglichkeit ergibt sich ebenfalls: Ihre Kollegin kann an zwei von fünf Arbeitstagen mitfahren und bezahlt anteilmäßig fürs Benzin. Lena Vollers hat ermittelt, dass ihr Auto auf 100 km 8,5 l Benzin verbraucht. Derzeit liegt der Preis für Super bei 1,39 € pro Liter.

a) **In welchen Bundesländern** liegen die beiden Städte **Mainz** und **Wiesbaden**? – Schauen Sie in einer Deutschlandkarte nach!

b) Berechnen Sie die **Benzinkosten**, die Lena Vollers im Monat tragen muss, wenn sie täglich alleine mit dem Auto zur Arbeit fährt!

c) Was kostet sie der **Benzinverbrauch pro Woche**, wenn ihre Kollegin an 2 Tagen mitfährt und **anteilig bezahlt**?

d) **Was spart sie** mit dem Jobticket gegenüber a)?

e) **Welches Angebot** ist das **günstigere**?

1.1.3 Bruchrechnen

1.1.3.1 Addition – Subtraktion – Multiplikation – Division von Brüchen

**Lösungen ab
Seite 104**

> **Merke:** Wer die Regeln der Bruchrechnung nicht beherrscht, wird Schwierigkeiten haben, Aufgaben in Verteilungsrechnen zu lösen!

1. Wenn sich Anwälte und Notare zu einer Bürogemeinschaft zusammenschließen, so tragen sie die Kosten, wie Mietzins, Leasinggebühr für Kopierer, Telefaxgerät usw., gemeinsam. Diese werden – je nach der Größe der Räumlichkeiten – für jede Person der Bürogemeinschaft unter Umständen in verschiedenen Bruchteilen berechnet. Deshalb ist es, wie in anderen Lebenssituationen auch, erforderlich, die Regeln der Bruchrechnung anzuwenden. Beantworten Sie deshalb die nachfolgenden Fragen!

a) Welche Funktion erfüllt der Bruchstrich bei einem Bruch, wie z.B. dem Bruch $\frac{3}{4}$?

b) Wie werden im Falle eines Bruches die Zahlen oberhalb bzw. unterhalb des Bruchstrichs bezeichnet?

c) In welchem Fall spricht man von einem **echten Bruch**?

d) Was ist ein **unechter Bruch**?

e) Nennen Sie ein selbstgewähltes **Beispiel** für einen **unechten Bruch**!

f) Was ist eine **gemischte Zahl**?

g) Nennen Sie ein **Beispiel** für eine **gemischte Zahl**!

h) Verwandeln Sie den unechten Bruch $\frac{243}{6}$ in eine gemischte Zahl!

i) Was sind **gleichnamige Brüche**?

j) Was sind **ungleichnamige Brüche**?

2. Nennen Sie je ein **Beispiel** für **gleichnamige** und **ungleichnamige Brüche**!

3. Stellen Sie eine **Regel** auf, wie man **gleichnamige** Brüche **addiert**!

Beispiel: $\dfrac{3}{16}+\dfrac{5}{16}+\dfrac{1}{16}=\dfrac{9}{16}$

4. Sollten die Brüche nicht gleichnamig sein, muss man diese erst gleichnamig machen, um sie addieren oder subtrahieren zu können. Das geschieht durch **Erweitern**.

> **Erweitern bedeutet**: Zähler und Nenner mit der gleichen Zahl multiplizieren.

Sie suchen also einen gemeinsamen Nenner, den so genannten **Hauptnenner**. Dieser stellt das **kleinste gemeinsame Vielfache** der Nenner dar. Man findet es, indem man das Einmaleins des größten Nenners durchläuft und an jeder Stelle überlegt, ob die anderen Nenner diese Zahl ebenfalls im Einmaleins haben.

Beispiel 1: $\dfrac{3}{4}+\dfrac{5}{6}+\dfrac{7}{8}$

Das kleinste gemeinsame Vielfache, also der Hauptnenner, von 4, 6 und 8 ist 24. Folglich muss der erste Bruch mit 6, der zweite Bruch mit 4 und der dritte Bruch mit 3 **erweitert** werden.

> **Merke**: Beim Erweitern ändert sich der Wert des Bruches nicht, er wird nur anders dargestellt.

Unser Beispiel sieht dann so aus:

$\dfrac{18}{24}+\dfrac{20}{24}+\dfrac{21}{24}=\dfrac{59}{24}$

Wie Sie wissen, stellt der Bruch $\dfrac{59}{24}$ einen unechten Bruch dar, muss also noch in eine gemischte Zahl umgewandelt werden.

$\dfrac{59}{24}=2\dfrac{11}{24}$

Beispiel 2: $\dfrac{3}{25}+\dfrac{4}{10}+\dfrac{1}{5}$

Der Hauptnenner, das kleinste gemeinsame Vielfache, von 25, 10 und 5 ist 50. Den ersten Bruch erweitern Sie mit 2, den Zweiten mit 5, den Dritten mit 10.

Das ergibt folgendes Bild:

$\dfrac{6}{50}+\dfrac{20}{50}+\dfrac{10}{50}=\dfrac{36}{50}$

Dieses Ergebnis ist noch nicht das Endergebnis, denn es muss noch **gekürzt** werden, da Zähler und Nenner einen **größten gemeinsamen Teiler** besitzen, nämlich 2.

Sie **kürzen** einen Bruch, indem Sie den Zähler und den Nenner durch die gleiche Zahl teilen.

Den bis zum Ende gekürzten Bruch nennt man **Grunddarstellung**.

Zurück zum Beispiel 2:

$$\frac{36}{50} = \frac{18}{25}$$

Jetzt sind Sie mit dem Üben an der Reihe! Geben Sie die folgenden Brüche in der Grunddarstellung (gekürzt bis zum Ende) an:

a) $\dfrac{27}{81} = \underline{\quad}$

b) $\dfrac{15}{96} = \underline{\quad}$

c) $\dfrac{48}{144} = \underline{\quad}$

d) $\dfrac{19}{361} = \underline{\quad}$

e) $\dfrac{150}{180} = \underline{\quad}$

f) $\dfrac{96}{512} = \underline{\quad}$

g) $\dfrac{13}{169} = \underline{\quad}$

h) $\dfrac{42}{196} = \underline{\quad}$

5. Addieren oder subtrahieren Sie die folgenden gleichnamigen Brüche!

a) $\dfrac{5}{18}+\dfrac{7}{18}+\dfrac{13}{18}+\dfrac{17}{18}=$

b) $\dfrac{43}{44}-\dfrac{7}{44}-\dfrac{15}{44}-\dfrac{19}{44}-\dfrac{1}{44}=$

c) $\dfrac{13}{144}+\dfrac{67}{144}+\dfrac{75}{144}+\dfrac{113}{144}+\dfrac{107}{144}=$

6. Nun sind die Brüche ungleichnamig!

Lösen Sie folgende Aufgaben!

a) $\dfrac{3}{8}+\dfrac{5}{9}+\dfrac{1}{4}+\dfrac{7}{18}+\dfrac{35}{36}=$

b) $\dfrac{95}{96}-\dfrac{5}{12}-\dfrac{11}{24}=$

c) $\dfrac{7}{12}+\dfrac{5}{9}+\dfrac{15}{16}+\dfrac{13}{18}+\dfrac{7}{8}=$

d) $\dfrac{10}{11}-\dfrac{3}{13}=$

e) $\dfrac{7}{13}+\dfrac{7}{15}=$

f) $\dfrac{1}{6}+\dfrac{9}{10}+\dfrac{13}{15}+\dfrac{11}{12}+\dfrac{2}{3}=$

g) $\dfrac{7}{18}+\dfrac{11}{45}+\dfrac{5}{6}=$

7. **Gemischte Zahlen** sind Ihnen mittlerweile vertraut, sodass Sie an Ihre Addition/Subtraktion gehen können. Dabei addieren/subtrahieren Sie die ganzen Zahlen und verfahren mit den Brüchen in gewohnter Weise, d.h. gleichnamig machen, dann die Zähler addieren oder subtrahieren. Auch hier muss am Schluss, wenn nötig, gekürzt werden.

a) $5\dfrac{2}{3}+9\dfrac{5}{27}+4\dfrac{15}{81}=$

b) $23\dfrac{8}{9}-6\dfrac{1}{3}-8\dfrac{1}{15}=$

c) $\quad 167\frac{3}{25} - 36\frac{17}{20} - 72\frac{3}{10} =$

d) $\quad 96\frac{5}{9} + 45\frac{7}{12} + 39\frac{13}{16} - 100\frac{2}{3} =$

e) $\quad 18\frac{1}{3} + 57\frac{23}{25} + 114\frac{11}{15} =$

8. In der Addition bzw. Subtraktion von Brüchen sind Sie nun fit!

   Stellen Sie jetzt eine Regel auf, wie man **Brüche multipliziert**!

9. Lösen Sie folgende Multiplikationen! – Schreiben Sie dazu die Aufgabe zunächst auf **einen** Bruchstrich!

   a) $\quad \dfrac{5}{9} \times \dfrac{7}{8} =$

   b) $\quad \dfrac{13}{15} \times \dfrac{9}{48} \times \dfrac{12}{39} =$

   c) $\quad \dfrac{7}{12} \times \dfrac{14}{35} \times \dfrac{15}{32} \times \dfrac{6}{45} =$

   d) $\quad \dfrac{19}{63} \times \dfrac{17}{95} \times \dfrac{21}{102} =$

   e) $\quad \dfrac{11}{65} \times \dfrac{13}{55} \times \dfrac{22}{121} =$

   f) $\quad \dfrac{9}{128} \times \dfrac{16}{99} \times \dfrac{22}{84} \times \dfrac{42}{66} =$

10. Wie multipliziert man **gemischte Zahlen**?

11. Lösen Sie die Multiplikationen mit gemischten Zahlen! Schreiben Sie auch hier wieder auf einen Bruchstrich!

   a) $\quad 3\frac{3}{4} \times 5\frac{4}{5} =$

   b) $\quad 17\frac{3}{6} \times 18\frac{6}{7} =$

   c) $\quad 12\frac{8}{12} \times 5\frac{1}{4} =$

d) $14\frac{3}{8} \times 13\frac{3}{5} =$

e) $3\frac{7}{15} \times 6\frac{7}{18} =$

f) $2\frac{15}{20} \times 7\frac{13}{25} =$

12. Zum Ende des Bruchrechnungskurses fehlt Ihnen noch das **Dividieren** von Brüchen und gemischten Zahlen. Brüche werden **dividiert**, indem man mit dem Kehrwert des zweiten Bruches den Ersten multipliziert. **Kehrwert** heißt: Man vertauscht Zähler und Nenner.

Beispiel: $\frac{3}{4}$ davon der Kehrwert: $\frac{4}{3}$

Beispiel für die **Division** von Brüchen:

$$\frac{3}{10} : \frac{5}{6} = \frac{3}{10} \times \frac{6}{5}$$

Auch hier gilt wieder: Vor dem Multiplizieren **kürzen**! Daraus folgt:

$$\frac{3}{5} \times \frac{3}{5} = \frac{9}{25}$$

Führen Sie die folgenden Divisionen durch! Wie bereits gewöhnt, schreiben Sie die Multiplikationsaufgabe auf einen Bruchstrich!

a) $\frac{7}{8} : \frac{14}{22} =$

b) $\frac{14}{72} : \frac{196}{216} =$

c) $\frac{25}{36} : \frac{125}{92} =$

d) $\frac{144}{153} : \frac{12}{17} =$

e) $\frac{11}{18} : \frac{121}{180} =$

f) $\frac{3}{7} : \frac{126}{154} =$

g) $\frac{5}{8} : \frac{75}{64} =$

13. **Gemischte Zahlen** müssen auch noch dividiert werden. Dazu wandeln Sie die gemischten Zahlen in unechte Brüche um und verfahren wie bei der Division von Brüchen, Sie multiplizieren also mit dem Kehrwert.

a) $2\frac{1}{2} : 3\frac{5}{6} =$

b) $5\frac{3}{8} : 4\frac{4}{9} =$

c) $4\frac{1}{5} : 3\frac{3}{4} =$

d) $7\frac{4}{5} : 6\frac{3}{11} =$

e) $1\frac{1}{4} : 2\frac{7}{8} =$

f) $8\frac{4}{8} : 3\frac{1}{9} =$

g) $6\frac{2}{5} : 6 =$

h) $7 : 3\frac{8}{9} =$

14. Tragen Sie zur **Wiederholung** der Bruchrechnung nochmals die wichtigsten Regeln stichwortartig in das Schaubild ein!

Rechenoperation	Regel	eigenes Beispiel
Addition von Brüchen		
Subtraktion von Brüchen		

Rechenoperation	Regel	eigenes Beispiel
Multiplikation von Brüchen		
Division von Brüchen		

1.1.3.2 Dezimalbrüche

Häufig ist es notwendig, Brüche in Dezimalzahlen anzugeben oder umgekehrt Dezimalzahlen in Brüche umzuwandeln. Mit Brüchen können Sie – die Regeln der Bruchrechnung beherrschen Sie jetzt – schneller zu einem Ergebnis kommen.

Lösungen ab Seite 109

Beispiele:

Der Bruch $\frac{3}{4}$ soll in einen Dezimalbruch umgewandelt werden. Sie wissen, dass der Bruchstrich nichts anderes als ein Geteiltzeichen darstellt. Also teilen Sie den Zähler durch den Nenner.

$$
\begin{array}{l}
3 \ : \ 4 = 0{,}75 \\
\underline{0} \\
30 \\
\underline{28} \\
20 \\
\underline{20} \\
0
\end{array}
$$

Der Bruch $\frac{1}{3}$ soll in einem Dezimalbruch dargestellt werden.

Dazu dividieren Sie wieder den Zähler durch den Nenner.

$$1 : 3 = 0{,}33333333 = 0{,}\overline{3}$$

$$\underline{0}$$

$$10$$

$$\underline{9}$$

$$10$$

$$\underline{9}$$

$$10$$

usw. Der Rest bleibt immer der gleiche. Hier handelt es sich um einen **periodischen Dezimalbruch**, weil die Zahlenfolge nach dem Komma – hier die 3 – sich ständig wiederholt.

Beim Umwandeln des Bruches $\dfrac{3}{7}$ ergibt sich folgendes Bild

$$3 : 7 = 0{,}4285$$

$$\underline{0}$$

$$30$$

$$\underline{28}$$

$$20$$

$$\underline{14}$$

$$60$$

$$\underline{56}$$

$$40$$

$$\underline{35}$$

$$50$$

Die Division führt zu keinem Ende, auch wiederholt sich keine Zahlenfolge, ist also kein periodischer Dezimalbruch, man spricht von einem **nicht abbrechenden Dezimalbruch**. In einem solchen Fall wird die Rechnung leichter und exakter, wenn man mit dem Bruch weiterrechnet. Bei Dezimalzahlen mit mehreren Nachkommastellen sollten Sie sich auf zwei oder drei Stellen nach dem Komma beschränken. Da man nicht einfach die Zahlen z.B. ab der vierten Stelle vernachlässigen kann, muss richtig **gerundet** werden. Dabei gilt folgende Regel: Wenn die nachfolgende Stelle kleiner als 5 ist, wird **abgerundet**. Wenn sie 5 und mehr ist, wird **aufgerundet**. In unserem Beispiel oben bedeutet ein Runden auf 3 Stellen hinter dem Komma: $0{,}4285 \rightarrow 0{,}429$. Die maßgebende vierte Stelle ist eine 5, somit muss die dritte Stelle aufgerundet werden.

3,4243 soll auf zwei Stellen nach dem Komma gerundet werden.

Die maßgebliche dritte Stelle ist eine 4, also kleiner als 5, somit wird abgerundet, d.h., die zweite Stelle bleibt wie sie ist.

$3{,}4243 \rightarrow 3{,}42$

Nun zurück zur Frage Bruch/Dezimalzahl, und zwar zum umgekehrten Fall:

Die Dezimalzahl soll in einen Bruch umgewandelt werden.

Beispiele:

$$0,5 = \frac{5}{10} \qquad \text{gekürzt:} \qquad \frac{1}{2}$$

$$0,75 = \frac{75}{100} \qquad \text{gekürzt:} \qquad \frac{3}{4}$$

$$3,125 = 3\frac{125}{1000} \qquad \text{gekürzt:} \qquad 3\frac{1}{8}$$

Die erste Stelle hinter dem Komma sind die Zehntel. Im ersten Beispiel (0,5) haben Sie 5 Zehntel. Diesen Ausdruck schreiben Sie als Bruch und kürzen das Ergebnis, wenn möglich. Hundertstel heißt die zweite Stelle nach dem Komma. Bei 0,75 sind 75 Hundertstel vorhanden. Auch hier schreiben Sie als Bruch und kürzen das Ergebnis. Die dritte Stelle nach dem Komma nennt man Tausendstel. Im dritten Beispiel sind zusätzlich noch Ganze vorhanden, die auch weiterhin als Ganze behandelt werden. Das bedeutet: Es entsteht eine gemischte Zahl. Von den Tausendstel haben Sie 125, was Sie als Bruch darstellen und anschließend mit 125 kürzen.

1. Jetzt sind Sie wieder an der Reihe!

   a) Wandeln Sie folgende Brüche in Dezimalzahlen um.

   $$\frac{1}{5} = \underline{\quad\quad}$$

   $$\frac{2}{7} = \underline{\quad\quad}$$

   $$\frac{3}{8} = \underline{\quad\quad}$$

   $$\frac{4}{25} = \underline{\quad\quad}$$

   $$\frac{7}{100} = \underline{\quad\quad}$$

   $$\frac{1}{6} = \underline{\quad\quad}$$

   $$\frac{9}{10} = \underline{\quad\quad}$$

   $$\frac{7}{12} = \underline{\quad\quad}$$

b) Stellen Sie folgende Dezimalzahlen als Brüche dar!

$$0,02 =$$

$$4,08 =$$

$$17,12 =$$

$$0,25 =$$

$$9,375 =$$

$$10,625 =$$

1.2   Durchschnittsrechnen

Lösungen ab Seite 111

1. Rechtsanwalt Horst Zipfelmütz erhielt von der Deutschen Telekom AG im letzten Kalenderjahr folgende Rechnungen.

Januar	564,48 €
Februar	723,15 €
März	612,47 €
April	686,23 €
Mai	635,16 €
Juni	582,24 €
Juli	512,22 €
August	456,14 €
September	546,15 €
Oktober	589,86 €
November	701,24 €
Dezember	633,50 €

Wie hoch sind seine durchschnittlichen monatlichen Telefongebühren?

2. Rechtsanwalt Günter Frohsinn lädt aus Anlass der Eröffnung seiner Kanzlei 24 Freunde zu einer Party ein. Für den Kauf der Getränke und Speisen hat er folgende Beträge ausgegeben:

- 336,50 €
- 28,40 €
- 212,80 €
- 86,20 €
- 176,— €
- 42,10 €

a) Wie viel € hat er für sich und die eingeladenen Gäste im Durchschnitt ausgegeben?

b) Am Ende der Party bleiben Getränke im Wert von 182,– € übrig. Wie hoch ist nun der Durchschnittswert, den er für sich und seine Gäste ausgegeben hat?

3. Die Rechtsanwältin Andrea Dollmann hat im ersten Halbjahr für Fachliteratur folgende Beträge ausgegeben:

Januar	212,50 €
Februar	86,20 €
März	124,40 €
April	220,— €
Mai	38,30 €
Juni	50,60 €

   Wie viel € gab Frau Dollmann im Durchschnitt im Monat für den Kauf von
   Fachliteratur im ersten Kalenderhalbjahr aus?

4. Der Turnverein Vorwärts beabsichtigt, einen neuen Tennisplatz zu bauen.
   Deshalb bittet der Vorstand in einem Brief die Mitglieder des Vereins,
   Geld für dieses Vorhaben zu spenden. Es gingen bisher folgende Spenden-
   beträge ein:

– März	480,– €
– April	2.510,– €
– Mai	1.280,– €
– Juni	920,– €
– Juli	3.850,– €
– August	1.220,– €
– September	940,– €.

   In der Anfang Oktober stattfindenden Mitgliederversammlung soll Aus-
   kunft über die finanzielle Lage des Vereins gegeben werden. Es stellen sich
   u.a. folgende Fragen:

   a) Wie viel Spendengelder sind seit Spendenaufruf insgesamt eingegan-
      gen?

   b) Wie viel € an Spendengeldern wurden seit Spendenaufruf monatlich
      durchschnittlich gespendet?

5. Antonia Dodaro erzielte in ihrer neu eröffneten Boutique in den ersten 7
   Monaten ab Februar folgende in 1.000,– €-Beträge aufgerundete Umsätze:

Februar	5.000,– €
März	12.000,– €
April	16.000,– €
Mai	14.000,– €
Juni	20.000,– €
Juli	14.000,– €
August	24.000,– €

   a) Wie hoch war ihr bisheriger Umsatz insgesamt?

   b) Welchen Umsatz erzielte sie pro Monat im Durchschnitt?

   c) Veranschaulichen Sie die Umsätze im Koordinatenkreuz der Abbil-
      dung!

Umsatz in Tausend €

Monate

6. In einer Klasse mit Rechtsanwaltsfachangestellten wurde eine Klassenarbeit in Rechnen geschrieben. Nach der Korrektur trägt der Lehrer folgende Noten in sein Notenbuch ein:

Name	Note	Name	Note
1. Areld, Sascha	4	15. Gringelblum, Anja	3
2. Baldauf, Brigitte	4	16. Hahn, Jochen	2
3. Baumecker, Erika	2	17. Hilfreich, Arnold	3
4. Beier, Judith	5	18. Hobel, Nicole	
5. Bouffier, Jana	6	19. Holster, Natascha	4
6. Eberle, Maja	1	20. Katzenfroh, Inge	5
7. Edel, Tina	2	21. Kehrfein, Kristina	2
8. Ergonomika, Josef	2	22. Ohnehin, Anke	6
9. Freiherr, Tanja	3	23. Ringelnatz, Peter	
10. Frommer, Peter	2	24. Rohbein, Stefanie	
11. Gabel, Patricia		25. Schlumpflied, Kati	3
12. Ganz, Ilona	3	26. Stahlhart, Sonja	4
13. Geling, Katja	1	27. Tanz, Yvonne	
14. Gotterbarm, Maria	2	28. Usambara, Veilchen	5

Stellen Sie eine **Strichliste** für die Noten von 1 bis 6 auf!

Fügen Sie Ihre **Ergebnisse in folgende Übersicht** ein!

Note	1	2	3	4	5	6
Summe Noten						

c) Berechnen Sie die Durchschnittsnote!

7. Nach abgeschlossener Berufsausbildung als Notarfachangestellte und fünfjähriger Berufserfahrung bei Notaren haben sich Irina Besier und Marie-Luise Schmalfuß entschlossen, einen Betrieb in München zu übernehmen, der bisher bedruckte T-Shirts, Schallplatten und CDs verkauft hat. Das Unternehmen war bisher ein Einzelkaufmann. Es soll nun in eine andere Unternehmensform umgewandelt werden. Irina möchte auf keinen Fall mit ihrem Privatvermögen haften.

a) In welcher Abteilung des **Handelsregisters** war der bisherige **Einzelkaufmann** eingetragen?

b) Welche **Unternehmensform** kommt in Frage, wenn nur Irina nicht mit ihrem Privatvermögen haften möchte?

c) Um **welche Unternehmensform** handelt es sich, wenn **beide** Jungunternehmerinnen **nicht mit** ihrem **Privatvermögen** haften möchten?

d) In welcher Abteilung des **Handelsregisters** wird ein Unternehmen eingetragen, bei dem **alle Gesellschafter nicht mit** ihrem **Privatvermögen** haften?

e) Da Schallplatten kaum noch gekauft werden, möchten die beiden Geschäftsinhaber den bisherigen Bestand zu einem Einheitspreis verkaufen. Zurzeit befinden sich folgende CDs auf Lager:

   16 CDs zum Preis von 12,80 €
   14 CDs zum Preis von 14,60 €
  125 CDs zum Preis von 21,80 €
   94 CDs zum Preis von 12,00 €
   56 CDs zum Preis von 13,00 €
   82 CDs zum Preis von 14,00 €.

   Ermitteln Sie den Preis, der **gewogener Durchschnitt** für diese Tonträger ist!

f) Wie lautet die allgemeine **Formel** für den **gewogenen Durchschnitt**?

g) **Runden Sie** den Wert für den errechneten gewogenen Durchschnitt aus Aufgabe e) auf volle € auf. **Reduzieren Sie** diesen **Wert um 60 %**, um so den **Verkaufspreis** für jede Schallplatte zu berechnen!

8. Um sich das Taschengeld aufzubessern, jobbt Anita an Samstagen in einem Dritte Welt Laden. Unter anderem werden verschiedene Kaffeesorten verkauft. Eine dieser Sorten ist eine Mischung aus vier verschiedenen Kaffeearten. Es wurden im Monat Mai folgende Kaffeesorten eingekauft:

50 kg à 10,80 € pro kg
40 kg à   8,20 € pro kg
50 kg à   7,40 € pro kg
30 kg à   6,80 € pro kg

a) Wie viel **kg Kaffee** wurden im Mai **insgesamt** eingekauft?

b) Zu welchem **Gesamtwert** wurde der Kaffee eingekauft?

c) Wie hoch ist der **Durchschnittspreis pro kg** für alle eingekauften Kaffeesorten?

d) Wie viel kostet **ein kg Kaffee der Kaffeemischung im Verkauf**, wenn pro kg 30 % aufgeschlagen werden? – Runden Sie auf volle € auf!

1.3   Dreisatz

1. a) Rechtsanwalt Josef Weimer kauft in einem Schreibwarengeschäft 12 Ordner. Er zahlt dafür 81,60 €.

   Wie viel € kostet ein **Ordner**?

Lösungen ab Seite 117

   b) Alex Lingenbrinck liest in der Zeitung eine Werbeanzeige über CDs, von denen jede angebotene 12,80 € kostet. Wie viel € muss Alex zahlen, wenn er sich zum Kauf von 6 CDs entscheidet?

   c) Worin besteht der grundsätzliche Unterschied zwischen der Berechnung der Aufgabe a) und der Aufgabe b)?

2. Tim Grünschnabel hat in einem Kaufhaus an Samstagen einen Job im Lager angenommen, um sich sein Taschengeld aufzubessern. Er erhält für seine Arbeit an 4 Samstagen insgesamt 492,80 €. An jedem Samstag arbeitet er 8 Stunden.

   Berechnen Sie den **Stundenlohn**!

3. Auf Grund ihres Fahrtenbuches verbraucht das Auto von Julia Gambke im Durchschnitt 8,2 Liter Super-Benzin, wenn sie 100 km Fahrtweg zu Grunde legt. Julia beabsichtigt, eine Woche nach Hamburg zu fahren. Für die Hin- und Rückfahrt kalkuliert sie 1.400 km ein.

   a) **Wie viel Liter Benzin** muss sie für diese Fahrt einplanen?

   b) **Wie viel Geld** muss sie für den Spritverbrauch vermutlich insgesamt hinlegen, wenn sie von einem **Liter-Preis von 1,02 €** ausgeht?

   c) Wie viel wird die **Reise** vermutlich **insgesamt kosten**, wenn sie für sieben Übernachtungen 805,– € einkalkuliert und sie ihre Ausgaben für Verpflegung mit täglich 30,– € veranschlagt?

   d) Welchen **Preis** muss Julia **für eine Übernachtung** bezahlen?

   e) Was wird die **Reise pro Tag** vermutlich kosten?

4. Angelika Schwing geht einer Teilzeitarbeit nach. Sie hat mit ihrem Arbeitgeber vereinbart, dass sie für eine wöchentliche Arbeitszeit von **16 Stunden 264,–€** erhält.

   Welchen Betrag muss ihr der Arbeitgeber zahlen, wenn sie **24 Stunden** arbeitet?

5. Vier Freunde haben gemeinsam ein Haus gekauft. Jeder bezieht eine Wohnung. Peter hat einen Anteil von 75 m², Markus, Wolfgang und Harald jeweils 85 m² Wohnfläche. Für verlegten Teppichboden zahlen sie insgesamt 18.150,– €.

   a) Was kostet **ein m² Teppichboden**?

   b) Wie viel € hat **jeder** zu **zahlen**?

6. Tina Sänger geht im Monat 6 x in eine Diskothek. Sie gibt dann allabendlich 22,– € einschließlich 10 € Eintritt aus. Wie oft könnte sie die Diskothek besuchen, wenn der Eintrittspreis 15 € wäre?

7. In einem Marktforschungsinstitut sind 8 Personen ständig beschäftigt. Sie werten innerhalb von 5 Tagen insgesamt 3.150 Interviews aus.

   Wie lange dauert es mit der Auswertung dieser Interviews, wenn 2 Personen wegen Krankheit ausfallen?

8. Martina Schwarzhaupt wartet an der U-Bahn. Nach einem Blick auf den Fahrplan erkennt sie, dass in der Hauptverkehrszeit 36 Züge im Abstand von 4 Minuten fahren.

   Wie viele Züge können in der gleichen Zeit fahren, wenn der Zeittakt aus Kostengründen verdoppelt wird?

9. In einer Bank werden am Tag 2.800 Zahlungsvorgänge im Computer von 6 Angestellten erfasst. Diese haben eine Arbeitszeit von durchschnittlich 8 Stunden an 5 Tagen pro Woche.

   Wie viel Tage werden benötigt, wenn 3.500 Zahlungsvorgänge im Computer von 4 Angestellten erfasst werden, die wöchentliche Arbeitszeit von Montag bis Freitag aber 38 Stunden beträgt?

10. Die 20-jährige Lydia Bauer arbeitet in einem Anwaltsbüro. Seit einiger Zeit macht sie sich verstärkt Gedanken über ihre Gesundheit. Da ihre Arbeit vorwiegend im Sitzen zu erledigen ist, treibt sie mehr Sport, um fit zu bleiben und ihre Arbeitskraft zu erhalten. Lydia weiß aber auch, dass die Ernährung eine große Rolle spielt, um sich wohl zu fühlen. Kürzlich las sie in einer Zeitschrift, dass Frauen zwischen 19 und 25 Jahren 2.200 kcal zu sich nehmen sollen.

    Daraufhin achtet Lydia auf die Kalorienangaben auf den Lebensmittelverpackungen und besorgt sich eine kleine Nährwerttabelle. Leider findet sie keine Kalorienangabe, sondern lediglich Kilojoule (kJ).

    In den folgenden Tagen erstellt sie eine Liste von Lebensmitteln, die sie häufiger zu sich nimmt (siehe nächste Seite). Anhand der Nährwerttabelle errechnet sie sich die Kilokalorien.

    Auf einer Cola-Flasche findet Lydia die Angaben: 44,26 kcal und 185 kJ

    a) Berechnen Sie, **wie viel kJ einer Kilokalorie** entsprechen! – Runden Sie das Ergebnis auf 2 Stellen nach dem Komma!

    b) Berechnen Sie die **kJ-Werte** der aufgestellten Liste und tragen Sie Ihre Ergebnisse in der Spalte „kJ" ein! – Runden Sie die Ergebnisse!

Lebensmittel	Menge	kcal	kJ
Joghurt	200 g	122	
Goudakäse	100 g	365	
Doppelrahmkäse	100 g	329	
1 Ei		84	
Kabeljaufilet	300 g	219	
Schweinekamm	300 g	633	
Kalbsleberwurst	100 g	266	
Roggenbrot	200 g	444	
Blumenkohl	300 g	69	
Kartoffeln	200 g	140	
Äpfel	200 g	100	
Schokoladenpudding	100 g	127	

1.4 Verteilungsrechnen

1. Die Anwälte der Rechtsanwaltskanzlei Dr. E. Paul, H. Eisenach & W. Liebig wollen ihre Büroräume mit einem neuen Bodenbelag verschönern. Das ganze Büro weist eine Fläche von 162 m² auf. Der Kostenvoranschlag beläuft sich auf 2.106 €. Der Betrag soll nicht in drei gleiche Teile aufgeteilt werden, sondern die Anwälte zahlen einen Anteil entsprechend ihrer Bürogröße. So verfügt Dr. Paul über 76 m², H. Eisenach über 53 m² und W. Liebig über den Rest.

   Welche Kosten kommen auf die **einzelnen Herren** zu?

Lösungen ab Seite 120

2. Josef Areld, Anita Baum, Inge Dreher und Hans Emmerlich kaufen gemeinsam ein Haus zum Preis von 860.000,– €. An einen Immobilienmakler müssen sie 5,7 % Courtage zahlen. Areld hat den in m² bemessenen kleinsten Teil am Haus erworben. Deshalb vereinbaren die vier Personen, dass Areld 10 % der Courtage zu zahlen hat, während die anderen Käufer den Rest des Betrages zu gleichen Teilen übernehmen.

   Wie viel € hat **jede Person** an Maklercourtage zu **zahlen**?

3. Herr Schwarz liest am 24. September in der Zeitung, dass Heizöl zurzeit günstig angeboten wird. Daraufhin ruft er bei einem Unternehmen an, das diesen Brennstoff zum Kauf anbietet. Schwarz erfährt, dass der Preis in Abhängigkeit von der gekauften Menge unterschiedlich hoch sei. Er wird wie folgt informiert: Das Heizöl kostet bei einer Abnahme von mindestens

- 1.000 Liter   44   Cent pro Liter
- 2.000 Liter   43   Cent pro Liter
- 3.000 Liter   42   Cent pro Liter
- 4.000 Liter   41   Cent pro Liter
- 5.000 Liter   40   Cent pro Liter
- 8.000 Liter   39   Cent pro Liter
- 12.000 Liter   38,5   Cent pro Liter

Nach dieser Information vereinbart er mit den Nachbarn Wild und Groß, das Öl gemeinsam auf eine Rechnung zu kaufen, um den Mengenrabatt auszunutzen. Groß hat sich gerade in diesem Jahr eine neue Heizung in sein Haus einbauen lassen und tankt den Tank mit einem Volumen von 5.000 Litern voll. Die beiden anderen Nachbarn füllen ihren Tank jeweils auf. Der Tank von Schwarz wird mit 2.800 Litern und der von Wild mit 1.900 Litern nachgefüllt.

a) **Wie viel Liter Heizöl** lassen die Nachbarn **insgesamt** in die Tanks füllen?

b) Was **kostet** der Liter Heizöl für die in a) errechnete Literzahl?

c) Wie hoch ist der **Gesamtpreis** für alle Tanks? (Mehrwertsteuer wird nicht berücksichtigt)

d) Welchen **Preis** haben die Nachbarn **im Einzelnen** zu zahlen?

e) Welchen **Betrag** hätte jeder Einzelne zahlen müssen, **wenn** der **Mengenrabatt nicht ausgenutzt** worden wäre?

f) Welchen Betrag **spart jeder Einzelne** durch den gemeinsamen Einkauf von Heizöl?

g) Wie viel € **verliert** der **Heizöl-Lieferant** durch den Einkauf der drei Nachbarn?

4. Vier Freundinnen haben Lotto mit unterschiedlichem Kapitaleinsatz gemeinsam gespielt. Es haben eingebracht

- Jennifer   18,– €,
- Sabrina   12,– €,
- Elke   28,– € und
- Doris   34,– €.

a) Welchen **Betrag** haben die vier Personen **insgesamt eingesetzt**?

b) Wie viel € erhält jede Einzelne der Freundinnen, wenn der **Lottogewinn 38.640,– €** betrug?

5. Der Notar L. Grünig muss für einen Mandanten eine Erbschaft regeln. Diese beläuft sich auf 94.400,– €. Laut Testament soll die Tochter Jorgelina des Verstorbenen 1/3 des Vermögens erhalten, der Sohn Christopher 3/8 und die jüngste Tochter Beatrice den Rest.

a) Wie viel **Anteile** erhält jeder?

b) Wie viel € erhält **jedes Kind** aus der Erbmasse?

6. Die Rechtsanwälte Jörg Caesar, Tom Jungblut und Hartmut Tillmann haben zusammen das erste Obergeschoss eines Hauses gemietet. Monatlich zahlen sie zusammen 2.475,– € an Kaltmiete für die Räumlichkeiten, deren Grundriss im Nachfolgenden dargestellt ist.

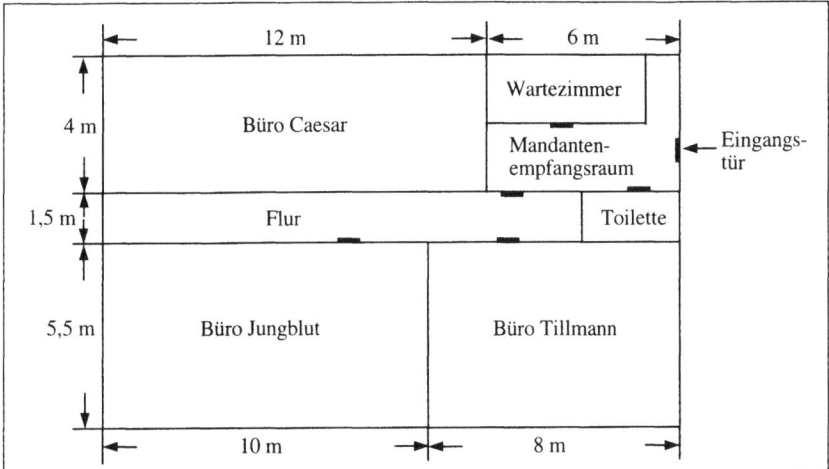

a) Den Mietzins für das Wartezimmer, den Empfangsraum, den Flur und die Toilette **tragen alle gemeinsam**. – Wie groß ist diese **Fläche insgesamt**?

b) Wie **groß** sind die **einzelnen Büros** der Rechtsanwälte?

c) Wie **groß** ist die **gesamte gemietete Fläche**?

d) Wie hoch ist der **Preis pro m²** der gemieteten Fläche?

e) Wie hoch sind die **Kosten** für die **gemeinsam genutzten Flächen**?

f) Wie hoch ist der **Mietzins je Anwalt** für die gemeinsam genutzte Fläche?

g) Füllen Sie folgende **Übersicht** aus!

Name der Anwälte	Mietzins je Büro	Mietzins für gemeinsam genutzte Räumlichkeiten	Mietzins insgesamt je Anwalt
Caesar			
Jungblut			
Tillmann			
Summe			

7. Rainer Holprich, Jan Wedekind, Ina Sanftvoll und Brigitta Neufang haben im Februar in Bonn eine OHG gegründet. Am Jahresende soll der Gewinn in Höhe von **260.000,– €** nach den Vorschriften des HGB verteilt werden.

---

§ 121 HGB (Verteilung von Gewinn und Verlust)

(1) Von dem Jahresgewinn gebührt jedem Gesellschafter zunächst ein Anteil in Höhe von vier vom Hundert seines Kapitalanteils. Reicht der Jahresgewinn hierzu nicht aus, so bestimmen sich die Anteile nach einem entsprechend niedrigeren Satze.

(2) ...

---

(3) Derjenige Teil des Jahresgewinns, welcher die ... zu berechnenden Gewinnanteile übersteigt, sowie der Verlust eines Geschäftsjahres werden unter die Gesellschafter nach Köpfen verteilt.

---

a) Um welche Art von **Gesellschaftsform** handelt es sich im vorliegenden Fall?

b) Wie **haften** die Gesellschafter **nach HGB**?

c) In welcher Abteilung des **Handelsregisters** ist das Unternehmen **eingetragen**?

d) Beschreiben Sie die **Gewinnverteilung nach HGB** mit eigenen Worten!

e) Unter welcher Voraussetzung wird der Gewinn nach HGB verteilt?

f) Beschreiben Sie die **Vorgehensweise bei der Gewinnverteilung** anhand des vorliegenden Falles!

g) Tragen Sie Ihre Ergebnisse in die folgende **Gewinnverteilungstabelle** ein!

I Gesell- schafter	II Kapital- einlage	III § 121(1) HGB	IV § 121(3) HGB	V Gesamtgewinn je Gesellschafter
Holprich	40.000,– €			
Wedekind	60.000,– €			
Sanftvoll	30.000,– €			
Neufang	50.000,– €			
Summe				

8. Die Komplementärin Monika Zielstreb und die Kommanditisten Otto Schön und Josef Baum haben vor vier Jahren die Zielstreb KG gegründet. Am Ende des Geschäftsjahres erzielen sie in diesem Jahr einen **Gewinn** in Höhe von 420.000,– €. Dieser soll **gemäß Gesellschaftsvertrag** so **verteilt** werden, dass jeder Gesellschafter zunächst 6 % seines Kapitalanteils erhält. Der Rest wird so verteilt wird, dass Zielstreb sechs Anteile, Schön drei Anteile und Baum einen Anteil erhält.

   a) Wie wird der **Gewinn** einer **KG gemäß HGB** verteilt?

   b) Erläutern Sie die **Schritte der Berechnung der Gewinnanteile** je Gesellschafter!

Tragen Sie Ihre Ergebnisse in die folgende **Gewinnverteilungstabelle** ein!

I Gesell- schafter	II Kapital- einlage	III	IV	V Gesamtgewinn je Gesellschafter
Zielstreb	50.000,– €			
Schön	66.000,– €			
Baum	80.000,– €			
Summe				

9. Drei Nachbarn kaufen in einem Steinbruch Steine, um sich jeweils im Garten eine Trockenmauer zu bauen. Eine Tonne kostet 60,– €. Die Transportkosten betragen bis zu einer Menge von 10 Tonnen grundsätzlich 150,– €, d.h., auch für die Lieferung nur einer Tonne ist dieser Betrag zu entrichten. (Die Mehrwertsteuer bleibt unberücksichtigt).

   a) Welcher **Betrag** ist insgesamt zu zahlen, wenn **eine Tonne Steine geliefert** wird?

   b) Wie hoch ist der **Gesamtpreis** für die Lieferung von **zwei Tonnen**?

   c) Die drei Nachbarn entschließen sich, wie folgt gemeinsam zu bestellen:

      – Müller   1 Tonne
      – Schwarz   3 Tonnen und
      – Heinemann 5 Tonnen.

   Was müssen die **einzelnen Nachbarn zahlen**, wenn sie die Transportkosten durch die Anzahl der Personen aufteilen?

   d) Was versteht man – verdeutlicht an diesem Beispiel – unter dem aus der Kostenrechnung von Unternehmen stammenden Fachausdruck **Fixkostendegression**?

10. Die Notarin Jutta Anders verteilt aus Anlass ihres 60. Geburtstages an ihre drei Mitarbeiterinnen einen Betrag in Höhe von 20.000,– €. Das Geld soll so aufgeteilt werden, dass eine Art Belohnung für langjährige Mitarbeit entsprechend höher als für ein kürzer dauerndes Arbeitsverhältnis erfolgen soll. Deshalb wird der zur Verfügung stehende Betrag anteilig in Abhängigkeit der Anzahl der Jahre verteilt. Das letzte Jahr wird jeweils auf ein volles aufgerundet. Zuvor beschließen die Mitarbeiterinnen, eine Espressomaschine für 800,– € und eine Geschirrspülmaschine zum Preis von 1.400,– € für das Büro zu kaufen, sodass der Restbetrag in dem von Frau Anders gewünschten Verhältnis verteilt wird. Die Zugehörigkeit zum Büro der Notarin wird wie folgt festgestellt:

   – Juliane Schramm   3 Jahre   und 4 Monate,
   – Angelika Kurbel   18 Jahre und 8 Monate
   – Dorothea Schutzengel 1 Jahr   und 1 Monat

   a) Wie hoch ist **der zu verteilende Betrag**?

   b) **Wie viel** € erhalten die **einzelnen Mitarbeiterinnen**?

11. Margida Schlummertanz, Ralf Rauchfahn und Jürgen Zaunpfahl haben im Lotto gespielt. Margida war am Einsatz mit 120,– €, Ralf mit 30,– € und Jürgen mit 50,– € beteiligt. Der Gewinn, den alle gemeinsam erhalten, beträgt 4.400,– €. – Welchen Anteil vom Gewinn erhalten die drei Freunde jeweils?

12. Der erwirtschaftete Gewinn einer Gesellschaft des Bürgerlichen Rechts in Höhe von 237.900,– € soll verteilt werden. Karl Brams soll 4/6 weniger als

Miriam Schöne bekommen, Isabell Pabst soll doppelt so viel wie Harald Klein und Klein 2/8 mehr als Schöne bekommen.

a) Nennen Sie einen **Unterschied** zwischen einer **Gesellschaft des Bürgerlichen Rechts** und einer **OHG**!

b) In welcher **Rechtsgrundlage** ist die Gesellschaft des Bürgerlichen Rechts geregelt?

c) Welche **Abkürzung** wird für die Gesellschaft des Bürgerlichen Rechts vielfach verwendet?

d) Wie viel **Geld** erhalten die **einzelnen Gesellschafter**?

1.5 Währungsrechnen

1. Rechtsanwältin Karin Schlawiner möchte ihre Kontakte mit Anwaltsbüros in den USA verbessern. Deshalb plant sie eine Reise und möchte 800 Euro in amerikanische Dollar umtauschen. Um sich sachkundig zu machen, bittet sie die in ihrem Büro tätige Anwaltsfachangestellte Spiridulla Kreta, bei der Hausbank die aktuellen Sorten- und Devisenkurse zu besorgen.

Lösungen ab Seite 128

a) Worin besteht der Unterschied zwischen **Sorten** und **Devisen**?

b) Was versteht man unter einer **Auszahlung** im Zusammenhang mit Auslandsüberweisungen?

c) Erklären Sie, was man unter dem Begriff Kurs (bzw. Wechselkurs) versteht!

2. Erklären Sie, was ein Kurs von 1,1533 für den Kauf von amerikanischen Dollars bedeutet!

3. Andreas Tigerhai informiert sich via Internet über Devisenkurse, weil er demnächst nach seinem erfolgreich abgeschlossenen Jurastudium eine Weltreise absolvieren will. Er gibt eine Internetadresse ein. Dann erscheint auf dem Bildschirm folgende Übersicht (siehe nächste Seite). –

a) Schauen Sie sich den Ausdruck aus dem Internet an und ergänzen Sie anhand der zur Verfügung stehenden Informationen folgendes Schaubild!

Land	Währung
Neuseeland	
Australien	
Japan	
USA	
Singapur	
Hongkong	

Devisen

Euro-Echtzeitkurse   Euro FX
Feste Euro-Wechselkurse   US-Dollar-Echtzeitkurse

Währung	Kurs				Änderung	Geld	Brief	Hoch
	Vortag	Eröff.	Akt.	Zeit	Abs. / %			Tief
AUSTRALIA DOLLAR	1.5731	1.5731	1.5681	15.09. 17:30	-0.005 -0.3178%	1.5676	1.5686	1.5809 1.5640
BRITISCHES PFUND	0.6148	0.6147	0.6119	15.09. 17:30	-0.0028 -0.4555%	0.6117	0.6122	0.6160 0.6109
HONGKONG DOLLAR	6.7419	6.7421	6.7053	15.09. 17:30	-0.0366 -0.5429%	6.7048	6.7058	6.7836 6.6904
JAPANISCHER YEN	92.9600	92.9500	92.2100	15.09. 17:30	-0.75 -0.8068%	92.1600	92.2600	93.5150 92.0750
KANADA DOLLAR	1.2853	1.2852	1.2770	15.09. 17:30	-0.0083 -0.6468%	1.2760	1.2780	1.2946 1.2749
NEUSEELAND DOLLAR	2.0571	2.0572	2.0506	15.09. 17:30	-0.0065 -0.316%	2.0501	2.0511	2.0707 2.0457
NORWEGISCHE KRONE	8.0250	8.0326	8.0155	15.09. 17:30	-0.0095 -0.1184%	8.0160	8.0160	8.0515 7.9225
SCHWEDISCHE KRONE	8.3948	8.3967	8.3985	15.09. 17:30	+0.0037 +0.0441%	8.3950	8.4020	8.4294 8.3780
SCHWEIZER FRANKEN	1.5318	1.5318	1.5285	15.09. 17:30	-0.0033 -0.2154%	1.5280	1.5290	1.5338 1.5259
SINGAPUR DOLLAR	1.5049	1.5050	1.5003	15.09. 17:30	-0.0046 -0.3057%	1.4998	1.5008	1.5137 1.4015
SÜDAFRIKANISCHER RAND	6.1738	6.1740	6.1890	15.09. 17:30	+0.0152 +0.2462%	6.1885	6.1895	6.2132 6.1555
US DOLLAR	0.8645	0.8646	0.8596	15.09. 17:30	-0.005 -0.5726%	0.8593	0.8598	0.8700 0.8580

ment: Übermittelt

b) Welcher Kurs ist beim Kauf oder Verkauf von japanischen Sorten im Inland am höchsten? – Schauen Sie Sich hierzu den Internet-Ausdruck an!

c) Wie nennt man in Deutschland den Kurs beim Umtausch von ausländischen Währungseinheiten in Euro?

d) Um welchen Kurs handelt es sich beim Verkauf von ausländischen Sorten?

e) Verdeutlichen sie anhand eines Schaubildes den Unterschied zwischen Geldkurs und Briefkurs beim Handel mit Sorten!

4. Rechtsanwältin Iris Schluckauf beabsichtigt, sich aus Anlass ihres 40. Geburtstags einen Wunsch zu erfüllen. Sie möchte nach Sri Lanka fliegen und mit ihrem Lebensgefährten das Land bereisen. Aus diesem Grunde macht sie sich über das Internet sachkundig im Hinblick auf erforderliche Einreisedokumente, Impfungen und darauf, welche Hotels sie bei ihrer Rundreise buchen möchte. – Unter preislichen Gesichtspunkten überlegt sie, ob sie sich zwischen dem 2. bis 6. September ein Doppelzimmer mit Halbpension im Hilton-Hotel in der Hauptstadt Colombo bestellen soll.

a) In welchen Währungseinheiten sind die Preise ausgewiesen (siehe Internetausdruck)?

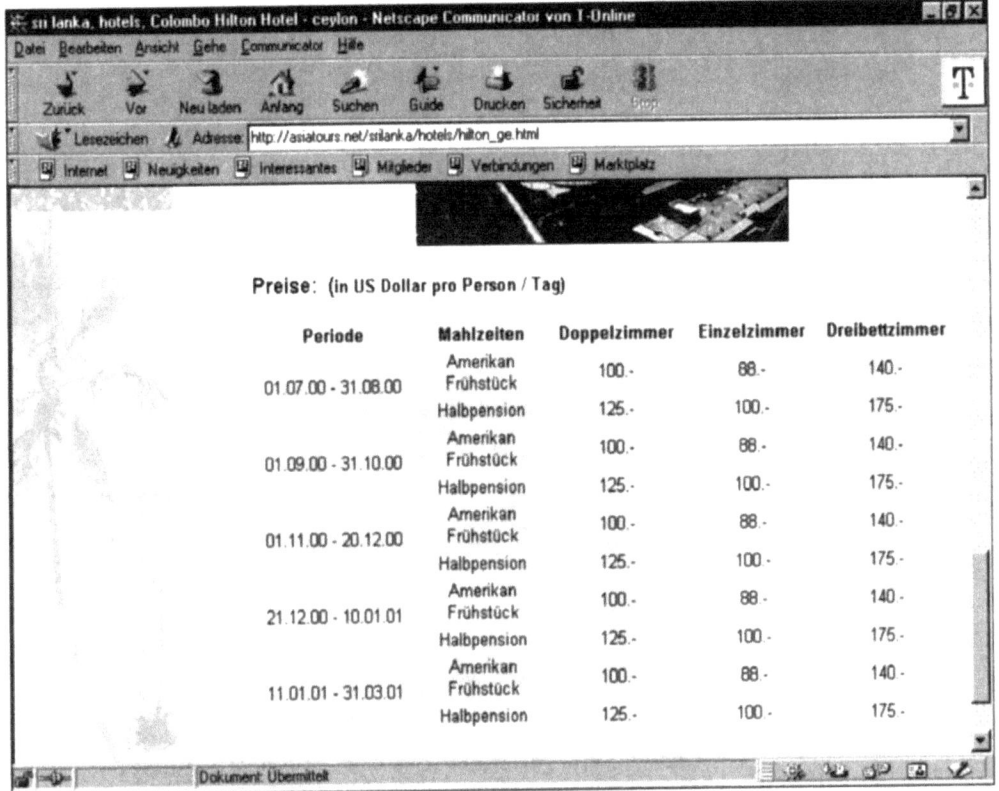

b) Was kostet ein Tag Halbpension in dem Hotel, ausgedrückt in €, wenn man einen Kurs in Deutschland von 0,9594 zu Grunde legt?

c) Wie viel € kosten drei Tage Aufenthalt mit Halbpension?

5. Marianna Schnellbein beabsichtigt, sich einen PT Cruiser von Chrysler zu kaufen. Über das Internet versucht sie, sich sachkundig zu machen (siehe Internetausdruck).

a) Aus der Internetadresse kann man erfahren, in welchem Land die JH Keller AG ihren Sitz hat. – Um welches Land handelt es sich?

b) Wie ändert sich die Internetadresse, wenn das Produkt in Deutschland angeboten wird?

c) Aus der Homepage kann man erkennen, in welcher Stadt das Autohaus seinen Sitz hat. – Um welche Stadt handelt es sich?

d) In welcher Währung wird der Preis der drei Modelle in diesem Land ausgewiesen?

e) Wie viel Währungseinheiten kostet das in der Tabelle ausgewiesene Modell „Limited – 5 G-Getriebe (= 5-G)"?

f) Wie hoch ist der Preis dieses Modells in € bei einem Kurs von 0,6473?

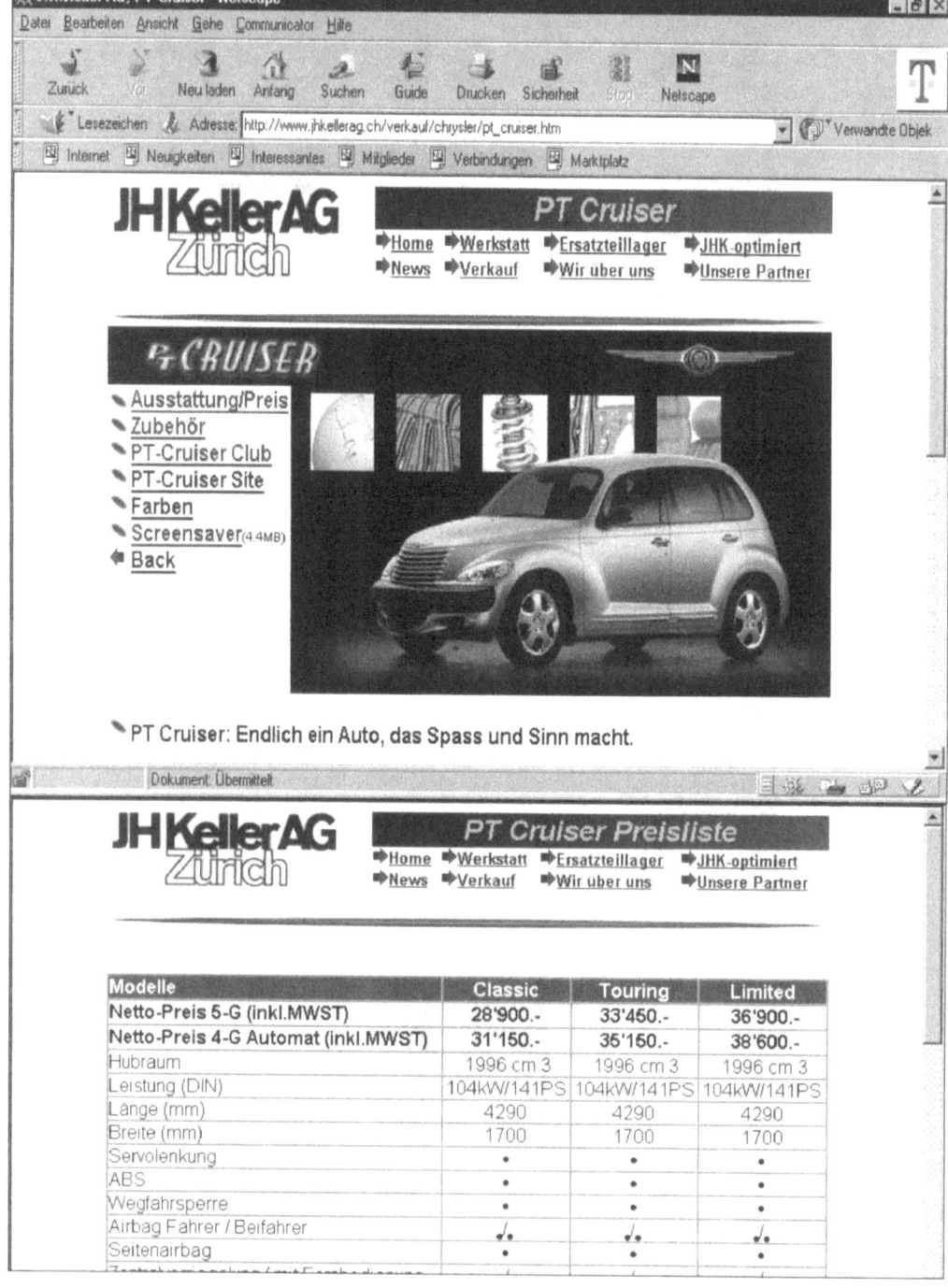

1.6 Prozentrechnen

1.6.1 Berechnung von Grundwert, Prozentwert und Prozentsatz

1. Herr Meier behauptet, er hätte auf den Preis von Gartenmöbeln in Höhe von 2.400,– € 5 % Rabatt ausgehandelt. Folglich wären nur noch 2.280,– € zu zahlen gewesen.

Lösungen ab Seite 130

   a) Nennen Sie den **Prozentsatz**!

   b) Welches ist in der Aufgabe der **Grundwert**?

   c) Wie hoch ist der **Prozentwert**?

2. Verdeutlichen Sie in übersichtlicher Form, **welche Größen bei der Berechnung des Prozentwertes, des Prozentsatzes und des Grundwertes** gegeben sein müssen!

3. Anja Fröhlich kauft sich ein Fernsehgerät zum Preis von 1.400,– €. Sie erfährt, dass sie vom Rechnungsbetrag 2 % Skonto abziehen könne, wenn sie den Rechnungsbetrag innerhalb von 14 Tagen überweisen würde.

   a) Berechnen Sie den **Preisabzug**!

   b) **Wie viel €** hat Anja zu **überweisen**, wenn sie den Preisnachlass ausnutzt?

4. Sara Silberding hat sich von ihren Eltern zum Geburtstag ein Telefaxgerät gewünscht. Sie bekam das Geld mit der Bitte, sich das Gerät selbst zu kaufen. Am Abend ruft Sara ihre Freundin an und lädt sie zum Essen in einem griechischen Restaurant ein, um die 12 % Rabatt draufzuhauen, die sie beim Kauf rausgehandelt hat.

   Wie teuer war die Ware, wenn der ausgehandelte **Preisnachlass 98,40 €** betrug?

5. Der Verkaufspreis eines Fernsehgerätes beträgt nach einer Preiserhöhung von 8 % 734,40 €.

   Welchen **Preis** mussten die Kunden vor der Preiserhöhung für das Gerät bezahlen?

6. Magdalena Hartstein ist in der Ausbildung zur Notariatsfachangestellten. Im Gespräch mit einem Mandanten erfährt sie, dass dieser eine Eigentumswohnung zum Preis von 254.500,– € kaufen möchte. Die Immobilie

wird innerhalb eines Jahres neu gebaut. Deshalb wird der Kaufpreis zu verschiedenen Raten fällig. Diese sind in dem von ihrem Chef, Notar Dr. Axel
Gerth, notariell zu beurkundenden Kaufvertrag näher genannt. Sie erfährt
im Gespräch mit Dr. Gerth, dass der Kaufpreis wie folgt fällig wird:

1. bei Beginn der Erdarbeiten

   30 %   = ☐

2. bei Rohbaufertigstellung

   28 %   = ☐

3. bei Fertigstellung der Rohinstallation einschließlich Innenputz, ausgenommen jedoch
   Beiputzarbeiten

   17,5 %   = ☐

4. bei Fertigstellung der Schreiner- und Glaser-
   arbeiten, ausgenommen jedoch die Innentüren

   10,5 %   = ☐

5. bei Bezugsfertigkeit und Zug um Zug mit
   Besitzübergabe

   10,5 %   = ☐

6. nach vollständiger Fertigstellung

   3,5 %   = ☐

Magdalena wird von ihrem Arbeitgeber beauftragt, den Kaufvertragstext in
den PC einzugeben, die einzelnen Raten zu berechnen und in die Kästchen
einzutragen.

Führen Sie die Berechnung an Stelle von Magdalena durch, und tragen Sie
Ihre Resultate in die Kästchen ein!

7. Die Rechtsanwaltsfachangestellte Anita Sorgenlos hat während ihrer Ausbildung gespart und nun einen Betrag von 3.500,– € zur Verfügung. Sie beabsichtigt, sich eine HIFI-Anlage zu kaufen. In einer Tageszeitung findet
   sie folgende Anzeige (siehe nächste Seite).

   a) Welchen **Preis** empfiehlt der **Hersteller**?

   b) **Für** welchen **Preis** kann die HIFI-Anlage bei dem Unternehmen HIFI-
      PROFIS **erworben** werden?

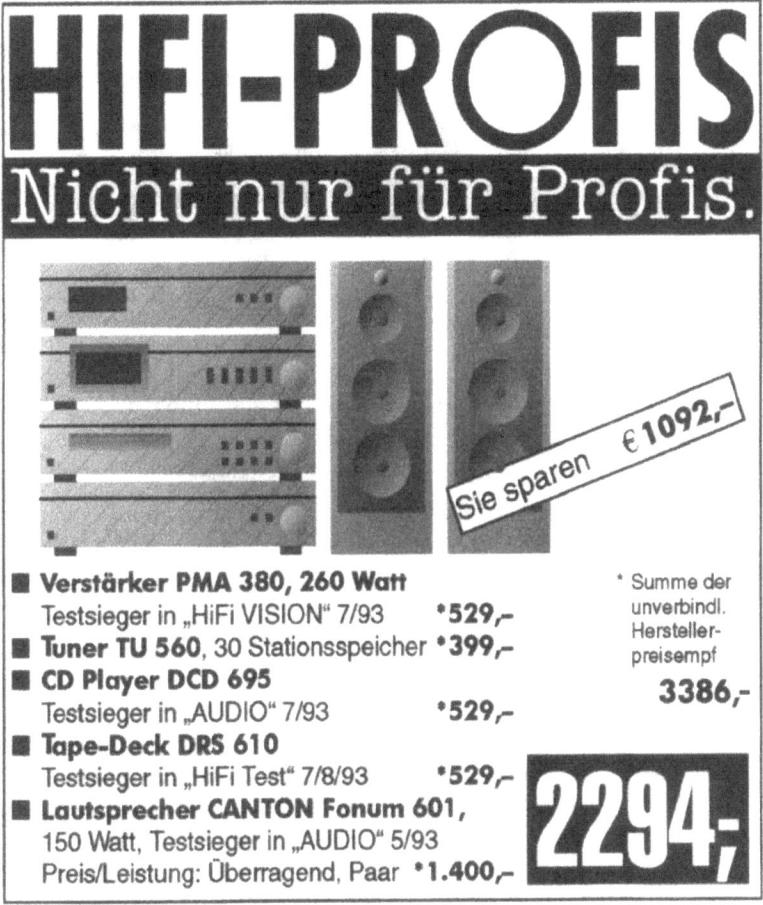

HIFI-PROFIS

Nicht nur für Profis.

Sie sparen € 1092,-

- **Verstärker PMA 380, 260 Watt**
  Testsieger in „HiFi VISION" 7/93   *529,-
- **Tuner TU 560**, 30 Stationsspeicher   *399,-
- **CD Player DCD 695**
  Testsieger in „AUDIO" 7/93   *529,-
- **Tape-Deck DRS 610**
  Testsieger in „HiFi Test" 7/8/93   *529,-
- **Lautsprecher CANTON Fonum 601,**
  150 Watt, Testsieger in „AUDIO" 5/93
  Preis/Leistung: Überragend, Paar *1.400,-

* Summe der
unverbindl.
Hersteller-
preisempf

3386,-

2294,-

c) **Welchen Betrag spart Anita,** wenn sie die HIFI-Anlage bei den HIFI-PROFIS kauft und den Preis des Unternehmens mit dem angebotenen Preis des Herstellers vergleicht?

d) Um wie viel **Prozent preiswerter ist die Anlage,** die von dem Unternehmen HIFI-PROFIS angeboten wird, verglichen mit der Preisempfehlung des Herstellers?

e) Welches ist in der Aufgabe der **Grundwert,** der 100 % entspricht?

f) Welches ist der **Prozentwert**?

g) Wie lautet die Grundformel, die in der Prozentrechnung als Basis für Berechnungen dient, d.h., wie lautet die **Formel für** den **Prozentwert**?

h) Ermitteln Sie den **Prozentsatz**!

8. In Frankfurt/Main sind in einer Anwaltssozietät drei Angestellte beschäftigt. Anja arbeitet in dem Büro seit 3 Jahren und vier Monaten, Angelika seit 6 Jahren und Judith seit neun Monaten. Die Arbeitsverträge sind so abgeschlossen, dass die Inhalte des zwischen der Tarifgemeinschaft der

Rechtsanwältinnen und Rechtsanwälte mit der Gewerkschaft Handel, Banken und Versicherungen abgeschlossenen Tarifvertrages gelten. In § 11 dieses Kollektivarbeitsvertrages ist u.a. zu lesen:

(1) Jede/r Beschäftigte erhält je Kalenderjahr eine auf das regelmäßige monatliche Gehalt bezogene Sonderzahlung. Sie beträgt:

-   bis zu   2-jähriger Betriebszugehörigkeit   50 %
-   nach   2-jähriger Betriebszugehörigkeit   60 %
-   nach   3-jähriger Betriebszugehörigkeit   70 %
-   nach   4-jähriger Betriebszugehörigkeit   100 %
    des monatlichen Bruttoentgelts.

(2) Die Sonderzahlung ist im November auszuzahlen. Grundlage für die Berechnung ist das am Ende der Auszahlung gültige monatliche Bruttoentgelt. Grundlage für die Berechnung der Betriebszugehörigkeit ist der 1. des Monats, in dem das Anstellungsverhältnis aufgenommen wurde.

Welche Sonderzahlungen können die drei Angestellten erwarten, wenn sie folgendes monatliches Bruttoentgelt erhalten?

-   Anja: 2.250,– €
-   Angelika: 3.100,– € und
-   Judith: 1.950,– €.

9.

a) Wie viel € kosten die in der Anzeige angebotenen Wohnungen **pro m²**?

b) Wie viel **Prozent** kostet die teuerste Wohnung – vergleicht man die errechneten Quadratmeterpreise – mehr als die preiswerteste?

10. Rechtsanwalt Rolf Frommkind erhält am 5. Mai von der Druckerei Stolz KG eine Rechnung über 1.263,– €, datiert auf den 3. Mai. Aus den Allgemeinen Geschäftsbedingungen kann er entnehmen, dass vom Rechnungsbetrag 2 % Skonto abgezogen werden können, wenn dieser innerhalb von 14 Tagen ab Rechnungsdatum beglichen wird. Herr Frommkind schreibt am 8. Mai eine Banküberweisung für die Stolz KG.

    Wie hoch ist der **gesamte Überweisungsbetrag**, wenn der Rechtsanwalt noch einen ausstehenden Rechnungsbetrag vom 2. Februar in Höhe von 380,– € mit überweist und 2 % Skonto ausnutzt?

11. Notar Dr. Jörg Wink überweist per Postbank-Überweisung über sein Konto an die Jutta Neu & Co. OHG 1.384,74 €, nachdem er zuvor 2 % Skonto vom Rechnungsbetrag abgezogen hatte.

    Wie hoch war der **Rechnungsbetrag**?

12. Rebecca Flitzer muss ihren fünf Jahre alten Golf zur Inspektion. Sie wählt dafür das Autohaus Sunshine GmbH aus. Die unvollständige Rechnung sieht folgendermaßen aus (siehe Kasten nächste Seite). – Füllen Sie diese aus.

13. Im Bereich der Rechtsanwaltskammer Frankfurt/Main fand im Sommer eine Abschlussprüfung für Rechtsanwaltsfachangestellte und Rechtsanwalts- und Notarfachangestellte statt. – In Wiesbaden nahmen an dieser Abschlussprüfung insgesamt 45 Prüflinge teil. Davon strebten 15 die Prüfung als Rechtsanwaltsfachangestellte an.

    Die Prüfungskommission I prüfte alle Rechtsanwaltsfachangestellte. Drei der Prüflinge bestanden die Prüfung in dieser Kommission nicht.

    In den anderen Prüfungskommissionen wurden Rechtsanwalts- und Notarfachangestellte geprüft. In der Kommission II fielen von insgesamt 16 Prüflingen 4 durch. In der Prüfungskommission III bestanden 5 Schülerinnen die Prüfung nicht.

    a) Wie viel Prozent der Prüflinge haben in den drei Prüfungskommissionen jeweils die Prüfung nicht bestanden?

    b) Wie viel Prozent der Prüflinge fielen insgesamt durch die Prüfung in Wiesbaden?

    c) Wie viel Prozent der Prüflinge bestanden die Prüfung?

    d) Erstellen Sie eine Übersicht, aus der zu ersehen ist, wie viel Prüflinge je Prüfungskommission die Prüfung – in absoluten Zahlen und Prozentwerten ausgedrückt – bestanden und wie viel nicht bestanden haben!

Autohaus Sunshine GmbH
Lustenberger Str.17; 55052 Mainz

Frau
Rebecca Flitzer
Achatstraße 3
55128 Mainz   Fahrzeug: Golf   MZ-IC 111

	Zeit	**Preis**	**Gesamtpreis**
Inspektion	3 h	37,60 €/h	
Handbremse einstellen	15 min.		
Kraftstofffilter ersetzen	10 min.		
Dicht. Nockenwelle erneuert	30 min.		
Zwischensumme:			

	Material	**Stückpreis**	**Gesamtpreis**
• Motoröl	4 l	13,00 €/l	
• Ölfilter	1 l	4,50 €/l	
• Filterelement	1	14,60 €/Stück	
• Zündkerzen	4	4,30 €/Stück	
• Sprayöl	0,5 l	11,00 €/l	
• Getriebeöl	0,5 l	7,60 €/l	
Zwischensumme:			

Auf die mit • gekennzeichneten Materialien gibt es 2 % Skonto.
Die Mehrwertsteuer beträgt 16 %.

Summe vor Steuern:

16 % MwSt:

Summe:

Skonto:

Endsumme:

14. In Dresden wird eine einzige Patentanwaltsfachangestellte ausgebildet. Sie legt die Prüfung mit weiteren 22 Kandidaten bei der Bundespatentanwaltskammer in München ab.

   a) Wie bereits gesagt, wird in Dresden nur eine Auszubildende ausgebildet. – Wie hoch ist die Durchfallquote in dieser Stadt, wenn diese in der Prüfung durchfällt?

   b) Wie hoch ist insgesamt die Durchfallquote, wenn drei der Prüflinge die Prüfung in München nicht bestehen?

15. Die ReNo-Fachangestellte Susanne Kleinmann kauft für ihren Ein-Personenhaushalt einen Schrank im Wert von 678,– €. Sie bevorzugt eine Ratenzahlung. 68,– € zahlt sie an. 12 Monate lang bezahlt sie jeweils 57,50 €.

   a) Wie viel Prozent – gegenüber dem Rechnungsbetrag – muss Susanne Kleinmann mehr bezahlen?

   b) Wenn Susanne Kleinmann nicht auf Ratenzahlung angewiesen wäre, hätte sie den Schrank in einem anderen Geschäft 10 % billiger erwerben können. Außerdem hätte man ihr dort noch 2 % Skonto gewährt. – Wie viel Prozent – im Vergleich zum Ratenkauf – hätte sie sparen können?

1.6.2 Prozentrechnen mit Hilfe von Tabellenkalkulation und grafische Darstellung

1. In einem Konzern finden in fünf Betrieben im April regelmäßige Betriebsratswahlen gemäß § 13 Betriebsverfassungsgesetz statt.

Lösungen ab Seite 137

Betrieb	Wahlberechtigte	prozentuale Beteiligung
A	3.659	87 %
B	4.325	73 %
C	1.587	96 %
D	2.489	91 %
E	6.473	85 %

Stellen Sie mit Hilfe eines **Tabellenkalkulationsprogramms** fest, wie viele Personen in den einzelnen Betrieben an der regelmäßigen Betriebsratswahl teilgenommen haben (verwenden Sie – wenn möglich – Excel)!

2. In den Städten Magdeburg, Trier, Essen, Hof, Erfurt, Baden-Baden, Saarbrücken, Cottbus und Limburg fanden Umfragen, durchgeführt von einem Marktforschungsinstitut, statt. Unter anderem wurde die Frage gestellt, wer von den Befragten regelmäßiger Raucher sei. Die Ergebnisse sind aus nachfolgender Tabelle zu ersehen.

   a) Nennen Sie in Deutschland bekannte **Marktforschungsinstitute**!

b) Erklären Sie anhand des vorliegenden Beispiels den **Unterschied** zwischen einer **Teilerhebung** und einer **Vollerhebung**!

c) **Wie viel Prozent** der Befragten sind regelmäßige Raucher? Verwenden Sie zur Berechnung ein **Tabellenkalkulationsprogramm**!

d) In welcher Stadt wird – laut dieser Umfrage – prozentual am häufigsten regelmäßig geraucht, in welcher am wenigsten?

Stellen Sie Ihre Ergebnisse in einem **Säulendiagramm** dar!

Städte	Befragte	Raucher
Magdeburg	2.567	1.856
Trier	3.245	1.278
Essen	8.905	4.489
Hof	1.432	459
Erfurt	4.200	1.112
Kiel	3.604	614
Saarbrücken	9.240	3.589
Cottbus	5.618	2.689
Limburg	2.401	969

3. Zahlreiche Schüler und Schülerinnen der Berufsbildenden Schulen in den Städten Hannover, Düsseldorf, Koblenz, Freiburg und Würzburg kommen mit öffentlichen Verkehrsmitteln. Die Statistik sieht folgendermaßen aus:

Städte	Schüler/innen, die mit öffentlichen Verkehrsmitteln kommen	prozentualer Anteil an der gesamten Schülerzahl
Hannover	1.234	46 %
Düsseldorf	987	65 %
Koblenz	532	37 %
Freiburg	497	41 %
Würzburg	1.135	59 %

Berechnen Sie die **gesamte Anzahl** der Schüler und Schülerinnen an den einzelnen Schulen in den Städten mit Hilfe des **Tabellenkalkulationsprogramms** Excel!

4. Die Jörg Ganz KG wurde im März Jahr 1 neu gegründet. In diesem Jahr erzielte das Unternehmen einen Umsatz von 54.000,– €. In den Jahren Jahr 2 bis Jahr 6 machte es folgende Umsätze:

Jahr	Umsatz in €
Jahr 2	78.000,–
Jahr 3	97.000,–
Jahr 4	89.000,–
Jahr 5	93.000,–
Jahr 6	98.000,–

a) Wie hat sich der **Umsatz in absoluten Zahlen geändert**, wenn man das Vorjahr mit dem jeweiligen Berichtsjahr vergleicht?

b) Wie hat sich der **Umsatz prozentual geändert**, wenn man das Vorjahr mit dem jeweiligen Berichtsjahr vergleicht? Berechnen Sie Ihr Ergebnis mit Hilfe des **Tabellenkalkulationsprogramms** Excel!

c) Wie hat sich der **Umsatz absolut und prozentual** im Vergleich vom Gründungsjahr des Unternehmens zum Berichtsjahr Jahr 6 geändert? Benutzen Sie das **Tabellenkalkulationsprogramm**!

d) Stellen Sie die Umsätze der angegebenen Jahre Jahr 1 bis Jahr 6 in einem **Liniendiagramm** so dar, dass der Trend der Umsatzentwicklung erkennbar ist!

e) Verdeutlichen Sie die Ergebnisse anhand eines **Verbunddiagramms**, und **interpretieren Sie** Ihr **grafisches Ergebnis** mit eigenen Worten!

1.7 Zinsrechnen einschließlich Effektivverzinsung

1. Hans Kleinvieh hat im Lotto 7.500,– € gewonnen. Von seinem Gewinn legt er zwei Drittel des Betrages auf ein neues Sparbuch an. Er erhält bis Ende des Jahres 6 % Zinsen.

Lösungen ab Seite 151

a) Wie hoch ist der Betrag, den Herr Kleinvieh am letzten Tag im Februar auf sein Sparkonto (= Sparbuch) einzahlt?

b) Wie lautet die **Tageszinsformel,** mit der die Zinsen berechnet werden können?

c) Wie werden die in der Zinsformel in **Buchstaben** ausgedrückten Größen genannt?

d) Berechnen Sie die **Zinsen**, die Herrn Kleinvieh am 31.12. zustehen!

e) Welcher **Betrag** ist **am 31.12.** auf dem Sparbuch ausgewiesen?

f) Wie lautet die **Monatszinsformel**?

g) Berechnen Sie die **Zinsen** mit Hilfe der **Monatszinsformel**!

h) Verdeutlichen Sie anhand der jeweiligen Formel den Unterschied zwischen der **Tages-, Monats- und Jahreszinsformel**!

2. Berechnen Sie mit Hilfe der **Jahreszinsformel** in den nachfolgenden Auf-gaben die **Zinsen**!

   Tragen Sie anschließend Ihre Ergebnisse in den dafür vorgesehenen Frei-raum in der Tabelle ein und vergleichen Sie Ihre mit den im Lösungsteil ausgewiesenen Lösungen!

	Kapital	Zinssatz	Jahre	Zinsen
a)	24.500,– €	6 %	4	
b)	6.800,– €	4 %	6	
c)	8.400,– €	4 %	15	
d)	200,– €	3,5 %	30	
e)	84.000,– €	6 %	8	
f)	10.000,– €	8,5 %	5	

3. Wie lautet die Monatszinsformel?

4. **Berechnen Sie** mit Hilfe der Monatszinsformel in den nachfolgenden Auf-gaben die **Zinsen**! Tragen Sie anschließend Ihre Ergebnisse in den dafür vorgesehenen Freiraum in der Tabelle ein, und vergleichen Sie Ihre mit den im Lösungsteil ausgewiesenen Lösungen!

	Kapital	Zinssatz	Monate	Zinsen
a)	12.600,– €	4,5 %	8	
b)	20.500,– €	6 %	10	
c)	4.800,– €	8 %	6	
d)	12.200,– €	5 %	12	
e)	8.250,– €	4 %	36	
f)	35.000,– €	7 %	60	

5. Ermitteln Sie die Zinsen aus Aufgabe 4 (ohne Angabe von €) mit Hilfe des **Tabellenkalkulationsprogramms Excel**! – Geben Sie der Übersicht eine Überschrift!

6. Berechnen Sie mit Hilfe der **Tageszinsformel** in den nachfolgenden Aufgaben die **Zinsen**!

Tragen Sie anschließend Ihre Ergebnisse in den dafür vorgesehenen Freiraum in der Tabelle ein, und vergleichen Sie Ihre mit den im Lösungsteil ausgewiesenen Lösungen!

	Kapital	**Zinssatz**	**Tage**	**Zinsen**
a)	1.800,– €	10 %	236	
b)	10.800,– €	4 %	85	
c)	8.400,– €	6 %	124	
d)	22.400,– €	8 %	180	
e)	12.400,– €	6 %	1.200	
f)	30.800,– €	8 %	720	

7. Ermitteln Sie die Zinsen aus Aufgabe 6 mit Hilfe des **Tabellenkalkulationsprogramms**! – Geben Sie der Übersicht eine Überschrift!

8. In der Zinsrechnung ist es wichtig, die **Tage** richtig zu **berechnen**.

   a) **Wie viele Tage** haben in der kaufmännischen Zinsrechnung die **Monate**?

   b) Wie werden **Tage im Februar** berücksichtigt?

   c) Wie viel **Tage** hat **ein Jahr** in der kaufmännischen Zinsrechnung?

   d) Erläutern Sie am **Beispiel** der Berechnung der Zeit zwischen dem 20. Juli und dem 13. November, wie die **Tage berechnet** werden!

9. **Berechnen Sie die Tage!**

   Tragen Sie Ihre Lösungen in das Kästchen ein, und **vergleichen Sie** nach Berechnung der Aufgaben a) bis f) **Ihre Ergebnisse mit** denen im Lösungsteil dieses Buches!

   a)   13. Januar bis 24. Juni

   ┌─────────────────┐
   │   ...... Tage   │
   └─────────────────┘

   b)   11. März bis 18. April

   ┌─────────────────┐
   │   ...... Tage   │
   └─────────────────┘

   c)   28. April bis 22. August

   ┌─────────────────┐
   │   ...... Tage   │
   └─────────────────┘

d) 02. Juni bis 11. September

> .... Tage

e) 29. Mai bis 28. Dezember

> .... Tage

f) 24. Juni bis 28. Juli

> .... Tage

10. Martin Herbstbaum hat über einen Zeitraum von 225 Tagen 10.000,– € als Festgeld bei einer Bank angelegt. Am Ende der Anlagezeit stehen ihr 375,– € Zinsen zu.

   a) Wie lautet die allgemeine **Tageszinsformel**?

   b) Wie lautet die **Formel**, mit der der **Zinssatz** berechnet wird?

   c) Berechnen Sie den **Zinssatz**, der zwischen dem Geldinstitut und Herrn Herbstbaum vereinbart war!

11. **Berechnen Sie** auf Grund der folgenden Angaben jeweils den **Zinssatz**, und **tragen Sie** Ihre Ergebnisse **in die Tabelle ein**!

	Zinsen	Kapital	Tage	Zinssatz
a)	142,50 €	12.000,– €	45	
b)	445,00 €	44.500,– €	60	
c)	93,50 €	11.000,– €	36	
d)	390,00 €	26.000,– €	120	
e)	256,00 €	48.000,– €	48	
f)	294,00 €	16.800,– €	90	

12. Franziska Stielblüte legt in der Zeit vom 12. März bis 4. Juli bei einer Sparkasse einen Betrag in Höhe von 24.000,– € an. Am Ende der Anlagedauer werden auf ihrem Sparkonto 24.560,– € ausgewiesen.

   Mit welchem **Zinssatz** wurde das Kapital verzinst?

13. Rechtsanwalt Tim Schnürschuh hat am 12. September einen Kredit zu einem Zinssatz von 8 % zurückzuzahlen. Es fallen insgesamt 240,– € Zinsen an. Der in Anspruch genommene Kreditzeitraum beträgt 80 Tage.

   a) Wie lautet die von der Tageszinsformel abgeleitete **Formel** zur **Berechnung des Kredits**?

   b) Wie hoch war der aufgenommene **Kreditbetrag**?

14. **Berechnen Sie** auf Grund der folgenden Angaben jeweils das **Kapital**, und tragen Sie Ihre Ergebnisse **in die Tabelle ein**!

	Zinsen	Zinssatz	Tage	Kapital
a)	96,00 €	6	45	
b)	1.215,00 €	9	135	
c)	7.921,20 €	9,2	246	
d)	489,44 €	7	184	
e)	1.170,00 €	6,5	50	
f)	75,00 €	4	75	

15. Susanne Strohhalm hat bei ihrer Bank einen Kreditantrag zur Aufnahme eines kurzfristigen Darlehens gestellt. Nach vier Tagen Bearbeitungszeit erhält sie von ihrer Bank die Kreditzusage ab 15.4. Der Zinssatz beträgt 9 %. Der Darlehensbetrag und die Zinsen sind vereinbarungsgemäß in einem Betrag bis zum 15. August zurückzuzahlen. Die anfallenden Zinsen betragen 750,– €.

   a) In welchem **Gesetz** ist geregelt, dass das **Darlehen ein Kredit** ist?

   b) Wie hoch war der **Darlehensbetrag**, den Susanne in Anspruch genommen hat?

   c) Wie viel € muss Susanne am 15. August an das Kreditinstitut zahlen?

16. Der Rechtsanwaltsfachangestellten Anja Martin wurde von ihrer Hausbank ein Dispositionskredit in Höhe von 3.000,– € eingeräumt. Im Falle der Inanspruchnahme des Kredits sind 12 % Zinsen zu zahlen. Anja hat für 100 Tage 25,– € Kreditzinsen zu zahlen.

   a) Welchen **Betrag** hat Anja **im Rahmen des Dispositionskredits** in Anspruch genommen?

   b) **Welchen Betrag** hat Anja im Rahmen des Dispositionskredits **nicht ausgeschöpft**?

17. Tanja Kratzfuß hat von ihrer Tante Josephin 3.500,– € geschenkt bekommen. Von dem Betrag verwendet sie 140,– €, um sich Schuhe zu kaufen. Außerdem legt sie sich 800,– € zur Seite, um eine Reise zu finanzieren. Den Restbetrag bringt sie am 12. Mai zur Bank, um ihn auf ein neu eingerichtetes Sparbuch zu legen. Der Betrag wird mit 3,5 % verzinst. Ab dem 16. September wird der Zinssatz auf 4 % angehoben.

a) **Wie viel € Zinsen** erhält sie während der Zeit bis zum Ende des Jahres?

b) **Wie viel € werden am Ende des Jahres** auf ihrem Sparbuch ausgewiesen?

18. Inge Poltergeist legt bei einer Bank 24.000,– € als Festgeld zu einem Zinssatz von 6 % an.

    a) Wie lautet die **Formel** zur Berechnung der **Zeit**, wenn sie von der Tageszinsformel abgeleitet ist?

    b) **Wie lange** war der **Betrag angelegt**, wenn der Betrag zu einem späteren Zeitpunkt auf 24.360,– € angewachsen ist?

19. Ermitteln Sie, **wie viel Tage** die folgenden Beträge bei Kreditinstituten **angelegt** waren, und **ergänzen Sie** folgende **Tabelle**!

	Kapital	Zinsen	Zinssatz	Tage
a)	24.000,– €	280,– €	6	
b)	43.200,– €	240,– €	8	
c)	5.832,– €	162,– €	4	

20. Ermitteln Sie, **wie viel Monate** die folgenden Beträge bei Kreditinstituten **angelegt** waren, und **ergänzen Sie** folgende **Tabelle**!

	Kapital	Zinsen	Zinssatz	Monate
a)	480.000,– €	12.800,– €	8	
b)	13.200,– €	792,– €	12	
c)	72.000,– €	3.630,– €	5,5	

21. Ermitteln Sie, **wie viel Jahre** die folgenden Beträge bei Kreditinstituten **angelegt** waren, und **ergänzen Sie** folgende **Tabelle**!

	Kapital	Zinsen	Zinssatz	Jahre
a)	12.000,– €	4.080,– €	8,5	
b)	38.120,– €	17.840,16 €	7,2	
c)	4.820,– €	578,40 €	4	

22. Klaus Superbrösel hebt 9.600,– € ab. Damit hat sich sein Kapital innerhalb von 10 Jahren verdoppelt.

    Mit **welchem Zinssatz** wurde sein Kapital verzinst?

23. Herr Heidenreich kauft sich als Kapitalanlage zwei Eigentumswohnungen für insgesamt 360.000 €. Einen Hypothekarkredit über 160.000 € zu 6 % muss er aufnehmen. Monatlich nimmt er an Miete 1.500 € ein, muss aber mit monatlich 200 € Kosten im Durchschnitt rechnen.

    Mit wie viel **Prozent verzinst** sich sein **Kapital**?

24. Die Auszubildende Katrin Strebsam spart für den Kauf eines gebrauchten Autos. Zum 31.12... soll ihr Kapital auf 7.000 € angewachsen sein.

    Wann musste sie ihr bereits vorhandenes Kapital von 6.500 € auf das Sparkonto legen, wenn ein Zinssatz von 5 % zu Grunde gelegt wird?

25. Monika Lingenbrinck beabsichtigt, eine Eigentumswohnung zu einem Preis von 280.000,– € zu kaufen. Zur Finanzierung der Immobilie kann sie 30.000,– € an Festgeld einbringen. Außerdem setzt sie eine Bausparsumme in Höhe von 150.000,– € ein. Die anfallenden Gebühren (Notar- und Grundbuchgebühren) zahlt sie per Überweisung über ihr Girokonto. Den Restbetrag möchte sie durch ein Darlehen finanzieren.

    a) In dem von ihr zu unterzeichnenden Darlehensvertrag sind bestimmte Mindestangaben enthalten.

       Welches **Gesetz** ist von dem Kreditinstitut zu beachten, wenn sie die gesetzlich vorgeschriebenen Mindestinhalte in den Vertrag aufnimmt?

    b) Monika hat neben dem Darlehensvertrag eine **Widerrufsbelehrung** zu unterschreiben. – Was beinhaltet diese?

    c) Das Kreditinstitut ist verpflichtet, dem Kreditnehmer, hier Monika, eine Abschrift der Urkunde, d.h. des Darlehensvertrags, auszuhändigen. U.a. ist in dem Vertrag der **effektive Jahreszins** anzugeben.

       Welche Bedeutung hat dieser Zinssatz für den Verbraucher?

    d) In dem Kreditvertrag, den Monika unterschreibt, ist geregelt, dass sie monatlich 1/4 % Bereitstellungsgebühr zu zahlen hat, wenn sie den vereinbarten Kreditbetrag nach 12 Monaten noch nicht oder noch nicht ganz in Anspruch genommen hat. Wie viel € Bereitstellungsgebühr hat sie zu zahlen, wenn sie von der Kreditsumme 40.000,– € für einen Zeitraum von 75 Tagen nicht in Anspruch nimmt?

26. Brigitte Stolz-Dacol nimmt bei ihrer Hausbank ein Darlehen in Höhe von 30.000,– € auf. Berechnen Sie den **effektiven** (tatsächlichen) **Zinssatz** gemäß folgenden Angaben:

Zinssatz:	8 %
Abschlussgebühr:	1 %
Laufzeit des Darlehens:	9 Monate

27. Berechnen Sie den **effektiven Zinssatz** anhand folgender Angaben:

Kreditbetrag:	85.000,– €
Zinssatz	6,5 %
Bearbeitungsgebühr	1,5 %
Laufzeit des Kredits:	75 Tage

28. Die Rechtsanwältin Jutta Fröhlich schließt mit der Sparkasse Nirgendwo einen Kreditvertrag mit folgenden Konditionen ab:

Kreditbetrag:	60.000,– €
Auszahlung:	98 %
Zinssatz:	9 %
Bearbeitungsgebühr:	1 %
Laufzeit des Kredits:	01. April bis 30. September

   a) Berechnen Sie den **ausbezahlten Betrag**!

   b) Berechnen Sie die **gesamten Finanzierungskosten in €**!

   c) Berechnen Sie den **effektiven Zinssatz**!

29. a) Schauen Sie sich die beiden Formulare auf den nächsten Seiten an! – Um welche **Vorgänge** handelt es sich?

   b) Wo wurde der **Handel** durchgeführt?

   c) Nennen Sie einen anderen Begriff für **Wertpapierbörse**!

   d) Worum handelt es sich beim sog. **variablen Handel**?

   e) Um welche **Art der Verwahrung von Wertpapieren** handelt es sich im vorliegenden Fall?

   f) Berechnen Sie den **erzielten Kursgewinn**!

   g) Berechnen Sie die **Effektivverzinsung**!

   h) Wieviel € hätte Frau Schönling innerhalb der dem Wertpapiergeschäft zugrunde liegenden Zeit bei einer Bank mit drei Prozent Zinsen anlegen müssen, um **gleich hohe Zinsen wie die berechneten Effektivzinsen zu erhalten**?

Zukunftbank Gonsenheim AG	Abrechnung		
Schmale Straße 620 55052 Mainz	**Wertpapier-Kauf**		

	Bank-Nr. 003-00002398	GP-Nr. 0009183500	Depot-Nr. 0014810986
Frau Barbara Schönling Gutenbergstr. 266 a 55126 Mainz	Depotvermerk		Filiale 218
	Auftrags-Nr. 000/278/05	Auftragsdatum: vorgestern	erstellt am: heute
	Ausführungsplatz/art Präsenzhandel FRANKFURT var. not.		

Kenn-Nr. 8223133   Wertpapierbezeichnung
DEUTSCHE Lufthansa AG Vink.Na.- -Aktien

Nennwert/Stück	ST	350	Kurswert	€		6.440,00
Kurs/Preis	EUR	18,40	Provision	1,000%		64,40
Handelsdatum		heute	Courtage	0,400‰		2,57
			Abwicklungs- gebühr			4,89

Verrechnung über Konto 0000013288 am .....   Endbetrag   €   6.511,86

Depotart: Depot B (Kundenbestand)
Verw.art: GIROSAMMELVERWAHRUNG (GS)
Dep-Schl: 2 0002 06 22 00

Wertpapiere haben wir entsprechend der Abrechnung auf Ihrem Depotkonto gebucht.

Bitte prüfen Sie diese Abrechnung auf ihre Richtigkeit und Vollständigkeit. Etwaige Einwendungen gegen diese Abrechnung müssen unverzüglich nach Zugang bei der Bank erhoben werden.

Kapitalerträge sind einkommensteuerpflichtig. Diese Mitteilung wird nicht unterschrieben.

②

Zukunftbank Gonsenheim AG		Abrechnung	

Wertpapier-Verkauf

Schmale Straße 620
55052 Mainz

	Bank-Nr.	GP-Nr.	Depot-Nr.
Frau	003-00002398	0009183500	0014810986
Barbara Schönling	Depotvermerk		Filiale 218
Gutenbergstr. 266 a			
55126 Mainz	Auftrags-Nr.	Auftragsdatum:	erstellt am:
	000/278/05	gestern	460. Tage
	Ausführungsplatz/art		nach Aktien-
	Präsenzhandel		kauf
	FRANKFURT		
	var. not.		

Kenn-Nr. 8223133   Wertpapierbezeichnung
DEUTSCHE Lufthansa AG Vink.Na.- -Aktien

Nennwert/Stück	ST	350	Kurswert	€	8.645,00
Kurs/Preis	EUR	24,70	Provision	1,000%	86,45
Handelsdatum		heute	Courtage	0,400‰	3,46
			Abwicklungs-		4,89
			gebühr		

Verrechnung über Konto 0000013288 am .....   Endbetrag   €   8.550,16

Depotart: Depot B (Kundenbestand)
Verw.art: GIROSAMMELVERWAHRUNG (GS)
Dep-Schl: 2 0002 06 22 00

Wertpapiere haben wir entsprechend der Abrechnung auf Ihrem Depotkonto gebucht.

Bitte prüfen Sie diese Abrechnung auf ihre Richtigkeit und Vollständigkeit. Etwaige Einwendungen gegen diese Abrechnung müssen unverzüglich nach Zugang bei der Bank erhoben werden.

Kapitalerträge sind einkommensteuerpflichtig. Diese Mitteilung wird nicht unterschrieben.

1.8 Diskontrechnen

1. Im Zahlungsverkehr wurden Sie neben dem Themen Zahlungsarten, Scheck, Bank-Karte und Kreditkarten mit dem Wechsel konfrontiert. Im Nachfolgenden (siehe nächste Seite) sehen Sie ein ausgefülltes Wechselformular.

Lösungen ab Seite 168

   Schauen Sie es sich genau an, und beantworten Sie die folgenden Fragen!

   a) Wer ist der **Aussteller** des Wechsels?

   b) Wer ist der **Bezogene** des Wechsels?

   c) Wer ist der **Wechselnehmer** des Wechsels?

   d) Unter dem Gesichtspunkt der Anzahl der gesetzlichen Bestandteile werden gemäß Wechselgesetz zwei Formen des Wechsels unterschieden. Um welche **Form** handelt es sich im vorliegenden Fall?

   e) Nennen Sie **Funktionen** des Wechsels, und erläutern Sie diese kurz!

   f) Wie kann ein Wechsel **verwendet** werden?

   g) Warum sind **Wechselschulden Holschulden**?

   h) Der Wechselnehmer reicht obigen Wechsel am 18. Juli zur Diskontierung bei einer Bank ein. – Die Bank berechnet 6 % Diskontzinsen und 2 % Spesen von der Wechselsumme. – Wie hoch ist der **Barwert**? Beachten Sie, dass die Berechnung monatsgenau nach der Eurozinsmethode zu erfolgen hat.

   i) Wie verändert sich der Barwert grundsätzlich, wenn der Wechsel nicht am 18. Juli, sondern erst am 20. August zur Diskontierung eingereicht wird?

2. Ein Wechsel mit einer Wechselsumme in Höhe von 12.600,– € wird 28 Tage vor dem Verfalltag (Fälligkeitstag), d.h. am 8. August, bei einer Bank zum Diskont eingereicht. Bei dem vorliegenden Dreimonatsakzept berechnet die Bank 7 % Diskontzinsen und 20,– € für Auslagen.

   a) Was bedeutet der Ausdruck **Dreimonatsakzept**?

   b) Berechnen Sie den **Barwert**!

3. Die Holzprodukt GmbH reicht 25 Tage vor dem Verfalltag einen Wechsel bei einer Bank zum Diskont ein. Die Wechselsumme beträgt 4.500,– €. Die Bank berechnet einen Diskontsatz in Höhe von 8 % und 18,– € Auslagen.

   Welcher Barwert wird ausgezahlt?

4. Wie hoch ist der **Barwert**, wenn ein Wechsel mit einer Wechselsumme in Höhe von 12.000,– € drei Monate vor Fälligkeit bei einem Kreditinstitut zur Diskontierung eingereicht wird und die Bank insgesamt 1.260,– € an Diskontzinsen und 20,– € Auslagen abzieht?

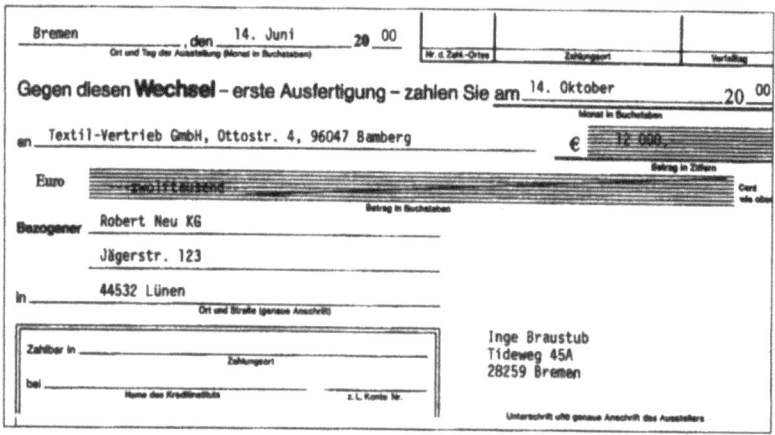

5. Der ausgezahlte Barwert beträgt 23.502,– €. Es wurden 480,– € Diskontzinsen und 18,– € Auslagen von dem Kreditinstitut in Rechnung gestellt. Wie hoch ist die **Wechselsumme**?

6. Die Robert Schumacher KG diskontiert bei ihrer Bank einen Wechsel über 2.400,– €. Die Restlaufzeit des Wechsels beträgt 25 Tage. Der Diskontsatz beträgt 6 %, der Mindestdiskont 5,– €. – Berechnen Sie den **Barwert**!

7. Die Schokoladen-Verkaufs GmbH diskontiert bei einer Sparkasse einen Wechsel über 840,– €. Die Restlaufzeit des Wechsels beträgt 12 Tage. Der Diskontsatz beträgt 5 %. Der Mindestdiskont (= Mindestbetrag an Zinsen) beträgt 6,– €. – Berechnen Sie den **Barwert**!

8. Der Bezogene kann am Verfalltag nicht zahlen.

   a) Wie bezeichnet man in der Wechselsprache diese Situation?

   b) Kann der Bezogene am Verfalltag den Wechselbetrag nicht aufbringen, so kommt eine **Prolongation** in Frage. – Was ist unter diesem Begriff zu verstehen?

   c) Wird eine Prolongation ausgeschlossen, so geht der Wechsel zu Protest. Wer darf eine **Protesturkunde** ausstellen?

   d) Nach der Protesterhebung erfolgt die **Notifikation**.

   Was versteht man unter diesem Begriff?

   e) Auf die Notifikation erfolgt der **Regress**.

   Was ist unter diesem Begriff zu verstehen?

   f) Was ist ein **Indossament**?

9. Der Wechselinhaber hat gemäß Art. 38 Wechselgesetz (WG) den Wechsel am Zahlungstag (Verfalltag) oder an einem der beiden folgenden Werktage zur Zahlung vorzulegen. Kann der Bezogene nicht zahlen, so haften gemäß Art. 47 WG alle, die einen Wechsel ausgestellt, angenommen, indossiert oder mit einer Bürgschaftserklärung versehen haben dem Inhaber als Gesamtschuldner. Der letzte Wechselinhaber kann dann gemäß **Art. 48 WG** Regressansprüche geltend machen. – Um welche **Ansprüche** handelt es sich? – Schauen Sie in Ihr Gesetz (Schönfelder)!

10. Der letzte Wechselinhaber legt dem Bezogenen rechtzeitig einen Wechsel mit einem Wechselbetrag von 25.000,– € am 16.8. vor. Der Schuldner kann aber nicht zahlen. Daraufhin setzt der letzte Wechselinhaber den Aussteller und Vormann am 17.8. davon in Kenntnis, dass der Wechsel zu Protest gegangen ist und legt dem Vormann den Wechsel am 24.8. vor. – Wie hoch ist der **Rückgriffbetrag,** wenn 8 % Zinsen berechnet werden, die Protestkosten 60,– € betragen und an Auslagen 12,– € anfallen?

2 Buchführung

2.1 Aufgaben und Grundlagen der Buchführung

1. Monika Amber hat erfahren, dass im beginnenden Schulhalbjahr **Buchführung** unterrichtet werden wird. Sie möchte sich deshalb rechtzeitig darüber informieren, mit welchen **Rechtsgrundlagen** sie sich auseinander setzen sollte.

   Lösungen ab Seite 173

   Was würden Sie ihr empfehlen?

2. Aus dem HGB lassen sich Vorschriften ableiten, die für die Buchführung von Bedeutung sind.

   a) In welchem Buch dieses Gesetzes sind Vorschriften über die **Führung von Handelsbüchern** enthalten?

   b) Nennen Sie die Bücher des HGB in der richtigen Reihenfolge!

   c) Ein Kommentar zum BGB ist z.B. der Palandt. – Schauen Sie in der Bibliothek Ihrer Kanzlei nach und nennen Sie einen Kommentar zum HGB!

3. Nennen Sie stichwortartig Personengruppen und Institutionen, mit denen Rechtsanwälte und Notare derart in Verbindung stehen, dass Vorgänge zwischen den Beteiligten zu Einnahmen oder Ausgaben führen!

4. Auszubildende, die in großen Sozietäten beschäftigt sind, können feststellen, dass es Rechtsanwälte gibt, die sich in unterschiedlichen Rechtspositionen befinden.

   a) Nennen Sie drei **Vorteile**, die **selbstständige Rechtsanwälte** haben!

   b) Nennen Sie drei **Vorteile**, die **nichtselbstständige Rechtsanwälte** für sich in Anspruch nehmen können!

5. Jede Person, die in irgendeiner Weise ein Einkommen erzielt, muss dieses versteuern.

   a) Nennen Sie die **Einkunftsarten** i.S.d. §2 Einkommensteuergesetz und zugehörige Beispiele!

   b) Um welche **Einkunftsart** handelt es sich, wenn die Rechtsanwältin Isabel Jubilau **als Freiberuflerin** ihre Einkünfte zu versteuern hat?

   c) Nennen Sie weitere Beispiele dafür, welche Personengruppen als **Freiberufler** gelten!

6. Rechtsanwältin Lena-Maria Sagenhaft hat nicht nur **Steuern**, sondern auch **Gebühren** und **Beiträge** zu zahlen.

   a) Erläutern Sie diese drei Begriffe!

   b) Nennen Sie Beispiele für **Steuern,** die Frau Sagenhaft zu zahlen hat!

   c) Nennen Sie eine **Gebühr,** die in einer Anwaltspraxis regelmäßig als Betriebsausgabe anfällt!

   d) Nennen Sie einen **Beitrag,** den Frau Sagenhaft zu zahlen hat!

   e) Nennen Sie einen **Beitrag,** den Frau Sagenhaft als Anwältin möglicherweise zu zahlen hat!

   f) Worin besteht grundsätzlich der **Unterschied** zwischen **Gebühren** und **Beiträgen**?

7. Warum haben Rechtsanwälte **betriebsinterne Vorgänge aufzuzeichnen**? Nennen Sie drei Gründe!

8. Chariklia Monopolis wird nach der Berufsausbildung von ihrem bisherigen Arbeitgeber, Rechtsanwalt Wolfgang Bachlauf, übernommen. Es wird vereinbart, dass sie an drei Tagen in der Anwaltskanzlei arbeitet und an zwei Tagen im Büro seiner Ehefrau, die vor einem halben Jahr in der Innenstadt von Leipzig ein Textilgeschäft eröffnet hat. In einem Gespräch mit Frau Bachlauf erfährt Chariklia, dass sie in der Buchhaltung darauf zu achten habe, dass sie nicht gegen die Grundsätze ordnungsmäßiger Buchführung verstößt.

   a) Nennen Sie die **Grundsätze ordnungsmäßiger Buchführung**!

   b) Frau Bachlauf ist wie folgt im Handelsregister eingetragen: Firma Christina Bachlauf e. Kfr. – Textilverkauf. Um welche Unternehmensform handelt es sich?

   c) In welcher Abteilung des **Handelsregisters** ist die Eintragung erfolgt?

   d) Welche Unternehmen sind ebenfalls in der unter c) genannten Abteilung eingetragen?

   e) Welche Unternehmen werden in der anderen, nicht unter c) genannten Abteilung des Handelsregisters eingetragen?

   f) Ist Frau Bachlauf verpflichtet, Bücher zu führen? – Begründung!

   g) Was versteht man unter der **doppelten Buchführung**?

9. Zwischen welchen **Methoden der Gewinnermittlung** können Rechtsanwälte und Notare i.S.d. Einkommensteuergesetzes unterscheiden?

10. Gemäß § 264 HGB müssen die gesetzlichen Vertreter einer Kapitalgesellschaft den Jahresabschluss und den Lagebericht in den ersten drei Monaten des Geschäftsjahrs für das vergangene Geschäftsjahr aufstellen.

   a) Nennen Sie **Kapitalgesellschaften**!

   b) Nennen Sie **Personengesellschaften**!

c) In welchen **Abteilungen des Handelsregisters** sind die Kapital- und Personengesellschaften eingetragen?

d) In welcher **Abteilung des Handelsregisters** sind **Einzelkaufleute** eingetragen?

e) Bei **welchem Gericht** wird das **Handelsregister** geführt?

f) Aus welchen **Teilen** besteht der **Jahresabschluss von Kapitalgesellschaften** gemäß HGB?

g) Welche **Besonderheit** gilt bzgl. der Aufstellung des Jahresabschlusses für **kleine Kapitalgesellschaften**?

h) Welche Bedeutung hat der **Anhang** im Rahmen des Jahresabschlusses von Kapitalgesellschaften?

i) Welche **Größenordnungen von Kapitalgesellschaften** werden unterschieden?

j) Was beinhaltet der sog. **Lagebericht**?

2.2 Inventar – Bilanz – Nebenaufzeichnungen

1. Gemäß § 238 HGB ist jeder Kaufmann verpflichtet, einen Jahresabschluss zu erstellen. Obwohl ein Rechtsanwalt oder Notar kein Kaufmann, sondern jeweils ein Freiberufler ist, kann er freiwillig seinen Gewinn durch Eigenkapitalvergleich ermitteln. Vermögen und Schulden müssen dann in einem Inventar festgestellt werden.

Lösungen ab Seite 178

a) Was ist die sog. **Inventur**?

b) Was ist das **Inventar**?

c) Worin besteht der **Unterschied** zwischen der **Inventur** und dem **Inventar**?

d) Wie wird das **Reinvermögen** berechnet?

2. Erläutern Sie verschiedene **Inventurverfahren**! Schauen Sie hierzu in Ihr HGB! Sie finden dieses Gesetz im Schönfelder unter der Gesetzesnummer 50.

3. Angela Bindfaden ist Auszubildende in einer Sozietät. Ihr Arbeitgeber Rechtsanwalt Jörg Vorgang ist außerdem Steuerberater. Angela will sich auch im Bereich des Steuerrechts sachkundig machen. Aus diesem Grund legt ihr der Arbeitgeber eine Übungsaufgabe vor. Sie soll aus den folgenden Angaben ein Inventar erstellen: Inventar der Schuhproduktion GmbH, Pirmasens, 31. Dezember 20.. Maschinen 2.500.000,– €; Geschäftsausstattung gemäß Verzeichnis 420.000,– €; 6 PKW für geschäftliche Zwecke 280.000,– €; Warenvorräte 600.000,– €; 2 Motorräder für geschäftliche Zwecke 28.000,– €; unbebaute Grundstücke 1.200.000,– €; Bauten 2.800.000,– €; Forderungen aus Warenlieferungen an Firma Jubilau, Zwei-

brücken 35.000,– €; Forderungen aus Warenlieferungen an Firma Schuh-kauf & Co. 22.000,– €, Kirkel; Bargeld 2.650,– €; Guthaben bei der Geld-Bank Pirmasens 8.560,– €, Konto-Nr. 4311; Guthaben bei der Sparkasse Pirmasens 1.280,– €, Konto-Nr. 1220; Verbindlichkeiten gegenüber dem Lieferanten Blechschmidt KG 66.000,– €; Verbindlichkeiten gegenüber dem Lieferanten Jungbad GmbH 45.000,– €; Wechselverbindlichkeiten 4.500,– €; Darlehen bei der Hypo-Bank Zweibrücken (langfristig) 65.000,– €, Konto-Nr. 12345.

a) **Erstellen Sie** an Stelle von Angela **das Inventar auf einem DIN A 4-Blatt oder mittels PC**!

b) Wie verändert sich das **Reinvermögen**, wenn sie zusätzlich noch die Information erhält, dass die Position Bankguthaben in Höhe von 40.000,– € bei der Jedermann-Bank in das Inventar aufzunehmen ist?

4. **Erstellen Sie** für Rechtsanwältin Dr. Nina Maulbeer, Mainz, aus folgenden Angaben **ein Inventar** zum 31.12.20..! 1 Eigentumswohnung 580.000,– €; 3 Personal-Computer à 3.500,– € ; 2 Schubladencontainer à 400,– €; 1 Panzerschrank 3.000,– €; 4 Sessel à 600,– €; 3 Schreibtische à 1.500,– €; 3 Fotokopiergeräte à 1.200,– €; 1 Garderobenständer 250,– €; 1 Schrank-wand 5.200,–€; 1 Telefaxgerät 1.200,– €; Barmittel 1.500,– €; Bankgutha-ben bei der Deutschen Bank, Mainz, 4.000,– €, Konto-Nr. 2897; Bankgut-haben bei der Kreissparkasse Mainz 2.000,– €, Konto-Nr. 9995; langfristi-ges Darlehen bei der Kredit-Bank AG 58.000,– €, Konto-Nr. 9995; Darle-hen über vier Monate bei der Geld-Sparkasse 27.500,– €, Konto-Nr. 7654321.

5. Rechtsanwalt Jens Baumstumpf führt die neue Auszubildende Martina Im-merfroh in ihre Aufgabengebiete ein. Er zeigt ihr in einer Schublade ein Buch, auf dem **Kassenbuch** steht.

a) Welche Vorgänge sind darin grundsätzlich aufgezeichnet?

b) Nennen Sie zwei häufig vorkommende **Vorgänge**, die im Kassenbuch zu vermerken sind!

6. Sie sehen nun einen Auszug aus dem **Kassenbuch** von Rechtsanwalt und Notar Jens Blumenpracht.

a) Tragen Sie folgende am 01.04. getätigten Vorgänge einschließlich des Anfangsbestands in Höhe von 1.200,– € ein: Barkauf einer Briefwaage 34,80 € (Beleg-Nr. 311/20.. und erster Beleg am 1.4.; der Mandant Hans Habrecht zahlt ein Anwaltshonorar bar 840,– €; Barkauf von 4 Handtüchern für die Toiletten in der Anwaltskanzlei 48,– €; Barkauf von Kaffee für die Bewirtung von Mandanten und des Personals 18,– €; Gerichtskostenquittung über 27,– €.

Rechtsanwalt und Notar Jens Blumenpracht				
KASSENBUCH				
Datum	**Beleg-Nr.**	**Vorgang**	**Einnahmen** €	**Ausgaben** €
		Kassenbestand des Vortages		

b) Wie wird der **Endbestand** des Kassenbuchs ermittelt?

7. Rechtsanwalt Jens Blumenpracht entnimmt am 3.6.20.. aus der Kasse 100,– € in bar, um am Mittag essen zu gehen.

   Erstellen Sie zu diesem Vorgang einen **Beleg**!

8. In den Büros der Rechtsanwälte und Notare werden Nebenaufzeichnungen vorgenommen.

   a) Aus welcher **Rechtsgrundlage** sind **Nebenaufzeichnungspflichten** abzuleiten?

   b) Was ist ein **Kostenverrechnungsblatt**?

   c) Welche Verpflichtung geht ein Rechtsanwalt dem Finanzamt gegenüber ein, wenn er aufzubewahrende Unterlagen, wie z.B. ein Kostenverrechungsblatt, auf einem Datenträger speichert?

9. Rechtsanwalt Lothar Wundervoll, Bremen, eröffnet eine Anwaltskanzlei.

   Erstellen Sie an seiner Stelle auf Grund der folgenden Angaben eine **Bilanz**! Beachten Sie dabei die Schritte a) bis j)!

   – Er hat Bargeld in Höhe von 6.500,– €.
   – Auf seinem Girokonto bei der Kölner Bank befinden sich 1.400,– € Guthaben.
   – Sein Postgirokonto bei der Postbank Köln weist einen Guthaben-Betrag von 1.600,– € aus.

- Er ist Eigentümer einer Eigentumswohnung mit einem Wert von 380.000,– €.
- In seinem Eigentum befindet sich Ackerland im Wert von 120.000,– €.
- Seine Praxisausstattung hat einen Wert von insgesamt 45.500,– €.
- Er hat ein kurzfristiges Darlehen über 15.000,– € aufgenommen.
- Einen Teil seiner Eigentumswohung hat er mit einem langfristigen Hypothekarkredit finanziert. Die Kredithöhe beläuft sich derzeit auf 180.000,– €.

a) **Ordnen** Sie die in der Aufgabe gemachten **Angaben** nach den **Aktiva-Positionen**!

b) **Ordnen** Sie die in der Aufgabe gemachten **Angaben** nach den **Passiva-Positionen**!

c) Übertragen Sie **alle** bisherigen **Angaben** in ein **Bilanzschema**!

d) Addieren Sie alle Positionen der **AKTIVA-Seite** der Bilanz! Somit erhalten Sie die Bilanzsumme.

e) Addieren Sie das **Fremdkapital**!

f) Ermitteln Sie das **Eigenkapital**, indem Sie die Summe des Fremdkapitals von der Bilanzsumme subtrahieren!

g) **Übertragen** Sie das **Eigenkapital** in das von Ihnen aufgestellte **Bilanzschema**!

h) Addieren Sie das Eigenkapital und das Fremdkapital!

i) Warum wurde Schritt h) durchgeführt?

j) Tragen Sie die Bilanzsumme auf der PASSIVA-Seite ein, und stellen Sie die **Bilanz** am 31. Dezember 20.. endgültig fertig dar!

10. Rechtsanwalt Jürgen Immerfroh, Kirkel, hat folgende Vermögenspositionen und Schulden in seine Anfangsbilanz aus Anlass der Eröffnung seiner Kanzlei einzubringen.

- 1 Einfamilienhaus 720.000,– €;
- 1 unbebautes Grundstück 80.000,– €;
- 6 Personal-Computer à 3.500,– € ;
- 2 Ordner-Drehsäulen à 700,– €;
- 4 Ordnungs- und Ablagewagen à 400,– €;
- 2 Aktenvernichter à 850.– €;
- 2 Schubladencontainer à 400,– €;
- 1 Panzerschrank 3.000,– €;
- 4 Sessel à 600,– €;
- 3 Schreibtische à 1.500,– €;
- 3 Personalcomputer à 1.200,– €;
- 4 Hängeregistratur-Schränke à 1.200,– €;
- 6 Stenoretten à 250,– €;
- 1 Schrankwand 5.200,– €;
- 1 Telefaxgerät 2.200,– €;

- 2 Kopiergeräte à 4.500,– €;
- 2 Kopiergeräte à 2.500,– €;
- Barmittel 1.200,– €;
- Bankguthaben bei der Dresdner Bank 4.500,– € Konto-Nr. 777234;
- Bankguthaben der Kreissparkasse Kirkel 4.500,– €, Konto-Nr. 9995;
- Bankguthaben bei der Postbank Saarbrücken 2.800,– €, Konto-Nr. 4711007;
- langfristiges Darlehen bei der Volksbank Neunkirchen, 60.000,– €, Konto-Nr. 807060;
- Darlehen über sechs Monate bei der Sparkasse Ottweiler 30.000,– €, Konto-Nr. 13233343;

a) **Erstellen Sie** am 08. Januar 20.. aus den Angaben ein **Inventar**!

b) **Erstellen Sie** am 15. Januar 20.. aus dem Inventar eine **Bilanz**!

c) Lösen Sie aus der Bilanz die **AKTIVA-Positionen und** die **PASSIVA-Positionen in Kontenform** auf!

d) Nennen Sie zwei Beispiele für einen **Zugang** auf einem einzelnen **Aktivkonto**!

e) Nennen Sie zwei Beispiele für einen **Abgang** auf einem einzelnen **Aktivkonto**!

f) Nennen Sie zwei Beispiele für einen **Zugang** auf einem einzelnen **Passivkonto**!

g) Nennen Sie zwei Beispiele für einen **Abgang** auf einem einzelnen **Passivkonto**!

h) Wie werden **Zugänge** auf **Aktivkonten** gebucht?

i) Wie werden **Abgänge** auf **Aktivkonten** gebucht?

j) Wie werden **Zugänge** auf **Passivkonten** gebucht?

k) Wie werden **Abgänge** auf **Passivkonten** gebucht?

l) Tragen Sie in die Konten folgenden Geschäftsvorgang ein: Barabhebung 500,– € bei der Kreissparkasse Kirkel.

Soll	Kasse	**Haben**	**Soll**	Kreissp. Kirkel	**Haben**
AB	1.200,–		AB	4.500,–	

m) Tragen Sie in die Konten folgenden Geschäftsvorgang ein: Überweisung von Dresdner Bank auf Postbank Saarbrücken 200,– €.

Soll	Dresdner Bank	**Haben**	**Soll**	Postbank Saarbr.	**Haben**
AB	4.500,–		AB	2.800,–	

n) Tragen Sie in die Konten folgenden Geschäftsvorgang ein: Tilgung von Darlehensschulden bei der Sparkasse Ottweiler durch Bareinzahlung 2.000,– €.

Soll	Kasse	Haben	Soll	Spark. Ottweiler	Haben
AB	1.200,–		AB	30.000,–	

o) Tragen Sie in die Konten folgenden Geschäftsvorgang ein: Überweisung von Postbank Saarbrücken auf Dresdner Bank 1.000,– €

Soll	Postbank Saarbr.	Haben	Soll	Dresdner Bank	Haben
AB	2.800,–		AB	4.500,–	

p) Tragen Sie in die Konten folgenden Geschäftsvorgang ein: Kauf einer Tisch-Rechenmaschine 200,– € gegen Barzahlung.

Soll	Praxisausst.	Haben	Soll	Kasse	Haben
AB	67.700,–		AB	1.200,–	

11. Handelt es sich bei den nachfolgenden Konten um ein Aktivkonto oder ein Passivkonto?

   a) Bankguthaben

   b) Darlehen

   c) Postbank-Guthaben

   d) Fuhrpark

   e) Hypothekarkredit

   f) Unbebaute Grundstücke

12. Bei der Buchung von Geschäftsvorfällen werden immer mindestens zwei Konten berührt. Erklären Sie die in diesem Zusammenhang bedeutsamen folgenden Begriffe!

   a) **Aktiv-Tausch**

   b) **Passiv-Tausch**

   c) **Aktiv-Passiv-Tausch**

13. Handelt es sich bei den folgenden Geschäftsfällen um eine(n)

   I. Aktiv-Tausch

   II. Passiv-Tausch

   III. Aktiv-Passiv-Tausch?

   Begründung!

   a) Kauf einer Eigentumswohnung gegen Darlehen.

   b) Teilweise Tilgung eines Hypothekarkredits durch Darlehen.

   c) Kauf einer elektrischen Schreibmaschine gegen Banküberweisung.

d) Tilgung eines Teils eines Darlehens durch Bareinzahlung auf dem Darlehenskonto bei der Bank.

e) Verkauf eines Schreibtisches gegen Barzahlung.

14. Nennen Sie ein Beispiel für

a) einen **Passiv-Tausch**

b) eine **Aktiv-Passiv-Tausch**

c) einen **Aktiv-Tausch**!

2.3 Geschäftsvorfälle

1. Rechtsanwalt Thomas Sonnenstrahl führt u.a. folgende Konten. Folgende Anfangsbestände sind zu verzeichnen:

Lösungen ab Seite 189

– PkW	30.000,– €
– Bargeld	4.000,– €
– Praxisausstattung	85.000,– €
– Bebautes Grundstück	480.000,– €
– Guthaben bei der Volksbank Berlin	12.000,– €
– Belastung durch einen Hypothekarkredit	150.000,– €
– Guthaben bei der Postbank	2.000,– €
– Belastung durch ein kurzfristiges Darlehen	40.000,– €

a) Buchen Sie die jeweiligen Beträge als **Anfangsbestand** (=AB) auf den unten dargestellten Konten!

b) **Buchen** Sie **auf den Konten** folgende **Geschäftsvorfälle**, und nummerieren Sie die Buchungen auf den einzelnen Konten:

(1) Kauf eines Mopeds für rein betriebliche Zwecke. Der Kaufpreis in Höhe von 6.000,– € wird mit Überweisung der Volksbank Berlin bezahlt

(2) Kauf eines Hängeregistratur-Schrankes 500,– € gegen Barzahlung

(3) Bareinzahlung auf das Konto der Volksbank Berlin 1.000,– €

(4) Überweisung von 500,– € über das Konto der Volksbank Berlin auf Darlehens-Konto

(5) Überweisung von der Volksbank Berlin 2.000,– € auf Postbank Berlin

c) Schließen Sie die Konten ab!

Soll	Bebaut. Grundstück	Haben	Soll	Fuhrpark	Haben

Soll	Praxisausstattung	Haben	Soll	Kasse	Haben

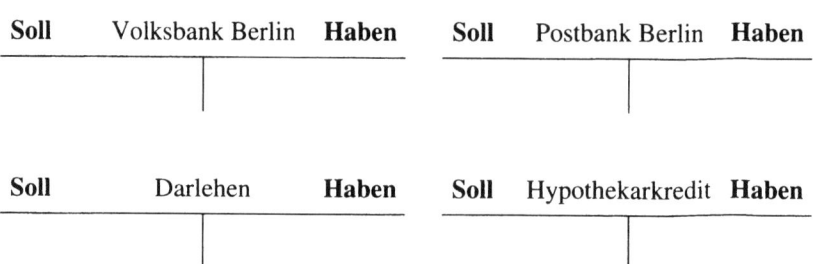

Übertragen Sie die **Endbestände** in folgende **Schlussbilanz** (= SB), und ermitteln Sie das **Eigenkapital**!

Aktiva	Bilanz vom 31. Dezember 20 . .	Passiva
	€	€
I. Anlagenvermögen	**I. Eigenkapital**	
1. Bebautes Grundstück	**II. Fremdkapital**	
2. Fuhrpark	*1. Langfristiges Fremdkapital*	
3. Praxisausst.	Hypothekarkredit	
II. Umlaufvermögen	**2. Kurzfristiges Fremdkapital**	
1. Kasse	Darlehen	
2. Bankguthaben		
– Volksbank B.		
3. Postbank B.		

2. Im Falle der Anwendung der doppelten Buchführung sind verschiedene Bücher zu führen.

   a) Erläutern Sie, was man unter der **einfachen Buchführung** und unter der **doppelten Buchführung** versteht!

   b) Wozu dient ein **Grundbuch**?

   c) Was ist ein **Hauptbuch**?

3. In nachfolgendem Schaubild sehen Sie den Aufbau eines Grundbuches ohne Eintragungen.

   a) Tragen Sie die erforderlichen **Angaben im Kopf** des Grundbuches ein!

   b) Tragen Sie folgende Geschäftsvorfälle ein:

   (1) Kauf einer Rechenmaschine am 12.07. zum Preis von 212,75 € incl. 16 % MwSt. – Es erfolgt Barzahlung.

   (2) Barabhebung am 03.02.20.. von der Postbank 1.000,– €

Grundbuch				

4. Rechtsanwalt Adam Zögerlich erzählt einem Bekannten, dass er sich einen neuen Computer kaufen werde, um wirtschaftlicher arbeiten zu können.

a) Welche Fragen sollte sich Herr Zögerlich stellen, damit ihm der Kauf eines Computers etwas leichter fällt?

b) Wenn Herr Zögerlich Ergebnisse nicht nur am Bildschirm sehen, sondern sie auch gerne schriftlich vor sich liegen haben möchte, so muss er einen Drucker bedienen. – Welche Arten von Druckern kommen grundsätzlich in Frage, wenn es darum geht, den für die Anwaltskanzlei „richtigen" Drucker zu kaufen?

c) Wie unterscheiden sich Tintenstrahl- und Laserdrucker?

d) Welche Überlegungen sollte Herr Zögerlich beim Kauf eines Druckers anstellen?

e) Worauf sollte Herr Zögerlich achten, wenn er viele Grafiken über seinen Drucker erstellen möchte?

f) Jeder Personal-Computer arbeitet mit einem **Betriebssystem**.
Was versteht man unter diesem Begriff?

g) Wofür steht die Abkürzung **DOS** (Betriebssystem)?

h) Was versteht man unter **Multitasking**?

i) In welchem Falle spricht man von „**Online-Betrieb**" und „**Offline-Betrieb**"?

j) Herr Zögerlich beabsichtigt, den Computer zu leasen. – Was ist eigentlich **Leasing**?

k) Was ist **Finanzierungsleasing**?

l) Wirkt sich **Leasing** auf das Anlagevermögen in der Bilanz von Herrn Zögerlich aus?

5. Herr Zögerlich erfährt, dass er seine Eintragungen im **amerikanischen Journal** auch über Computer durchführen kann.

   a) **Wie** ist im Prinzip ein amerikanisches Journal **aufgebaut?**

   b) Wie sind die **vorbereitenden Abschlussbuchungen** durchzuführen?

   c) Wie lauten die **Abschlussbuchungen**?

6. Bei der Buchung von Geschäftsvorfällen ist es erforderlich, die Unterscheidung zwischen Betriebsausgaben und Betriebseinnahmen zu machen.

   a) Nennen Sie Beispiele für **Betriebsausgaben**!

   b) Nennen Sie Beispiele für **Betriebseinnahmen**!

   c) Über welches Konto werden Betriebsausgaben und Betriebseinnahmen abgeschlossen?

7. Wie lauten für folgende Geschäftsvorfälle die **Buchungssätze**?

   a) Mandant Peter Schwips zahlt an Rechtsanwalt Jörg Urmel das Honorar in Höhe von 1.392,– € inkl. 16 % USt bar (Nettoverfahren).

   b) Rechtsanwältin Isabel Supernase überweist das Gehalt ihrer Angestellten Josephine Jumbalei in Höhe von 3.500,– € durch Überweisung über ihr Postbank-Konto.

   c) Überweisung der monatlichen Miete in Höhe von 2.000,– € per Dauerauftrag über das eigene Bank-Konto.

   d) Barkauf von Glühbirnen für den Betrieb in Höhe von 19,72 € einschließlich 16 % USt.

   e) Abbuchung von Telefongebühren per Bank-Lastschrift in Höhe von 450,– €.

   f) Überweisung eines Rechnungsbetrages für die Reinigung eines Teppichs im Büro in Höhe von 487,20 € inkl. 16 % Ust per Postbank-Konto.

8. Schließen die folgende Konten über das **Gewinn- und Verlust-Konto** ab!

Soll	Honorar	**Haben**	**Soll**	Beiträge	**Haben**
	Bank	2.000,–	Bank	450,–	
	Kasse	1.200,–			
	Bank	3.000,–			

Soll	Bürobedarf	**Haben**
Bank	850,–	
Kasse	150,–	

Soll	Porto & Telefon	**Haben**
Postbank	350,–	
Kasse	50,–	

Soll	Zinsen	**Haben**
		Bank 400,–

Soll	G+V	**Haben**

2.4   Mehrwertsteuer – Vorsteuer – Zahllast

1. Es gibt eine Reihe von Gesetzen, in denen festgelegt ist, was der Steuergegenstand für jeweils unterschiedliche Steuerarten ist.

   Lösungen ab Seite 195

   a) Was ist in den einzelnen **Abschnitten des Umsatzsteuergesetzes** geregelt?

   b) Gibt es **Steuergegenstände bei Rechtsanwälten und Notaren**, die der Umsatzsteuer unterliegen?

   c) Welches ist die **Bemessungsgrundlage** für die Berechnung der Umsatzsteuer?

2. Im Umsatzsteuergesetz ist die Höhe der von dem Entgelt zu berechnenden Umsatzsteuer festgeschrieben.

   a) Wie hoch ist der **allgemeine Umsatzsteuersatz?**

   b) Wie hoch ist der **ermäßigte Umsatzsteuersatz?**

   c) Nennen Sie Umsätze, die im Wirtschafts- und Gesellschaftsleben dem ermäßigten Umsatzsteuersatz unterliegen!

3. Es ist zu unterscheiden zwischen der Vorsteuer und der Mehrwertsteuer.

   a) In welchen Fällen wird **Vorsteuer** berechnet?

   b) In welchen Fällen ist **Mehrwertsteuer** auszuweisen?

   c) Nennen Sie zwei konkrete Beispiele, aus denen ersichtlich ist, dass ein Notar Mehrwertsteuer berechnet!

   d) Nennen Sie zwei Geschäftsvorfälle, bei denen in Anwaltsbüros eine Vorsteuer entsteht!

4. Der **Bemessungszeitraum** für die Berechnung der Umsatzsteuer nach vereinbarten Entgelten ist das **Kalenderjahr** (§ 16 UStG).– Bis zu welchem Zeitpunkt hat ein Rechtsanwalt (oder Notar) eine Voranmeldung der Umsatzsteuer beim zuständigen Finanzamt einzureichen?

5. Die Anwaltsfachangestellte Monalisa Freiraum erstellt im Auftrag ihres Arbeitgebers, Herrn Rechtsanwalt Wolfgang Lobesam, die Kostenrechnung in der Angelegenheit „Hoch gegen Tief". An Prozessgebühr, Verhandlungsgebühr und Auslagenpauschale ergibt sich ein Gesamtbetrag von 2.400,– €. Zu diesem Betrag werden gemäß § 25, Abs. 2 BRAGO 16 % USt addiert.

   a) Berechnen Sie den **Umsatzsteuerbetrag!**

   b) Wie hoch ist das **Bruttohonorar?**

   c) Wie lautet der **Buchungssatz**, wenn der Mandant Hoch die Honorarrechnung bar bezahlt?

6. In der Buchhaltung von Rechtsanwalt Peter Schimpf werden u. a. folgende beide Konten geführt.

Soll	Vorsteuer	Haben	Soll	MwSt	Haben
160,–					640,–
480,–					260,–
260,–					320,–
					220,–

   a) **Schließen Sie** das Konto „**Vorsteuer**" ab, und bilden Sie den **Buchungssatz!**

b) Schließen Sie das Konto „**Mehrwertsteuer (MWSt)**" ab!

c) Welche Bedeutung hat der auf dem **Konto MWSt** entstandene **Saldo**?

d) Auf welcher Seite der **Bilanz** wird die **Zahllast** (als Verbindlichkeit des Praxisinhabers gegenüber dem Finanzamt) gebucht?

7. Rechtsanwalt und Notar Jonny Frohnatur erstellt keine Bilanz, sondern eine Überschussrechnung gemäß § 4 Abs. 3 EStG. Er führt das **Verrechnungskonto Zahllast.**

a) Welche Beträge stehen auf der **Soll-Seite** des Kontos **Verrechnungskonto Zahllast**?

b) Welche Beträge stehen auf der **Haben-Seite** des Kontos **Verrechnungskonto Zahllast**?

c) Wie lautet die **Buchung**, wenn die Zahllast in Höhe von 400,– € am 10. Juni 20.. an das Finanzamt per Postbanküberweisung abgeführt wird?

d) Welche **Buchung** ist am **Jahresende** durchzuführen, wenn bei der Saldierung des Verrechnungskontos **Zahllast** der **Saldo auf** der **Soll-Seite** steht?

e) Welche buchhalterische Konsequenz entsteht für die Anwaltspraxis, wenn an das Finanzamt während des Jahres mehr bezahlt wurde, als die Summe der Zahllast ergeben hat?

2.5 Rabatt und Skonto

1. Nennen Sie **Preisnachlässe**!

2. Unter welcher Voraussetzung werden gewährt

a) **Mengenrabatte**

b) **Treuerabatte**?

Lösungen ab Seite 197

3. Wie werden **Rabatte** buchhalterisch erfasst?

4. Rechtsanwalt André Noir kauft 8 Ordner-Drehsäulen à 800,–€. Ihm wird ein Rabatt in Höhe von 10 % gewährt.

a) Wie hoch ist der Rechnungsbetrag inkl. Mehrwertsteuer?

b) Wie lautet die Buchung, wenn die Rechnung per Banküberweisung beglichen wird?

5. Wie wirkt sich ein gewährtes **Skonto** auf den Rechnungsbetrag aus?

6. Rechtsanwältin Anabella Frohnatur kauft bei der Josef Pinats KG 3 Hängeschränke à 700,– €, zwei Rechenmaschinen à 500,– € und vier Hängeregistraturschränke à 1.100,– €. Sie erhält eine Rechnung, datiert auf den

03. Juni 20.. . Auf dem Rechnungsformular ist zu lesen, dass ihr ein Skonto von 2 % gewährt wird, wenn die Ware binnen 14 Tagen ab Rechnungsdatum bezahlt wird.

a) Wie hoch ist der Rechnungsbetrag inkl. Mehrwertsteuer?

b) Welchen Betrag hat die Rechtsanwältin per Postbank zu überweisen, wenn sie den Rechnungsbetrag am 10. Juni 20.. begleichen will?

c) Wie lautet der Buchungssatz?

7. Rechtsanwalt Jens Grüner kauft Gegenstände für seine Praxisausstattung im Gesamtwert von 20.000,– €. Ihm werden 2 % Skonto und 10 % Rabatt gewährt. Den Rechnungsbetrag überweist er durch Banküberweisung.

a) Wie hoch ist der Bruttorechnungsbetrag?

b) Welchen Betrag hat Rechtsanwalt Grüner zu überweisen?

c) Wie lautet der Buchungssatz?

2.6   Durchlaufende Posten

**Lösungen ab
Seite 199**

1. Charakterisieren Sie, was **durchlaufende Posten** sind!

2. Um welche **Art von Konten** handelt es sich bei **durchlaufenden Posten**?

3. Zu den durchlaufenden Posten zählen **vorgelegte Kosten**. Nennen Sie mindestens vier Beispiele!

4. Vorgelegte Kosten sind buchhalterisch durchlaufende Posten. Nennen sie sonstige durchlaufende Posten!

5. Nennen Sie Beispiele für Fremdgelder, die Rechtsanwälte und Notare zu verwahren bzw. weiterzuleiten haben!

6. Um welche Art Bestandskonto handelt es sich, wenn Mandantin Jutta Habermann vorgelegte Kosten bar an der Kasse einer Anwaltssozietät begleicht?

7. Was ist ein **Anderkonto**?

8. Welche Aussagen zu durchlaufenden Posten, Fremdgeld und Anderkonto sind richtig? – Bitte ankreuzen!

a) Das Fremdgeldkonto ist ein Erfolgskonto.   ○

b) Das Fremdgeldkonto ist ein Bestandskonto.   ○

c) Das Anderkonto wird über das Privatkonto abgeschlossen.   ○

d) Das Anderkonto ist von den privaten Konten auf Bank und
Sparkasse streng zu unterscheiden. ◯

e) Für Rechtsanwälte ist das Fremdgeldkonto ein Schuldkonto. ◯

f) Das Fremdgeldkonto ist ein Konto, auf das durchlaufende
Posten gebucht werden. ◯

g) Durchlaufende Posten unterliegen der Einkommensteuer. ◯

h) Durchlaufende Posten sind gemäß Umsatzsteuergesetz
nicht umsatzsteuerpflichtig. ◯

9. Kreuzen Sie an, ob es sich im jeweiligen Fall um vorgelegte Kosten oder
um Fremdgeld handelt oder um Sonstiges!

Geschäftsvorfälle	Durchlaufende Posten		Sonstiges
	Vorgelegte Kosten	Fremdgeld	
Kauf von Blumen zur Verschönerung des Büros			
Kauf einer Wertmarke für den Gerichtskostenfreistempler			
Barauslagen für Gerichtskosten für die Mandantin Jutta Wundervoll			
Vorläufige Verwahrung von Geldern in einer Vormundschaftssache			
Bezahlung der Gerichtskosten für Mandant Josef Süß			
Kauf von Briefumschlägen für die betriebliche Verwendung			

10. Bilden Sie die **Buchungssätze** zu folgenden Geschäftsvorfällen!

a) Gerichtskostenmarken werden in Höhe von 750,– € bar bezahlt.

b) Eine Mandantin überweist vorgelegte Kosten über 200,– € auf das
Postbank-Konto des Rechtsanwalts Schluri.

c) Rechtsanwalt John Brown hat einen Prozess seines Mandanten gewonnen. Die Versicherung überweist daraufhin die Unfallentschädigung,
die dem Mandanten zusteht, in Höhe von 6.500,– € auf das Bankkonto
des Rechtsanwalts.

d) Am 03. April 20.. geht ein Geldbetrag in Höhe von 12.000,– € wegen
einer Vormundschaftssache ein. Der Zweckbestimmung wegen wird
der Betrag am 08. Mai 20.. an den berechtigten Empfänger überwiesen.

e) Die Mandantin Maria Nervsäg überweist den Betrag aus einer Vorschussliquidation in Höhe von 1.374.– €. In dem Betrag sind ein Gebührenvorschuss von 610,– €, Auslagen in Höhe von 40,– €, Umsatzsteuer über einen Betrag von 104.– € und ein Gerichtskostenvorschuss in Höhe von 620,– € enthalten. Das Geld geht auf dem Bankkonto des Rechtsanwalts Otto Tiefscharz ein.

2.7   Geschäftsvorfälle aus dem privaten Bereich

Lösungen ab Seite 201

1. Rechtsanwälte, Notare, aber auch alle sonstigen Betriebsinhaber, können aus ihrem Betrieb (**Privat-**)**Entnahmen** tätigen.

   a) In welcher **Rechtsgrundlage** ist geregelt, was **Entnahmen** sind?

   b) Nennen Sie Beispiele für **Entnahmen** im steuerrechtlichen Sinn!

2. Rechtsanwalt Jens Wohlgemut entnimmt Bargeld in Höhe von 2.000,– € aus der Kasse in der Anwaltskanzlei und tilgt damit einen Teil eines Darlehens.

   a) Geben Sie den beiden Konten jeweils eine Bezeichnung, die aus dem dargestellten Sachverhalt abzuleiten ist!

Soll	Haben	Soll	Haben

   b) Tragen Sie die in der Aufgabe enthaltenen Angaben in die Konten ein!

   c) Wie lautet der Buchungssatz, der sich aus dem in der Aufgabe enthaltenen Sachverhalt ergibt?

   d) Unterliegen Geldentnahmen der Besteuerung durch die Umsatzsteuer?

3. Johanna Birnenkopf, Frau von Rechtsanwalt Willibald Birnenkopf, beabsichtigt, ein Schreibbüro zu eröffnen. Aus diesem Anlass schenkt ihr ihr Mann drei Regale zum Zeitwert von 1.500,– € und einem Buchwert von 1.100,– € aus seiner Anwaltskanzlei.

   a) Um welche Art von Eigenverbrauch handelt es sich i. S. d. Umsatzsteuergesetzes?

   b) Wie lauten die **Buchungen**?

   c) Wie hoch ist der Gewinn durch die Entnahme?

   d) Begründen Sie, warum eine Buchung des Eigenverbrauchs zwingend erforderlich ist!

4. Rechtsanwältin Tanita Tüchtig bekommt von ihren Eltern zum Geburtstag 8.000,– € geschenkt. Sie legt 600,– € davon in die Kasse ihrer Anwaltspraxis. – Wie lautet die Buchung?

5. Über welches Konto wird das **Privatkonto abgeschlossen**?

6. Über welches Konto wird das Konto **Eigenkapital abgeschlossen**?

7. Wie lautet der **Buchungssatz** beim **Abschluss** des **Privatkontos**?

8. Um welche Art von Konto handelt es sich – bilanztechnisch gesehen – bei einem Privatkonto?

9. Rechtsanwalt Jonas Immerfroh bezahlt aus der Kasse seiner Anwaltspraxis eine Rechnung über den Kauf von Putzmitteln über 12,– € und entnimmt 200,– € für private Zwecke.

    a) Um welche **Art von Konto** handelt es sich bei der Position **Putzmittel**?

    b) Um welchen **Vorgang** handelt es sich bei der **Entnahme von Bargeld**?

    c) **Wie wirken sich** die beiden **Vorgänge auf** das **Eigenkapital-Konto aus**?

10. Das Eigenkapital am Anfang des Wirtschaftsjahres betrug 100.000,– €, das Eigenkapital am Ende 140.000,– €. Es wurden Einlagen in Höhe von 20.000,– € und Entnahmen in Höhe von 10.000,– € getätigt.

    a) Berechnen Sie den **Gewinn bzw. Verlust** gemäß Überschussrechnung!

    b) Unter welcher Voraussetzung kann ein Steuerpflichtiger den Gewinn aus dem Überschuss der Betriebseinnahmen und den Betriebsausgaben ermitteln?

    c) Was sind **durchlaufende Posten**?

    d) Durchlaufende Posten scheiden bei der Gewinnermittlung durch die Berechnung des Überschusses von Betriebseinnahmen und Betriebsausgaben aus. – Nennen Sie drei Beispiele für durchlaufende Posten!

2.8   Abrechnung von Gehältern

1. In Betrieben der verschiedenen Wirtschaftszweige, der unterschiedlichen Branchen und in Betrieben von Freiberuflern, in denen Arbeitnehmer beschäftigt sind, entstehen Personalkosten.

Lösungen ab Seite 204

    a) Nennen Sie **Wirtschaftszweige**!

    b) Nennen Sie zwei Beispiele für **Branchen**!

    c) Nennen Sie Beispiele für **Freiberufler**!

    d) Wie werden die **Arbeitsentgelte** bezeichnet, die **Arbeiter** erhalten?

e) Wie werden die **Arbeitsentgelte** bezeichnet, die **Angestellte** erhalten?

f) Wie wird der Geldbetrag bezeichnet, den **Auszubildende** für ihre monatliche **Arbeitsleistung** erhalten?

g) Was ist **Urlaubsentgelt**, was **Urlaubsgeld**?

h) Nennen Sie **sonstige** neben dem Gehalt möglicherweise anfallende **Vergütungen**!

2. Rechtsanwalt Arnold Tapfer unterhält sich mit einem Kollegen. Er beklagt sich darüber, dass die von ihm zu zahlenden Personalkosten belastend seien.

   Welche Aufwendungen schließen Personalkosten in einer Anwaltspraxis ein?

3. Sonja Klimperding arbeitet seit 6 Jahren bei Rechtsanwältin Tanita Tekiner. Sonja legt Frau Tekiner am 08. April eine ärztliche Bescheinigung vor, aus der ersichtlich ist, dass sie schwanger ist.

   a) Welche Konsequenz hat diese Bescheinigung, wenn Sonja am 31. März das **Kündigungsschreiben** von ihrer Arbeitgeberin erhalten hat?

   b) Aus welcher **Rechtsgrundlage** kann abgeleitet werden, dass Sonja einen Anspruch auf **Mutterschaftsgeld** hat?

   c) Für welchen **Zeitraum** wird **Mutterschaftsgeld** gewährt?

   d) Aus welcher **Rechtsgrundlage** kann Sonja ableiten, dass ihr möglicherweise ein **Anspruch auf Erziehungsgeld** zusteht?

4. Eva-Brigitta Sonnenstrahl arbeitet bei Rechtsanwalt Adalbert Kieselstein. Sie ist ledig und kinderlos.

   a) Welche Lohnsteuerklasse ist Eva-Brigitta zuzuordnen?

   b) In welche Lohnsteuerklasse wäre sie als Ledige mit einem Kind einzureihen?

   c) In welche Lohnsteuerklasse wäre sie einzureihen, wenn sie verheiratet wäre?

5. Jasmin Oregano arbeitet nun bereits zwei Monate bei Notar Dr. Achim Wurzelknoll.

   In welche **Lohnsteuerklasse** ist Jasmin einzureihen, wenn sie ihrem Arbeitgeber die **Lohnsteuerkarte** nicht vorlegt?

6. Die ledige und kinderlose Rechtsanwaltsfachangestellte Amanda Knoblauch arbeitet gleichzeitig für Rechtsanwalt Julius Treppauf und Ralf Schwimmrücken.

   Welche Konsequenzen haben die beiden Arbeitsverhältnisse für die Durchführung des Lohnsteuerabzugs?

7. Die 28-jährige Eva Ballhaus arbeitet in der Anwaltskanzlei Dr. Peter Schwupp und Petra Ratzebutz. Zur Zeit erhält sie ein monatliches Bruttogehalt von 2.900 €. Ihr Mann Jürgen ist als promovierter Diplomkaufmann in einem Unternehmen der chemischen Industrie tätig und bezieht ein erheblich höheres Monatsgehalt als sie. Beide Christen sind katholisch und bisher kinderlos geblieben.

a) Welcher Lohnsteuerklasse sollte Alexa sinnvollerweise zugeordnet werden? – Begründung!

b) Wie hoch ist die durch den Arbeitgeber für seine Arbeitnehmerin Alexa abzuführende Lohnsteuer und der Solidaritätszuschlag? Der Solidaritätszuschlag entspricht einem Betrag von 5,5 % der Lohnsteuer.

c) Welcher Betrag an Kirchensteuer ist abzuführen bei einem Satz von 9 %?

d) Wie hoch ist der gesamte Abgabenbetrag an Steuern und Solidaritätszuschlag, den der Arbeitgeber für Alexa an das Finanzamt abzuführen hat?

e) Berechnen Sie die Sozialversicherungsbeiträge, die das monatliche steuer- und sozialversicherungspflichtige Bruttogehalt von Alexa verringern?

	Kranken-versicherung	Pflege-versicherung	Arbeitslosen-versicherung	Renten-versicherung
Beitrags-bemessungs-grenze*	3.375,– €	3.375,– €	4.500,– €	4.500,– €
Beitragssatz	14,2 %	1,7 %	6,5 %	19,1 %

f) Welches Nettogehalt steht Alexa aufgrund der in der Aufgabe aufgeführten Angaben zu?

g) An welchen **Sozialversicherungsträger** hat ihr Arbeitgeber den **Jahresbeitrag** zur **gesetzlichen Unfallversicherung** abzuführen?

8. Die ledige und kinderlose Angela Springmaus arbeitet in der Rechtsanwaltspraxis Dr. Ludwig Übernacht. Ihr monatliches Gehalt beträgt 2.150 €. Die Zahlungen nach dem Vermögensbildungsgesetz in Höhe von jährlich 480 € übernimmt Herr Dr. Übernacht vollständig.

a) Wie hoch ist das gesamte **monatliche steuer- und sozialversicherungspflichtige Bruttogehalt**?

b) Wie hoch sind die **Lohnsteuer und der Solidaritätszuschlag**? Der Solidaritätszuschlag entspricht einem Betrag von 5,5 % der Lohnsteuer.

c) Wie hoch ist die **Kirchensteuer** bei einem Satz von 9 %?

---

* Die Beitragsbemessungsgrenzen wurden im Jahr 2003 angehoben.

Zu 7.

Auszug aus der Lohnsteuertabelle 2002		

Lohn/Gehalt in € bis	Lohnsteuer-klasse	Lohnsteuer
2.897,99	I,IV	584,25
	II	516,25
	III	288,50
	V	1.011,58
	VI	1.053,83
2.900,99	I, IV	585,33
	II	517,25
	III	290,16
	V	1.013,08
	VI	1.055,25
2.906,99	I,IV	587,41
	II	519,33
	III	291,66
	V	1.016,00
	VI	1.058,16

Zu 8.

Lohn/Gehalt in € bis	Lohnsteuer-klasse	Lohnsteuer
2.192,99	I,IV	350,33
	II	291,58
	III	107,50
	V	672,00
	VI	712,66
2.195,99	I, IV	351,33
	II	292,41

d) Wie hoch ist der gesamte Abgabenbetrag an **Steuern und Solidaritäts-zuschlag**, der **an das Finanzamt** abzuführen ist?

e) Berechnen Sie die **Sozialversicherungsbeiträge**, die das monatliche steuer- und sozialversicherungspflichtige Bruttogehalt von Angela ver-ringern!

	Kranken-versicherung	Renten-versicherung	Arbeitslosen-versicherung	Pflegever-sicherung
Beitragssatz	14,2 %	19,1 %[*]	6,5 %	1,7 %

f) Welchen Betrag hat Dr. Übernacht für Frau Springmaus **an die Krankenkasse abzuführen**?

g) Welches **Nettogehalt** steht Angela zu?

h) Wie lauten die monatlichen **Buchungen**, wenn das Nettogehalt mittels Überweisung der Postbank überwiesen wird?

i) Bis zu welchem Zeitpunkt ist die **Lohn- und Kirchensteuer an das Finanzamt** abzuführen?

j) Wie verändert sich das auszuzahlende Gehalt, wenn Herr Übernacht nur die Hälfte des monatlichen Beitrags der vermögenswirksamen Leistung bezahlt?

k) An wen wird der **Jahresbeitrag** zur **gesetzlichen Unfallversicherung** abgeführt?

l) Welche Bedeutung hat die **Beitragsbemessungsgrenze** für die **Be-rechnung** der an die Krankenkasse abzuführenden **Sozialversiche-rungsbeiträge**?

2.9   Abschreibung

1. Rechtsanwältin Elena Schmitt kauft ein neues Kopiergerät.

   a) Aus welchen Gründen kann sich der **Wert** dieses Gegenstandes ver-ringern?

   b) Nennen Sie ein weiteres, nicht alltägliches Ereignis, das zur Wertmin-derung führen kann!

2. Grundsätzlich gilt, dass u.a. Freiberufler und Gewerbetreibende Wirt-schaftsgüter steuerlich wertmindernd im Rahmen der Buchführung anset-zen können.

   a) Wofür steht die Abkürzung **AfA**?

Lösungen ab Seite 210

---

[*] Der Rentenversicherungsbeitrag wurde im Jahr 2003 auf 19,5% angehoben.

b) In welchem Gesetz ist die AfA geregelt?

c) Nennen Sie einen häufig aus Vereinfachungsgründen verwendeten Begriff für AfA!

3. Neben Gebäuden und Gebäudeteilen unterliegen verschiedene abnutzbare Wirtschaftsgüter der AfA.

   Nennen Sie Beispiele für

   a) **bewegliche Wirtschaftsgüter**

   b) **immaterielle Wirtschaftsgüter**

   c) **unbewegliche Wirtschaftsgüter**, die keine Gebäude oder Gebäudeteile sind!

4. Welches **höchste Gericht** entscheidet in vielen Fällen, ob Wirtschaftsgüter als abnutzbare Wirtschaftsgüter anerkannt werden?

5. Welches ist grundsätzlich die **Bemessungsgrundlage** für die Abschreibung?

6. Wenn es um die Festlegung der Dauer der Abschreibung geht, dann stellt sich die Frage der auf Erfahrungswerten beruhenden **betriebsgewöhnlichen Nutzungsdauer**.

   a) In welchem Jahr beginnt die Abschreibung?

   b) Welchen Zeitraum umfasst regelmäßig ein **Wirtschaftsjahr**?

   c) Wie lange ist die **betriebsgewöhnliche Nutzungsdauer** in folgenden Fällen:

   (1) Schreibtisch
   (2) Büromaschine
   (3) Firmenwert?

   d) Welches Jahr gilt als **Jahr der Anschaffung**, welches gilt als **Jahr der Herstellung**? (§ 9a EStG)

7. Worin besteht im Hinblick auf die Abschreibung von Wirtschaftsgütern der Unterschied zwischen der Abschreibung einer für die Einrichtung eines Büros gekauften Eigentumswohnung und der eines gekauften Personalcomputers?

8. Nennen Sie einen einsichtigen **Grund**, warum ein Rechtsanwalt einen für sein Büro gekauften Personalcomputer **degressiv abschreibt**!

9. Rechtsanwalt John Winter hat sich einen neuen PKW für 25.000 € gekauft.

   a) Unter welcher Voraussetzung gehört der PKW zum (**notwendigen**) **Betriebsvermögen**?

b) Welche steuerrechtliche Konsequenz ergibt sich, wenn Herr Winter den PKW als Privatvermögen deklariert?

c) Welche Positionen gehören zu den **Gesamtkosten** eines **PKWs**?

d) Nennen Sie Aufwendungen, die **nicht** zu den **Gesamtkosten** gezählt werden dürfen!

10. Gemäß Einkommensteuergesetz sind grundsätzlich verschiedene Methoden der Abschreibung für bewegliche Wirtschaftsgüter möglich.

a) Wodurch ist die **lineare Abschreibung** gekennzeichnet?

b) Verdeutlichen Sie, was man unter der arithmetisch-degressiven und der geometrisch-degressiven Abschreibung versteht!

11. **Abschreibungsarten** können in einem **Koordinatenkreuz** dargestellt werden.

a) Wie **bezeichnet** der Mathematiker die beiden **Achsen**?

b) Welche Koordinaten stehen an den beiden Achsen?

c) Welche **Abschreibungsarten** werden in den nachfolgenden Schaubildern dargestellt?

(1)

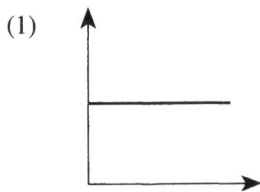

(2)

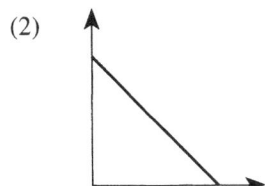

(3)

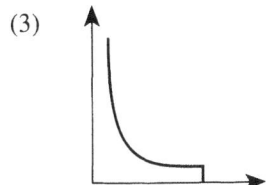

12. Ist ein **Wechsel der Abschreibungsmethoden** zulässig?

13. Rechtsanwalt und Notar Dr. Jörg Immerfroh kauft im Januar 2001 zwei Datensicherungsschränke für Disketten und CD-ROMs mit Teleskopieauszug. Der Preis pro Schrank beträgt 3.500,– €. Die betriebsgewöhnliche Nutzungsdauer der Schränke ist 10 Jahre.

   a) Tragen Sie in die nachfolgende Tabelle jeweils den **Buchwert** und den **Abschreibungsbetrag** ein!

	Lineare Abschreibung	
Jahr	Buchwert (in €)	Jährlicher Abschreibungs-betrag (in €)
Anfang 2001		
Ende		

b) Tragen Sie in die nachfolgende Tabelle jeweils den **Buchwert** und den **Abschreibungsbetrag** ein! – Gehen Sie von einem Abschreibungssatz von 10 % aus!

Jahr	Geometrisch-degressive Abschreibung	
	Buchwert (in €)	Jährlicher Abschreibungs-betrag (in €)
Anfang 2001		
Ende		

c) Wie wirkt sich die Anschaffung der Datensicherungsschränke auf den Gewinn aus?

d) Die beiden Datensicherungsschränke sind in den ersten fünf Jahren **geometrisch-degressiv** abgeschrieben worden. **Danach** wird die Methode der **linearen Abschreibung** gewählt. – Verdeutlichen Sie das gesamte Abschreibungsverfahren!

e) Welchen **Vorteil** bringt der **Wechsel der Abschreibungsmethode** mit sich?

14. Rechtsanwalt Walter Glaubnicht hat für sein Büro einen Schreibtisch für 4.000,– € gekauft. Die betriebsgewöhnliche Nutzungsdauer beträgt 10 Jahre.

    a) Wie lautet die **Buchung am Ende des ersten Jahres**, wenn er die **lineare Abschreibungsmethode** wählt?

    b) Wie hoch ist der **Buchwert** am **Ende** des **5. Jahres**?

    c) Wie wirkt sich die Abschreibung auf den Gewinn aus?

    d) Um welche **Art von Konto** handelt es sich beim Konto Abschreibungen?

15. Rechtsanwalt Frank Trautmann **kauft** für seine Anwaltspraxis einen **Tisch**, den er **ins Wartezimmer** stellen möchte. Im Gesamtpreis von 1.740,– € sind 16 % Umsatzsteuer enthalten. Er überweist den Gesamtbetrag mittels Banküberweisung.

    a) Berechnen Sie den **Umsatzsteuerbetrag** und **den Nettopreis**!

    b) Wie lautet die **Buchung**!

16. Rechtsanwältin Monika Schwarzkopf verkauft gegen Barzahlung ein gebrauchtes Kopiergerät an den Mandanten Jörg Kleinlich für 2.088,– € einschließlich 16 % USt. Der Buchwert entspricht dem Nettoverkaufspreis.

    a) Welchen Betrag macht die **Umsatzsteuer** aus?

    b) Wie lautet die **Buchung**?

    c) Was stellt der Wert **buchtechnisch** dar, den Frau Schwarzkopf von Herrn Kleinlich erhält?

    d) Wie lautet die **Buchung**, wenn der **Nettoverkaufspreis** um 300,– € **höher** ist **als** der **Buchwert**?

    e) Wie entsteht ein **Verkaufsverlust**?

17. Als Rechtsanwältin Anja Treu morgens in ihr Büro kommt, bemerkt sie, dass in ihre Praxisräume in der davor liegenden Nacht eingebrochen worden ist. Unter anderem ist ein Personalcomputer gestohlen worden. Er hat einen Buchwert von 3.000,– €. Die Versicherung zahlt einen Betrag von 5.000,– € per Banküberweisung.

    a) Auf welcher Seite des Kontos Praxisausstattung erfolgt eine Buchung? – Begründung!

    b) Wie lautet die **Buchung**?

    c) Wie wirkt sich der gesamte **Buchungsvorgang auf** den **Gewinn** aus?

2.10 Buchung von Belegen[1]

1. Wie lautet der Buchungssatz zu dem vorliegenden Vorgang für den Adressaten der Rechnung, wenn der Rechnungsbetrag per Banküberweisung beglichen wurde?

Lösungen ab
Seite 216

FA. L. HAU NACHF. BRIGITTE MAY

Buch – Papier – Bürobedarf –
Buchbinderei – Einrahmungen

Rathausstraße 24 - 66450 BEXBACH

RECHNUNG

Kunden-Nummer	Rechnungs-Nummer	Auftrags-Nummer	Datum	Auftrags-eingang
6890	1234	816	02. März 20..	24. Februar 20..

Herrn Rechtsanwalt
Urumba Flitzebogen
Gerichtsstraße 007
66450 Bexbach

Produkt-beschreibung	Menge	Stückpreis in €	16 % MWSt. in €	Gesamtpreis in €
Selbstklebende Versandtasche	750	0,15	15,52	112,50
Gesamtpreis				**112,50**

Information: Wir weisen Sie darauf hin, dass das von Ihnen bestellte Buch von Werner Hau „**Abschlussprüfung für Rechtsanwalts- und Notarfachangestellte – Wirtschaftslehre** " zur Abholung bei uns bereit liegt.

Bankverbindung:
Volksbank Bexbach – Konto-Nr. 987123 (BLZ 59291200)

---

[1] Bei Abgabe des Manuskriptes lagen noch keine geglätteten Beträge der BRAGO vor. Deshalb wurden in wenigen Fällen die Beträge, die zu verbuchen sind, gerundet, also vereinfacht dargestellt.

2. a) Beschreiben Sie den Vorgang, der diesem Rechnungsformular zu Grunde liegt!

   b) Wie lautet die Buchung bei Überweisung durch Bank-Überweisung?

   c) In welchem Bundesland hat die Druckerei Ralf Setzkasten ihren Sitz?

Ralf Druckerei Setzkasten

OFFSETDRUCK
BUCHDRUCK
FOTOSATZ

Druckerei Ralf Setzkasten – Druckstraße 11 – 55129 Mainz

Herrn Rechtsanwalt
Johannes Baumwald
Sonnenallee 5

04109 Leipzig

Telefon: 06131/.. .. ..
Telefax: 06131/.. .. ..

Bankkonten:

Deutsche Bank Mainz
BLZ 550 700 40
Kto.-Nr. 010 ....

Sparkasse Mainz
BLZ 550 501 20
Kto.-Nr. 100....

RECHNUNG Nr. 0815

Mainz, 22. März 20..

Sie erhielten lt. Ihrem Auftrag

1.000	Briefbogen Format: Druck	DIN A 4 1-farbig	€	146,00
1.000	Visitenkarten Druck	1-farbig	€	148,00
500	Hüllen	LgDIN m. Fenster		
500	Hüllen	LgDIN o. Fenster	€	160,00
			€	454,00
		+ 16 % MWSt.	€	72,64
			€	526,64

Zahlbar innerhalb 8 Tagen mit 2% Skonto oder 14 Tage nach Rechnungsdatum ohne Abzug.

d) In welchem Bundesland hat Rechtsanwalt Baumwald sein Büro?

e) Welches ist die Landeshauptstadt des Bundeslandes, in dem die Druckerei Ralf Setzkasten ihren Sitz hat?

f) Welches ist die Landeshauptstadt des Bundeslandes, in dem Rechtsanwalt Baumwald sein Büro hat?

3. Anja Poltergeist arbeitet in der Anwaltskanzlei Dr. Gary Moore & Kollegen, Lenzstr. 24, 86156 Augsburg. Sie wird von Dr. Moore gebeten, der Mandantin Monique Interbartolo, Auerstr. 3a, 76227 Karlsruhe, Akten zurückzusenden, da diese vor dem beginnenden Prozess nicht mehr gebraucht werden. Das Paket hat eine Länge von 50 cm, eine Breite von 40 cm und eine Höhe von 20 cm. Sein Gewicht beträgt 3 kg.

Sehen Sie zur Lösung der nachfolgenden Fragen in einer **Deutschland-Karte** nach!

a) In welchem **Bundesland** liegt **Augsburg**?

b) Wie heißt die **Landeshauptstadt** des Bundeslandes, in dem die Sozietät liegt?

c) In welchem **Bundesland** liegt **Karlsruhe**?

d) Wie heißt die **Landeshauptstadt** des Bundeslandes, in dem Frau Interbartolo wohnt?

e) Nennen Sie alle **Bundesländer** und zugehörigen **Landeshauptstädte** in **alphabetischer Reihenfolge**!

f) Füllen Sie die Paketkarte aus. Dies kann handschriftlich (in Großbuchstaben) erfolgen. Sie können aber auch eine Maske über das Internet downloaden.
Die Internetadresse lautet: www.deutschepost.de/ausfuellhilfe. Nun können Sie die Maske mittels PC ausfüllen und das Formular bedrucken.

g) Wie hoch ist die Gebühr in € gemäß der nachfolgenden Tabelle?

Postpaket (National)

POSTPAKETE sind verpackte und adressierte Güter bis 20 kg.
Haftung grundsätzlich bis **500,00 EUR**

Quaderform
Mindestmaße: 15 x 11 x 1 cm (1 cm umlaufende Kantenhöhe)
Höchstmaße: 120 x 60 x 60 cm
Höchstgewicht: 20 kg

Rollenform
Mindestmaße: Länge 15 cm, Durchmesser 5 cm
Höchstmaße: Länge 90 cm, Durchmesser 15 cm
Höchstgewicht: 5 kg

Gewicht bis
bis 4 kg   **5,90 EUR**
über 4 kg bis 8 kg   **6,80 EUR**
über 8 kg bis 12 kg   **7,70 EUR**
über 12 kg bis 20 kg   **9,50 EUR**

Stand: 01 Januar 2003

h) Wie lautet die **Buchung**, die die Anwaltssozietät vorzunehmen hat?

4. Der Rechtsanwalt Karl Jung, Wiesbaden, sendet wegen einer Klage die auf der nächsten Seite abgebildete Vorschussliquidation an Frau Schmunzel.

   a) Wie lautet die Buchung in der Anwaltskanzlei, wenn Frau Schmunzel am 29. November 20.. den in der Vorschussliquidation genannten Gesamtbetrag auf das Konto der Postbank von Rechtsanwalt Schwarz überweist?

   b) Warum wird der Gerichtskostenvorschuss nach vorheriger Berechnung der Umsatzsteuer zu dem Anwaltshonorar addiert?

5. Die Rechtsanwaltsfachangestellte Malve Hoffnungsvoll arbeitet in der Anwaltskanzlei Kerstin Jung in Mainz. Die Mandantin Natascha Turbulenza bezahlt am 12. Mai 20.. eine Gebührenrechnung bar.

   In dem Gesamtbetrag in Höhe von 3.300 € sind das Anwaltshonorar einschließlich 16 % Mehrwertsteuer und vorgelegte Gerichtskosten in Höhe von 516,– € enthalten.

   a) Wie hoch ist das Anwaltshonorar?

   b) Wie lautet die Buchung der Anwaltskanzlei?

Jung   Schwarz   Alt

Anwaltskanzlei und Notar

Karl Jung, Rechtsanwalt und Notar   Biebricher Str. 14
Helmut Schwarz, Rechtsanwalt   65203 Wiesbaden
Joachim Alt, Rechtsanwalt

                                                             Telefon: (0611) 6 60 12
                                                             Telefax: (0611) 6 54 12
                                                             Gerichtsfach Nr. 75

Frau Sibylle Schmunzel
Altmühlstr. 23   P

65207 Wiesbaden   Datum: 11. November 20..

Vorschussliquidation

                                                 Betr.: Schmunzel/Fliegab

Sie werden gebeten, nachstehend berechneten Vorschuss auf
eines der angegebenen Konten zu überweisen (§ 17 BRAGO).

Gebührenvorschuss §§ 11, 17 BRAGO	1.080,– €
Auslagen § 26 BRAGO	40,– €
16 % Umsatzsteuer (MWSt.) § 25 II BRAGO	179,20 €
Gerichtskostenvorschuss (3 x 220,– €)	660,– €
	1.959,20 €

H. Schwarz
Rechtsanwalt

Wiesbadener Volksbank EG   Postbank FFM
(BLZ 51 09 00)   (BLZ 600 100 60)
Konto-Nr. 476 54 301   Konto-Nr. 38 60 63-407

6. Rechtsanwalt und Notar Rolf-Rainer Barenberg nimmt für den Mandanten
   Augusto Schnapsnase die Schadensabwicklung wegen eines Auto-Unfalls
   vor. Nach der Schadensregulierung schickt er die nachfolgende Kostenrechnung an die Versicherung. Diese überweist die ausgewiesenen An-
   waltsgebühren auf das Konto von Herrn Barenberg.

Zu 6.

Rolf-Rainer Barenberg
Rechtsanwalt und Notar

Henkellstraße 15
65187 **Wiesbaden**

Bayer Vereinsbank
Nr 456908 (BLZ 510 201 86)
Dresdner Bank Wiesbaden
Nr 123567 (BLZ 510 800 60)
Wiesbadener Volksbank
Nr 678940 (BLZ 510 900 00)

SRB Schadenregulierungsbüiro

Postbank Frankfurt
Nr 579023 (BLZ 500 100 60)
Postfach 47 11
76495 **Baden-Baden**
Tel: (0611) 6 50 88
Fax: (06 11) 6 60 00

PR-Nr. 0123/20..

27. Oktober 20..

Vorschussliquidation

Betr.: Schmunzel/Fliegab

In Sachen: **Schnapsnase ./. K.L.M.**

Geschäftsgebühr § 118 I 1 BRAGO	Wert: 4280. 7,5/10	€ 240,-
Pauschale gem. § 26 BRAGO		€ 36,-
Fotokopien § 27 BRAGO	Anzahl: 3	€ 3,-
Mehrwertsteuer	16,00 %	€ 44,64
Anwaltsgebühren		**€ 323,64**

R. Barenberg
(Rechtsanwalt)

---

a) Wie lautet der **Buchungssatz,** wenn das Geld auf dem Postbank-Konto von Rechtsanwalt und Notar Barenberg eingeht?

b) Wofür erhält der Rechtsanwalt grundsätzlich eine **Geschäftsgebühr**?

7. Frau Rechtsanwältin Christina Stöcker hat ihre Anwaltskanzlei vor einem Jahr eröffnet. Ihre Auszubildende Julia Kneckenbrot hat die Berufsausbildung vor neun Monaten begonnen. Frau Stöcker bittet Julia, in der Buchhandlung LUX den von ihr vor wenigen Tagen bestellten Palandt abzuholen. Da Julia kurz vor der Zwischenprüfung steht, soll sie sich zur Vorbereitung auf diese Prüfung und die später anstehende Abschlussprüfung die folgenden beiden Bücher bestellen: Hau, Werner, Abschlussprüfung für Rechtsanwalts- und Notarfachangestellte – Rechtslehre und Wirtschaftslehre, Dr. Gabler Verlag, Wiesbaden, und Hau, Werner, Grundlagen der Rechtslehre, Friedrich Kiehl Verlag, Ludwigshafen/Rhein. Da die Rechtsgrundlagen von Frau Stöcker veraltet seien, solle Julia jeweils einen Schönfelder, einen Sartorius I und einen Nipperdey I, erschienen im Verlag C.H. Beck, bestellen.

a) Welche Bedeutung kann das Buch „**Hau, Werner, Abschlussprüfung für Rechtsanwalts- und Notarfachangestellte**" haben?

b) Inwiefern nützt Julia das Buch „**Hau, Werner, Grundlagen der Rechtslehre**"?

c) Um welche Art von Bestellung handelt es sich bei dem **Schönfelder**, dem **Sartorius I** und dem **Nipperdey I**?

d) Julia soll den **Palandt** abholen.
   Worum handelt es sich bei diesem Buch?

e) Julia kommt zurück von der Buchhandlung LUX und bringt folgende Rechnung mit. Wie lautet der Buchungssatz, wenn bar bezahlt wurde?

LUX-Universitas-Buchhandlung   Werner Maria Lux & Co. KG

55124 Mainz-Gonsenheim, Breite Straße 36 + 43, Tel.: 06131-41018/46108

LUX-Universitas-Buchhandlung, 55124 Mainz, Breite Straße 36 + 43
Frau
Rechtsanwältin
Christina Stöcker
Schulstr. 43

55124 Münster

Ihr Zeich.:	Uns. Zeich.: pe	Datum: 11.03.20..

Rechnung Nr. 15773- Kd. Nr. 101841 (Bitte bei Zahlung angeben)

LS-Nr.	Menge	Artikel	MWSt.	Stück €	Gesamt €
48950	2	X0020270 Palandt: Bürgerliches Gesetzbuch	7,00	125,00	250,00
Inkl. 7 % Mehrwertsteuer: 16,36 €			Rechnungsbetrag		250,00

Wir danken für Ihre Bestellung, Ihre Universitas-Buchhandlung LUX

Zahlungsbedingungen: Sofort zahlbar ohne Abzug
Mainzer Volksbank eG (BLZ 551 900 00) 149 690 18
Eigentumsvorbehalt gem. § 455 BGB, Erfüllungsort u. Gerichtsstand ist Mainz.

---

f) Auf dem Rechnungsformular wird der Begriff „**Eigentumsvorbehalt**" genannt. – Was ist darunter zu verstehen?

8. a) Wie hoch ist das **Anwaltshonorar** (siehe Brief auf der nächsten Seite)?

   b) Wie lautet der **Buchungssatz** für Rechtsanwältin Treppauf, wenn der Mandant Wachsweich den Gesamtbetrag auf ihr Bankkonto überwiesen hat?

Herrn Ulf Wachsweich
Holunderweg 17
55128 Mainz

Josephine Treppauf
– Rechtsanwältin –

Kämmererstr. 26
67547 Worms

29. November 20.. P/Sta18

Vermögensrechtliche Ansprüche
Rückübertragung Hausgrundstück Am Gorbitzbach 91, Dresden

Sehr geehrter Herr Wachsweich,

nachdem wir uns seit Januar 20.. um die Rückübertragung bemüht haben, ist es
uns ausweislich des anliegend in Kopie überreichten Grundbuchauszuges
gelungen, die Eigentumsumschreibung zu Gunsten ihrer Erbengemeinschaft zu
erwirken.

Das uneingeschränkte Eigentum an dem Hausgrundstück steht Ihnen seit dem
19.11.20.. mit allen Rechten und Pflichten zur Seite. Wir freuen uns hiernach,
dass wir für Sie erfolgreich tätig sein konnten, und erlauben uns, diesen Teil
unserer bisherigen Bemühungen gemäß der nachfolgenden Kostennote
abzurechnen, wobei wir davon ausgehen, Ihr Einverständnis voraussetzen zu
dürfen, soweit wir den Verkehrswert als Gegenstandswert mit 200.000 € zu
Grunde legen:

Gegenstandswert: 200.000,– €

10/10 Gebühr § 118 I 1 BRAGO	2.765,00 €
9/10 Gebühr § 6 BRAGO	2488,50 €
Auslagenpauschale § 26 BRAGO	40,00 €
Schreibauslagen 72 Seiten § 27 BRAGO	56,60 €
16 % MWSt.	865,01 €
	6.206,11 €

Wir gehen davon aus, dass Sie die interne Verteilung innerhalb Ihrer
Erbengemeinschaft vornehmen. Anderenfalls würden wir jedem
Gesamtschuldner eine gesonderte Rechnung erteilen.

Selbstverständlich steht unsere Kanzlei auch weiterhin gerne zur Verfügung;
dies gilt insbesondere auch bezüglich der noch im Streit stehenden
Sicherheitsleistung.

Mit freundlichen Grüßen

J. Treppauf
Rechtsanwältin

9. Rechtsanwältin Eva Grunert fährt von ihrer Kanzlei in Darmstadt nach Mainz zu einem Mandanten. Unterwegs tankt sie Benzin. Ihr Wagen wird ausschließlich dienstlich genutzt. – Wie lautet die Buchung bei Barzahlung des ausgewiesenen Betrages?

```
            FREIE TANKSTELLE

            Marliese Lachmaus
              Grüne Wiese 11
       55120 Mainz Tel. 06131/4711007

  36,50 L     € 1,02/L

  Super bleifrei              37,23 €

  Gesamt                      37,23 €
  Bar                         37,23 €

  16,00% MWSt.                 5,31 €

              Vielen Dank
                 und
              gute Fahrt!

  Kassennr: 02 / 004      Belegnr:  234
  Datum: 24. April 20..   Zeit:    18:24
```

10. Notar Dr. Michael Pump legt Bargeld in die Kasse und schreibt folgenden Eigenbeleg.

```
              Eigenbeleg
  ⊗    Einlage        100,– €

  ○    Entnahme            €

  München, 26.04.20..

  Dr. Pump
```

Wie lautet der Buchungssatz?

Lösungen

1 Rechnen

1.1 Grundrechenarten

1.1.1 Addition/Subtraktion

1. a) 15 680,28 €

   b) 491,59 €

   c) 641,326 kg

2. a) 83,24 €

   b) 239,05 €

   c) 271,45 kg

3.

Feinkost SÜSSHERZ		2. April 20..
Wurstwaren	65,17 €	
Spirituosen	34,79 €	
Papiertaschentücher	3,98 € *	
Wein	13,99 €	
Wein	38,75 €	
Sekt	48,16 €	
Milch	2,09 € *	
Joghurt	1,15 € *	
Dekoration	15,28 €	
Kerzen	5,68 €	
Süßwaren	2,95 € *	
Salzgebäck	9,67 €	
Tomaten	5,15 €	
Tomaten	2,56 € *	
	249,37 €	
	Wir danken für Ihren Besuch!	

Angela muss davon

$$
\begin{array}{r}
3,98\ \text{€} \\
+\ 2,09\ \text{€} \\
+\ 1,15\ \text{€} \\
+\ 2,95\ \text{€} \\
+\ 2,56\ \text{€} \\
\hline
=\ \textbf{12,73 €}\ \text{selbst bezahlen.}
\end{array}
$$

Also entfallen auf ihren Chef

> 249,37 €
> + 12,73 €
> _____
> ≡ **236,64 €**

Beim Bäcker entfallen

> 46,20 €
> − 8,50 €
> _____
> ≡ **37,70 €** auf das Geburtstagskind.

Angela Kring kann ihrem Chef

> 300,— €
> − 236,64 €
> − 37,70 €
> _____
> ≡ **25,66 €** zurückgeben.

Sie selbst hat für heute folgende Ausgaben gehabt

> 12,73 €
> + 8,50 €
> _____
> ≡ **21,23 €**

4. a)

Mütze	3,95 €
Kerze	1,95 €
7 Taschentücher	3,15 €
3 Handtaschen	44,85 €
Kerzenständer	3,80 €
Lampe	8,90 €
Lampe	14,90 €
Deckchen	2,95 €
Vogelkäfig	45,50 €
17 Kleidungsstücke	42,50 €
Schirm	4,75 €
3 Hüte	14,40 €
5 Parfumflaschen	9,75 €
57 Spielzeugteile	54,15 €

255,50 € setzt Susanne **um**.

b) Zur **Gewinnermittlung** müssen vom Umsatz ihre Kosten subtrahiert werden:

> 255,50 €
> − 45,— €
> _____
> ≡ **210,50 €**

Die 10,– € Pfand erhält Susanne wieder zurück, da sie den Standplatz - ordentlich verlässt; sie bleiben also bei der Rechnung unberücksichtigt. Bei diesem Flohmarkt macht Susanne Beckerle einen Gewinn von 210,50 €.

1.1.2 Multiplikation/Division

1. a)

$$34{,}608 \times 5{,}67$$

173040
207648
242256

196,22736

Fünf Stellen müssen von hinten durch ein Komma abgetrennt werden, weil sich in der Aufgabe hinter dem Komma insgesamt fünf Stellen befinden.

b) $0{,}45 \times 26{,}23$

Hier ist es günstiger, die **Faktoren** zu vertauschen, weil der erste Faktor aus weniger Ziffern besteht als der Zweite.

$$26{,}23 \times 0{,}45$$

10492
13115

11,8035

c)

$$78{,}567 \times 13{,}49$$

78567
235701
314268
707103

1.059,86883

d)

$$56{,}05 \times 3{,}111$$

16815
5605
5605
5605

174,37155

Die Faktoren **kann** man hier vertauschen. Dies ist jedoch nicht zwingenderweise erforderlich. Der erste Faktor besteht zwar aus nur 3 Ziffern. Die 0 kann unberücksichtigt bleiben, denn wenn man eine Zahl mit 0 multipliziert, ergibt das **immer** Null. Dafür besitzt der zweite Faktor drei mal die Ziffer 1. Dies erfordert auch nur eine Rechnung!

e)

$9,068 \times 0,456$

36272
45340
54408

4,135008

f) $87,01 \times 35,987$

Bei dieser Multiplikation sollten unbedingt die Faktoren vertauscht werden.

$35,987 \times 87,01$

287896
251909
00000
　35987

3.131,22887

2. a) Besorgungsliste:

		Einzelpreis:	Gesamtpreis:
1)	4 Rollen Tapete	13,95 €	55,80 €
2)	2 P. Leim	6,80 €	13,60 €
3)	1 Tapeziererrolle	10,45 €	10,45 €
4)	1 Kleisterpinsel	11,20 €	11,20 €
5)	7 m Vorhangstoff	23,95 €	167,65 €
6)	3 Röllchen Garn	2,95 €	8,85 €
7)	2 Spots	24,39 €	48,78 €
8)	1 Stehlampe	326,85 €	326,85 €
9)	1,5 m Kabel	2,95 €	4,43 €
10)	19 m^2 Teppichboden	39,48 €	750,12 €
11)	5,5 Arbeitsstunden zum Teppichverlegen	48,00 €	264,00 €
12)	2 Kerzenständer	11,87 €	23,74 €
13)	2 Kerzen	3,45 €	6,90 €
14)	1 Trockenblumenstrauß	36,90 €	36,90 €
			1.729,27 €

b)

$$3.598,68 \; €$$
$$- \; 1.729,27 \; €$$

= **1.869,41 €**   behält sie von ihrem Gesparten übrig.

c) Wenn sich ihr Vater mit 560 € beteiligt, hat sie weiterhin

$$1.869,41 \; €$$
$$+ \; 560,— \; €$$

= **2.429,41 €**   auf ihrem Sparkonto.

3. a) **Mainz** ist die Landeshauptstadt des Bundeslandes **Rheinland-Pfalz**, **Wiesbaden** ist die Landeshauptstadt von **Hessen**.

b) Täglich fährt Lena Vollers 34 km zur Arbeitsstelle und zurück. In der Woche sind das fünf mal so viel und im Monat nochmals mal vier:

34 km × 5 × 4 = **680 km fährt Lena im Monat**.

Auf 100 km verbraucht ihr Auto 8,5 l, d.h., für 680 km braucht sie

8,5 l × 6,8 = 57,80 l.

Der Literpreis beträgt derzeit 1,39 €, **ihre monatlichen Benzinkosten belaufen sich auf**

1,39 € × 57,80 = **80,34 €**.

c) Pro Woche hat Lena Vollers

80,34 € : 4 = 20,09 € Benzinkosten zu tragen.

Wenn ihre Kollegin an zwei von fünf Tagen mitfährt, trägt diese zwei Fünftel der Kosten, d. h., Lena Vollers hat nur noch drei Fünftel der Benzinrechnung zu bestreiten:

20,09 € : 5 × 3 = 12,05 €.

Statt 20,09 € pro Woche muss sie nur noch 12,05 € zahlen.

d) Wenn sie alleine mit dem Auto zur Arbeit fährt, bezahlt sie monatlich 80,34 € für Benzin. Das Jobticket dagegen kostet sie nur 70 €.

80,34 € – 70 € = 10,34 € kann Lena Vollers sparen, wenn sie öffentliche Verkehrsmittel benutzt.

e) Welches Angebot ist das günstigste?

		monatliche Kosten:
1.	alleine im Auto	80,34 €
2.	Fahrgemeinschaft mit der Kollegin	48,20 € (12,05 € × 4)
3.	Jobticket öffentliche Verkehrsmittel	70,00 €

Wenn man nur die Benzinkosten betrachtet und den Verschleiß des Autos und die Versicherungen außer Acht lässt, ist es für Lena Vollers am günstigsten, mit ihrer Kollegin eine Fahrgemeinschaft zu bilden.

1.1.3 Bruchrechnen

1.1.3.1 Addition – Subtraktion – Multiplikation – Division von Brüchen

1. a) Der **Bruchstrich** hat die Funktion eines **Divisionszeichens**.

   b) Die Zahl über dem Bruchstrich wird **Zähler**, die unter dem Bruchstrich **Nenner** genannt.

   c) Ist der Zähler eines Bruches kleiner als der Nenner, so spricht man von einem **echten Bruch**.

   d) Ist der Zähler eines Bruches größer als der Nenner, so spricht man von einem **unechten Bruch**.

   e) $\dfrac{412}{30}$ ist ein unechter Bruch, da der Zähler (412) größer als der Nenner (30) ist.

   f) Besteht eine Zahl aus einer ganzen Zahl und einem Bruch, so handelt es sich um eine **gemischte Zahl**.

   g) $412\dfrac{3}{4}$ ist eine **gemischte Zahl**, weil 412 eine ganze Zahl und $\dfrac{3}{4}$ ein **Bruch** ist.

   h) $\dfrac{243}{6} = 40\dfrac{3}{6} = 40\dfrac{1}{2}$

   i) Haben mindestens zwei Brüche den gleichen Nenner, so handelt es sich um **gleichnamige Brüche**.

   j) Handelt es sich um mindestens zwei Brüche, bei denen der Nenner unterschiedlich ist, so spricht man von **ungleichnamigen Brüchen**.

2. **gleichnamige Brüche**:

   $\dfrac{4}{12}, \dfrac{7}{12}, \dfrac{2}{12}$

   ungleichnamige Brüche:

   $\dfrac{3}{8}, \dfrac{8}{12}, \dfrac{6}{35}$

3. **Gleichnamige Brüche** werden addiert, indem man ihre Zähler addiert und den Nenner beibehält.

4. Kürzen von Brüchen

   a) $\dfrac{27}{81} = \dfrac{\mathbf{1}}{\mathbf{3}}$ Kürzungszahl: 27

b) $\dfrac{15}{96} = \dfrac{\mathbf{5}}{\mathbf{32}}$ Kürzungszahl: 3

c) $\dfrac{48}{144} = \dfrac{\mathbf{1}}{\mathbf{3}}$ Kürzungszahl: 48

d) $\dfrac{19}{361} = \dfrac{\mathbf{1}}{\mathbf{19}}$ Kürzungszahl: 19

e) $\dfrac{150}{180} = \dfrac{\mathbf{5}}{\mathbf{6}}$ Kürzungszahl: 30

f) $\dfrac{96}{512} = \dfrac{\mathbf{3}}{\mathbf{16}}$ Kürzungszahl: 32

g) $\dfrac{13}{169} = \dfrac{\mathbf{1}}{\mathbf{13}}$ Kürzungszahl: 13

h) $\dfrac{42}{196} = \dfrac{\mathbf{3}}{\mathbf{14}}$ Kürzungszahl: 14

5. a) $\dfrac{5}{18} + \dfrac{7}{18} + \dfrac{13}{18} + \dfrac{17}{18} = \dfrac{42}{18} = \dfrac{7}{3} = \mathbf{2\dfrac{1}{3}}$

b) $\dfrac{43}{44} - \dfrac{7}{44} - \dfrac{15}{44} - \dfrac{19}{44} - \dfrac{1}{44} = \dfrac{\mathbf{1}}{\mathbf{44}}$

c) $\dfrac{13}{144} + \dfrac{67}{144} + \dfrac{75}{144} + \dfrac{113}{144} + \dfrac{107}{144} = \dfrac{375}{144} = \mathbf{2\dfrac{87}{144}}$

6. Nun sind die Brüche ungleichnamig! Lösen Sie folgende Aufgaben:

a) $\dfrac{3}{8} + \dfrac{5}{9} + \dfrac{1}{4} + \dfrac{7}{18} + \dfrac{35}{36} = \dfrac{27 + 40 + 18 + 28 + 70}{72}$

$= \dfrac{183}{72} = 2\dfrac{39}{72} = \mathbf{2\dfrac{13}{24}}$

b) $\dfrac{95}{96} - \dfrac{5}{12} - \dfrac{11}{24} = \dfrac{95 - 40 - 44}{6} = \dfrac{\mathbf{11}}{\mathbf{96}}$

c) $\dfrac{7}{12} + \dfrac{5}{9} + \dfrac{15}{16} + \dfrac{13}{18} + \dfrac{7}{8} = \dfrac{84 + 80 + 135 + 104 + 126}{144} = \dfrac{529}{144} = \mathbf{3\dfrac{97}{144}}$

d) $\dfrac{10}{11} - \dfrac{3}{13} = \dfrac{130 - 33}{143} = \dfrac{\mathbf{97}}{\mathbf{143}}$

e) $\dfrac{7}{13} + \dfrac{7}{15} = \dfrac{105 + 91}{195} = \dfrac{196}{195} = \mathbf{1\dfrac{1}{195}}$

f) $\dfrac{1}{6}+\dfrac{9}{10}+\dfrac{13}{15}+\dfrac{11}{12}+\dfrac{2}{3}=\dfrac{10+54+52+55+40}{60}=\dfrac{211}{60}=\mathbf{3\dfrac{31}{60}}$

g) $\dfrac{7}{18}+\dfrac{11}{45}+\dfrac{5}{6}=\dfrac{35+22+75}{90}=\dfrac{132}{90}=1\dfrac{42}{90}=\mathbf{1\dfrac{7}{15}}$

7. a) $5\dfrac{2}{3}+9\dfrac{5}{27}+4\dfrac{15}{81}=18\dfrac{54+15+15}{81}=18\dfrac{84}{81}=19\dfrac{3}{81}=\mathbf{19\dfrac{1}{27}}$

b) $23\dfrac{8}{9}-6\dfrac{1}{3}-8\dfrac{1}{15}=9\dfrac{40-15-3}{45}=\mathbf{9\dfrac{22}{45}}$

c) $167\dfrac{3}{25}-36\dfrac{17}{20}-72\dfrac{3}{10}=59\dfrac{\mathbf{12\text{-}85\text{-}30}}{\mathbf{100}}$

Da Sie von der 12 nicht 85 und 30 subtrahieren können, ohne in den negativen Bereich zu gelangen, **leihen** Sie sich von den 59 Ganzen 2 Ganze und wandeln diese in **Hundertstel** um. (Hundertstel deshalb, weil hier der Nenner 100 ist). Ein Ganzes sind 100 Hundertstel; 2 Ganze sind demnach 200 Hundertstel.

$=57\dfrac{200+12-85-30}{100}=\mathbf{57\dfrac{97}{100}}$

d) $96\dfrac{5}{9}+45\dfrac{7}{12}+39\dfrac{13}{16}-100\dfrac{2}{3}=80\dfrac{80+84+117-96}{144}=80\dfrac{185}{144}=\mathbf{81\dfrac{41}{144}}$

e) $18\dfrac{1}{3}+57\dfrac{23}{25}+114\dfrac{11}{15}=189\dfrac{25+69+55}{75}=189\dfrac{149}{75}=\mathbf{190\dfrac{74}{75}}$

8.

> **Regel**:
> Brüche werden **multipliziert**, indem man Zähler mit Zähler und Nenner mit Nenner multipliziert.

Vorher sollte man aber kürzen, wenn dies möglich ist, damit die Zahlen nicht unnötig groß werden. Sonst muss man am Ende kürzen und verliert dann leicht den Überblick.

9. a) $\dfrac{5}{9}\times\dfrac{7}{8}=\dfrac{5\times7}{9\times8}=\dfrac{\mathbf{35}}{\mathbf{72}}$

b) $\dfrac{13}{15}\times\dfrac{9}{48}\times\dfrac{12}{39}=\dfrac{13\times9\times12}{15\times48\times39}=\dfrac{1\times1\times1}{5\times4\times1}=\dfrac{\mathbf{1}}{\mathbf{20}}$

c) $\dfrac{7}{12}\times\dfrac{14}{35}\times\dfrac{15}{32}\times\dfrac{6}{45}=\dfrac{7\times14\times15\times6}{12\times35\times32\times45}=\dfrac{1\times7\times1\times1}{1\times5\times32\times3}=\dfrac{\mathbf{7}}{\mathbf{480}}$

d) $\dfrac{19}{63} \times \dfrac{17}{95} \times \dfrac{21}{102} = \dfrac{19 \times 17 \times 21}{63 \times 95 \times 102} = \dfrac{1 \times 1 \times 1}{3 \times 5 \times 6} = \underline{\underline{\dfrac{1}{90}}}$

e) $\dfrac{11}{65} \times \dfrac{13}{55} \times \dfrac{22}{121} = \dfrac{11 \times 13 \times 22}{65 \times 55 \times 121} = \dfrac{1 \times 1 \times 2}{5 \times 5 \times 11} = \underline{\underline{\dfrac{2}{275}}}$

f) $\dfrac{9}{128} \times \dfrac{16}{99} \times \dfrac{22}{84} \times \dfrac{42}{66} = \dfrac{9 \times 16 \times 22 \times 42}{128 \times 99 \times 84 \times 66} = \dfrac{1 \times 1 \times 1 \times 1}{8 \times 11 \times 2 \times 3} = \underline{\underline{\dfrac{1}{528}}}$

10.
> **Regel:**
> **Gemischte Zahlen** werden **multipliziert**, indem man sie in unechte Brüche umwandelt und dann wie bei der Multiplikation von Brüchen verfährt.

11. a) $3\dfrac{3}{4} \times 5\dfrac{4}{5} = \dfrac{15 \times 29}{4 \times 5} = \dfrac{3 \times 29}{4 \times 1} = \dfrac{87}{4} = \underline{\underline{21\dfrac{3}{4}}}$

b) $17\dfrac{3}{6} \times 18\dfrac{6}{7} = \dfrac{105 \times 132}{6 \times 7} = \dfrac{15 \times 22}{1 \times 1} = \dfrac{330}{1} = \underline{\underline{330}}$

c) $12\dfrac{8}{12} \times 5\dfrac{1}{4} = \dfrac{152 \times 21}{12 \times 4} = \dfrac{19 \times 7}{1 \times 2} = \dfrac{133}{2} = \underline{\underline{66\dfrac{1}{2}}}$

d) $14\dfrac{3}{8} \times 13\dfrac{3}{5} = \dfrac{115 \times 68}{8 \times 5} = \dfrac{23 \times 17}{2 \times 1} = \dfrac{391}{2} = \underline{\underline{195\dfrac{1}{2}}}$

e) $3\dfrac{7}{15} \times 6\dfrac{7}{18} = \dfrac{52 \times 115}{15 \times 18} = \dfrac{26 \times 23}{3 \times 9} = \dfrac{598}{27} = \underline{\underline{22\dfrac{4}{27}}}$

f) $2\dfrac{15}{20} \times 7\dfrac{13}{25} = \dfrac{55 \times 188}{20 \times 25} = \dfrac{11 \times 47}{5 \times 5} = \dfrac{517}{25} = \underline{\underline{20\dfrac{17}{25}}}$

12. a) $\dfrac{7}{8} : \dfrac{14}{22} = \dfrac{7 \times 22}{8 \times 14} = \dfrac{1 \times 11}{4 \times 2} = \dfrac{11}{8} = \underline{\underline{1\dfrac{3}{8}}}$

b) $\dfrac{14}{72} : \dfrac{196}{216} = \dfrac{14 \times 216}{72 \times 196} = \dfrac{1 \times 3}{1 \times 14} = \underline{\underline{\dfrac{3}{14}}}$

c) $\dfrac{25}{36} : \dfrac{125}{92} = \dfrac{25 \times 92}{36 \times 125} = \dfrac{1 \times 23}{9 \times 5} = \underline{\underline{\dfrac{23}{45}}}$

d) $\dfrac{144}{153} : \dfrac{12}{17} = \dfrac{144 \times 17}{153 \times 12} = \dfrac{12 \times 1}{9 \times 1} = \dfrac{12}{9} = \dfrac{4}{3} = \underline{\underline{1\dfrac{1}{3}}}$

e) $\dfrac{11}{18} : \dfrac{121}{180} = \dfrac{11 \times 180}{18 \times 121} = \dfrac{1 \times 10}{1 \times 11} = \underline{\underline{\dfrac{10}{11}}}$

f) $\dfrac{3}{7} : \dfrac{126}{154} = \dfrac{3 \times 154}{7 \times 126} = \dfrac{1 \times 22}{1 \times 42} = \dfrac{22}{42} = \underline{\underline{\dfrac{11}{21}}}$

g) $\dfrac{5}{8} : \dfrac{75}{64} = \dfrac{5 \times 64}{8 \times 75} = \dfrac{1 \times 8}{1 \times 15} = \underline{\underline{\dfrac{8}{15}}}$

13. a) $2\dfrac{1}{2} : 3\dfrac{5}{6} = \dfrac{5 \times 6}{2 \times 23} = \dfrac{5 \times 3}{1 \times 23} = \underline{\underline{\dfrac{15}{23}}}$

b) $5\dfrac{3}{8} : 4\dfrac{4}{9} = \dfrac{43 \times 9}{8 \times 40} = \dfrac{387}{320} = \underline{\underline{1\dfrac{67}{320}}}$

c) $4\dfrac{1}{5} : 3\dfrac{3}{4} = \dfrac{21 \times 4}{5 \times 15} = \dfrac{7 \times 4}{5 \times 5} = \dfrac{28}{25} = \underline{\underline{1\dfrac{3}{25}}}$

d) $7\dfrac{4}{5} : 6\dfrac{3}{11} = \dfrac{39 \times 11}{5 \times 69} = \dfrac{13 \times 11}{5 \times 23} = \dfrac{143}{115} = \underline{\underline{1\dfrac{28}{115}}}$

e) $1\dfrac{1}{4} : 2\dfrac{7}{8} = \dfrac{5 \times 8}{4 \times 23} = \dfrac{5 \times 2}{1 \times 23} = \underline{\underline{\dfrac{10}{23}}}$

f) $8\dfrac{4}{8} : 3\dfrac{1}{9} = \dfrac{68 \times 9}{8 \times 28} = \dfrac{17 \times 9}{8 \times 7} = \dfrac{153}{56} = \underline{\underline{2\dfrac{41}{56}}}$

g) $6\dfrac{2}{5} : 6 = \dfrac{32 \times 1}{5 \times 6} = \dfrac{16 \times 1}{5 \times 3} = \dfrac{16}{15} = \underline{\underline{1\dfrac{1}{15}}}$

h) $7 : 3\dfrac{8}{9} = \dfrac{7 \times 9}{1 \times 35} = \dfrac{1 \times 9}{1 \times 5} = \dfrac{9}{5} = \underline{\underline{1\dfrac{4}{5}}}$

14.

BRUCHRECHNEN		
Rechenoperation	**Regel**	**eigenes Beispiel**
Addition von Brüchen	1. gleichnamig machen durch Kürzen oder Erweitern, 2. Zähler addieren, Nenner beibehalten	$\dfrac{1}{2} + \dfrac{2}{4} = \dfrac{2}{4} + \dfrac{1}{4} = \dfrac{3}{4}$
Subtraktion von Brüchen	1. gleichnamig machen (siehe Addition) 2. Zähler subtrahieren, Nenner beibehalten	$\dfrac{7}{8} - \dfrac{2}{3} = \dfrac{21}{24} - \dfrac{16}{24} = \dfrac{5}{24}$
Multiplikation von Brüchen	1. kürzen 2. Zähler mit Zähler, Nenner mit Nenner multiplizieren	$\dfrac{4}{5} \times \dfrac{15}{36} = \dfrac{3}{9} = \dfrac{1}{3}$
Division von Brüchen	1. Kehrwert des zweiten Bruches bilden 2. Kürzen 3. Zähler mit Zähler, Nenner mit Nenner multiplizieren	$\dfrac{6}{7} : \dfrac{3}{14} = \dfrac{4}{1} = 4$

1.1.3.2 Dezimalbrüche

1   a).

$$\frac{1}{5} = 1 : 5 = \underline{\underline{0,2}}$$

$$\begin{array}{r} 0 \\ \hline 10 \\ 18 \\ \hline 0 \end{array}$$

$$\frac{2}{7} = 2 : 7 = \underline{\underline{0,285714}}$$

$$\begin{array}{r} 0 \\ \hline 20 \\ 14 \\ \hline 60 \\ 56 \\ \hline 40 \\ 35 \\ \hline 50 \\ 49 \\ \hline 10 \\ 7 \\ \hline 30 \\ 28 \\ \hline 2 \end{array}$$

usw. Das Ergebnis hat unendlich viele Stellen hinter dem Komma, da die Rechnung nie aufgeht. Es wird sich auch keine Zahlenfolge wiederholen, d. h., der Dezimalbruch wird nicht periodisch.

$$\frac{3}{8} = 3 : 8 = \underline{\underline{0,375}}$$

$$\begin{array}{r} 0 \\ \hline 30 \\ 24 \\ \hline 60 \\ 56 \\ \hline 40 \\ 40 \\ \hline 0 \end{array}$$

$$\frac{4}{25} = 4 : 25 = \underline{\mathbf{0{,}16}}$$

$$\underline{0}$$
$$40$$
$$\underline{25}$$
$$150$$
$$\underline{150}$$
$$0$$

$$\frac{7}{100} = 7 : 100 = \underline{\mathbf{0{,}07}}$$

$$\underline{0}$$
$$70$$
$$\underline{0}$$
$$700$$
$$\underline{700}$$
$$0$$

$$\frac{1}{6} = 1 : 6 = 0{,}166 = \underline{\mathbf{0{,}1\overline{6}}}$$

$$\underline{0}$$
$$10$$
$$\underline{6}$$
$$40$$
$$\underline{36}$$
$$40$$
$$\underline{36}$$
$$4$$

Der Rest von 4 wiederholt sich nun fortlaufend, d.h., im Ergebnis erscheint nur noch die 6; der Dezimalbruch wird periodisch.

$$\frac{9}{10} = 9 : 10 = \underline{\mathbf{0{,}9}}$$

$$\underline{0}$$
$$90$$
$$\underline{90}$$
$$0$$

$$\frac{7}{12} = 7 : 12 = 0,5833 = \underline{\mathbf{0,58\overline{3}}}$$

$$
\begin{array}{r}
0 \\ \hline
70 \\
60 \\ \hline
100 \\
96 \\ \hline
40 \\
36 \\ \hline
40 \\
36 \\ \hline
4
\end{array}
$$

Auch hier wiederholt sich immer wieder der gleiche Rest; das bedeutet, ab der dritten Stelle hinter dem Komma wird der Dezimalbruch periodisch.

b) $0,02 = \dfrac{2}{100} = \underline{\dfrac{\mathbf{1}}{\mathbf{50}}}$

$4,08 = 4\,\dfrac{8}{100} = \mathbf{4}\,\underline{\dfrac{\mathbf{2}}{\mathbf{25}}}$

$17,12 = 17\,\dfrac{12}{100} = \mathbf{17}\,\underline{\dfrac{\mathbf{3}}{\mathbf{25}}}$

$0,25 = \dfrac{25}{100} = \underline{\dfrac{\mathbf{1}}{\mathbf{4}}}$

$9,375 = 9\,\dfrac{375}{1000} = \mathbf{9}\,\underline{\dfrac{\mathbf{3}}{\mathbf{8}}}$

$10,625 = 10\,\dfrac{625}{1000} = \mathbf{10}\,\underline{\dfrac{\mathbf{5}}{\mathbf{8}}}$

1.2   Durchschnittsrechnen

1. Rechtsanwalt Horst Zipfelmütz musste während des zu Grunde liegenden Kalenderjahres folgende Telefon-Rechnungen begleichen. Dies ergibt einen Gesamtbetrag von:

Januar	564,48 €
Februar	723,15 €
März	612,47 €
April	686,23 €
Mai	635,16 €

Juni	582,24 €
Juli	512,22 €
August	456,14 €
September	546,15 €
Oktober	589,86 €
November	701,24 €
Dezember	633,50 €

$$\underline{7.242,84 \ €}$$

Die durchschnittlichen monatlichen Telefongebühren ergeben sich, indem die Summe der monatlichen Beträge durch die Anzahl der Monate geteilt wird.

$$\frac{7242,84}{12} = \underline{\underline{603,57 \ €}}$$

Die durchschnittlichen monatlichen Telefongebühren betragen 603,57 €.

Aus der Berechnung des Durchschnitts aller Telefongebühren während des genannten Zeitraums von einem Jahr lässt sich ein Merksatz ableiten.

$$\textbf{Einfacher Durchschnitt} = \frac{\textbf{Summe der einzelnen Werte}}{\textbf{Anzahl der Werte}}$$

2. Rechtsanwalt Günter Frohsinn hat insgesamt folgende Beträge ausgegeben:

    -    336,50 €
    -     28,40 €
    -    212,80 €
    -     86,20 €
    -    176,— €
    -     42,10 €

    $$\underline{882,— \ €}$$

    a) Rechtsanwalt Frohsinn hat für seine geladenen Gäste und sich im Durchschnitt ausgegeben:

    $$\frac{882}{25} = \underline{\underline{35,28 \ €}}$$

    b) Am Ende der Party bleiben Getränke im Wert von 180,– € übrig. Der Durchschnittswert, den er für seine Gäste und sich ausgegeben hat, beträgt nun:

    $$\begin{array}{r} 882,- \ € \\ - \quad 182,- \ € \\ \hline 700,- \ € \end{array}$$

    $$\frac{700}{25} = \underline{\underline{28,- \ €}}$$

3. Die Rechtsanwältin Andrea Dollmann hat im ersten Halbjahr für Fachliteratur folgende Beträge ausgegeben:

Januar	212,50 €
Februar	86,20 €
März	124,40 €
April	220,— €
Mai	38,30 €
Juni	50,60 €
	__732,00 €__

Im Durchschnitt hat Frau Dollmann monatlich für Fachliteratur ausgegeben:

732,00 : 6 = __122,00 €__

4. a) Es gingen bisher insgesamt folgende Spendenbeträge ein:

März	480,– €
April	2.510,– €
Mai	1.280,– €
Juni	920,– €
Juli	3.850,– €
August	1.220,– €
September	940,– €
	__11.200,– €__

b) Monatlich gingen nach dem Spendenaufruf im Durchschnitt Spendengelder ein:

$$\frac{11.200}{7} = \underline{\underline{1.600,– €}}$$

5. a) Antonia Dodaro erzielte bisher insgesamt folgenden Umsatz:

Februar	5.000,– €
März	12.000,– €
April	16.000,– €
Mai	14.000,– €
Juni	20.000,– €
Juli	14.000,– €
August	24.000,– €
	__105.000,– €__

b) Im Durchschnitt erzielte sie einen Umsatz von:

$$\frac{105.000}{7} = \underline{\underline{15.000,– €}}$$

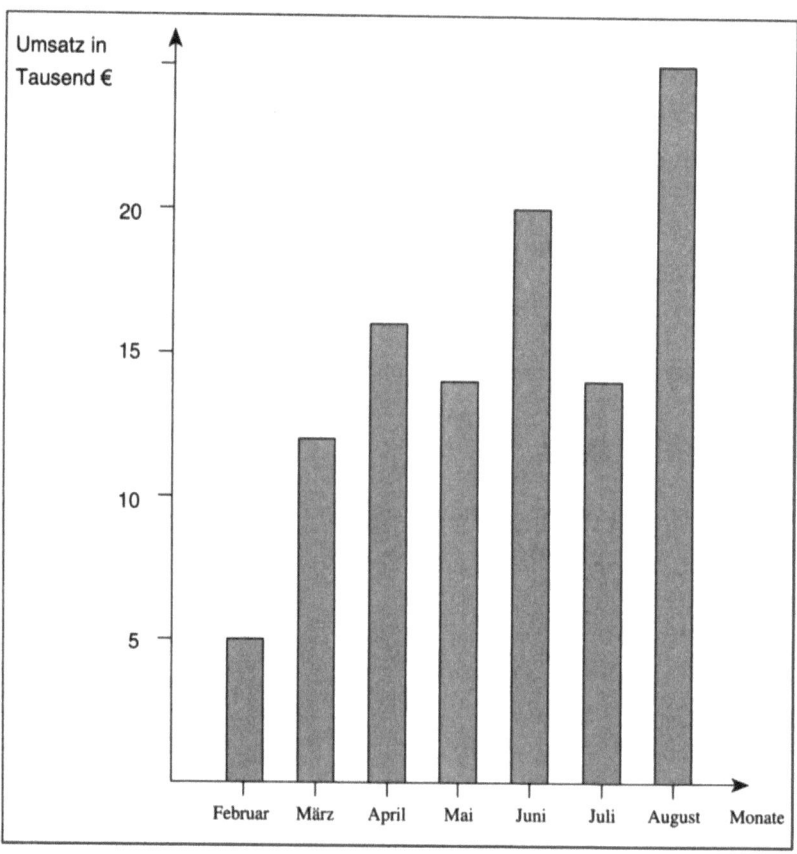

6. a) **Strichliste**:

Note	Anzahl
1	| |
2	| | | | | | |
3	| | | | |
4	| | | |
5	| | |
6	| |

b) Darstellung der **Notenverteilung**:

Note	1	2	3	4	5	6
Summe Noten	**2**	**7**	**5**	**4**	**3**	**2**

c) Berechnung des gewogenen arithmetischen Mittels = Berechnung der Durchschnittsnote (für 23 Schüler)

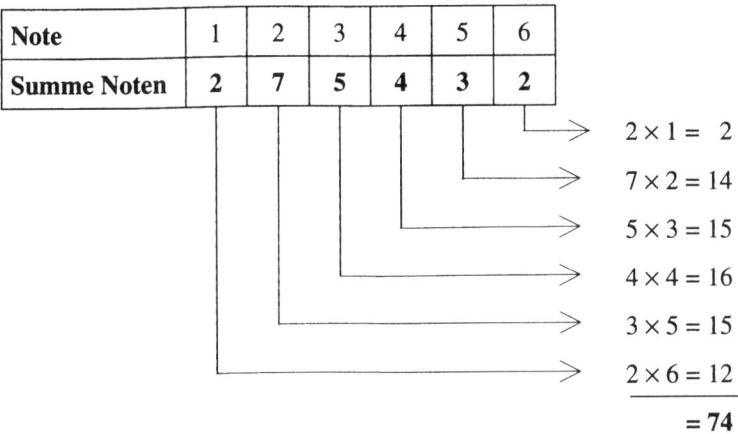

Note	1	2	3	4	5	6
Summe Noten	2	7	5	4	3	2

$$2 \times 1 = 2$$
$$7 \times 2 = 14$$
$$5 \times 3 = 15$$
$$4 \times 4 = 16$$
$$3 \times 5 = 15$$
$$2 \times 6 = 12$$
$$= 74$$

Anzahl der SchülerInnen = 23
Durchschnittsnote = 74 : 23 = **3,22**

(aus c)		74
+ 3 × Note 4	=	12
+ 1 × Note 2	=	2
+ 1 × Note 5	=	5
	93	gewichtete Noten

$$\frac{93}{\text{Anzahl der Schüler}} = \frac{93}{28} = \underline{\textbf{3,32 = Durchschnittsnote}}$$

7. a) **Einzelkaufleute** sind in der **Abteilung A** des Handelsregisters des jeweiligen Amtsgerichts eingetragen.

   b) Wenn nur Irina nicht mir ihrem Privatvermögen haften möchte, so ist Marie-Luise bereit, mit ihrem Gesamtvermögen zu haften. Deshalb kommt eine **KG** in Betracht. In diesem Fall ist Irina Kommanditist (= Teilhafter) und Marie-Luise Komplementär (= Vollhafter).

   c) Wenn beide Unternehmerinnen nicht mit ihrem Privatvermögen haften möchten, so kommt nur eine **GmbH** in Betracht, bei der – wie die Unternehmensbezeichnung schon sagt – beide in ihrer Haftung auf das Gesellschaftsvermögen beschränkt sind.

   d) Eine **GmbH** ist wie die AG und die KGaA eine **Kapitalgesellschaft** und ist deshalb in der **Abteilung B** des Handelsregisters beim zuständigen Amtsgericht einzutragen.

e)
$$
\begin{array}{rclr}
16 \times 12{,}80 &=& 204{,}80 \text{ €} \\
14 \times 14{,}60 &=& 204{,}40 \text{ €} \\
125 \times 21{,}80 &=& 2.725{,}00 \text{ €} \\
94 \times 12{,}00 &=& 1.128{,}00 \text{ €} \\
56 \times 13{,}00 &=& 728{,}00 \text{ €} \\
82 \times 14{,}00 &=& 1.148{,}00 \text{ €} \\
\hline
= \quad 387 &=& \mathbf{6.138{,}20 \text{ €}}
\end{array}
$$

gewogener Durchschnitt $= \dfrac{6138{,}20}{387} = 15{,}86$ €

f) | **Gewogener Durchschnitt** $= \dfrac{\textbf{Summe der einzelnen Werte}}{\textbf{Anzahl der Einzelmengen}}$

g) Wird der gewogene Durchschnitt auf volle € aufgerundet, so ergibt dies einen Wert von 16 €.

Wenn dieser Preis um 30 % vermindert werden soll, so kann eine CD wie folgt verkauft werden:

$$
60 \text{ \% von } \quad 16{,}00 \text{ €} = \frac{16 \times 60}{100} = 9{,}60 \text{ €}
$$

$$
\begin{array}{rl}
& 16{,}00 \text{ €} \\
- \quad 60 \text{ \%} & 9{,}60 \text{ €} \\
\hline
= & \underline{\textbf{6{,}40 € ist der Verkaufspreis}}
\end{array}
$$

8. a) Im Mai wurden insgesamt 50 + 40 + 50 + 30 = 170 kg Kaffee eingekauft.

b)
$$
\begin{array}{rclr}
50 \times 10{,}80 &=& 540{,}- \text{ €} \\
40 \times 8{,}20 &=& 328{,}- \text{ €} \\
50 \times 7{,}40 &=& 370{,}- \text{ €} \\
30 \times 6{,}80 &=& 204{,}- \text{ €} \\
\hline
\end{array}
$$

Gesamtwert des Kaffees 1.442,– €

c) Durchschnittspreis $= \dfrac{\text{Gesamtwert des Kaffees}}{\text{Gesamtmenge des Kaffees}} = \dfrac{1.442}{70}$

Durchschnittspreis = 8,48 €

d) $\dfrac{8{,}48 \times 30}{100} = 2{,}54$ €

Ein kg Kaffee kostet **im Verkauf** 8,48 € + 2,54 € = 11,02 €, auf volle € gerundet = **11,– €**

1.3   Dreisatz

1. a) Wenn 12 Ordner 81,60 € kosten, dann kostet 1 Ordner den 12. Teil (=1/12), d.h.

   $$\frac{81,60}{12} = \underline{\mathbf{6,80\ €.}}$$

   b) Wenn eine CD 12,80 € kostet, dann kosten 6 CDs das Sechsfache, also

   $12,80 \times 6 = \underline{\mathbf{76,80\ €.}}$

   c) In Aufgabe a) wurde **von einer Mehrheit auf eine Einheit** geschlossen.

   In der Aufgabe b) wurde von **einer Einheit auf eine Mehrheit** geschlossen.

2. Tim erhält für seine Tätigkeit an vier Samstagen insgesamt 492,80 €. An einem Samstag verdient er folglich

   $$\frac{492,80}{4} = 123,20\ €$$

   Wenn er an einem Tag für seine achtstündige Tätigkeit 123,20 € gezahlt werden, so steht ihm für eine Stunde der achte Teil zu, d.h.

   $$\frac{123,20}{8} = \underline{\mathbf{15,40\ €}}$$

   Tims Stundenlohn beträgt folglich 15,40 €.

3. a) Julia verbraucht im Durchschnitt auf 100 km 8,2 Liter Benzin.

   Wenn sie **1400 km** fährt, verbraucht sie das 14fache an Benzin, d.h.

   $14 \times 8,2$ Liter $= \underline{\mathbf{114,80\ Liter}}$.

   b) Wenn Julia vermutlich 114,80 Liter verbrauchen wird und der Liter-Preis 1,02 € beträgt, so hat sie insgesamt

   $114,80 \times 1,02 = \underline{\mathbf{117,09\ €}}$ zu zahlen.

   c)

Übernachtungen	805,00 €
$7 \times 30,- €$	210,00 €
Geld für Benzin	117,09 €

   Reisepreis insgesamt 1.132,09 €

   d) Wenn Julia für 7 Übernachtungen 805,– € ausgibt, so kostet eine Übernachtung

   $$\frac{805,-}{7} = \underline{\mathbf{115,-€}}$$

e) Wenn der Reisepreis insgesamt 1.132,09 € beträgt, so entstehen ihr pro Tag Aufwendungen von

$$\frac{1.132,09}{7} = \underline{\mathbf{161,72\ €}}$$

4. Angelika erhält für 16 Stunden Arbeit 264,– €; folglich stehen ihr für eine Stunde Arbeit

$$\frac{264,-}{16} = \underline{\mathbf{16,50\ €}}\ \text{zu.}$$

Wenn sie 24 Stunden arbeitet, erhält sie 24 × 16,50 = **396,– €.**

5. a) Im gesamten Haus wurden insgesamt auf

$$\begin{array}{rcl} 3 \times 85\ \text{m}^2 & = & 255\ \text{m}^2 \\ + \quad 1 \times 75\ \text{m}^2 & = & \underline{\ 75\ \text{m}^2} \\ & = & 330\ \text{m}^2 \end{array}$$ Fläche Teppichboden verlegt.

Dafür hatten die vier Freunde 18.150,– € zu zahlen. Das Verlegen von nur 1 m² Teppichboden kostet folglich

$$\frac{18.150,-}{330} = \underline{\mathbf{55,-\ €}}$$

b) Es hatten zu zahlen:

Peter	für 75 m² Fläche	75 × 55,– =	4.125,– €
Markus	für 85 m² Fläche	85 × 55,– =	4.675,– €
Wolfgang	für 85 m² Fläche	85 × 55,– =	4.675,– €
Harald	für 85 m² Fläche	85 × 55,– =	4.675,– €

6. Wenn Tina 6 × im Monat eine Diskothek besucht und allabendlich 22,– € ausgibt, so sind dies

im Monat 6 × 22,– € = 132,– €.

Dies entspricht einer Ausgabe pro Tag von 22,– € + 5,– € = 27,– €.

Wenn Tina aber nur 132,– € zur Verfügung stehen und der Aufenthalt in der Diskothek pro Abend 27,– € kostet, so kann sie nur noch an

$$\frac{132}{27} = 4,89\ \text{Tagen, d.h. an } \mathbf{4\ Tagen,}\ \text{die Diskothek besuchen.}$$

7. 8 Personen benötigen zur Auswertung von Interviews 5 Tage.

1 Person benötigt zur Auswertung 8 mal so lange, d.h.

5 × 8 = 40 Tage.

Wenn eine Person 40 Tage zur Auswertung der Interviews benötigt, so müssen 6 Personen $\dfrac{40 \text{ Tage}}{6} = $ **6,67 Tage** arbeiten.

8. – Innerhalb von 4 Minuten fahren 36 Züge.

Innerhalb von 1 Minute müssten mehr Züge fahren, um die gleiche Anzahl von Reisenden zu transportieren, d.h.

$36 \times 4 = 144$ Züge

– Wenn in einem Takt von 1 Minute 144 Züge fahren müssen, so sind in einem Takt von 8 Minuten weniger Züge einzusetzen, d.h.

$\dfrac{144}{8} = $ **18 Züge**.

9. Für 2.800 Zahlungsvorgänge werden $6 \times 8 \times 5 = 240$ Arbeitsstunden benötigt.

Für 1 Zahlungsvorgang werden $\dfrac{240}{2.800}$ Arbeitsstunden benötigt.

Für 3.500 Zahlungsvorgänge werden $\dfrac{240}{2.800} \times 3.500$ Arbeitsstunden benötigt.

Da 4 Angestellte jeweils $\dfrac{38}{5} = 7,6$ Stunden arbeiten, ergibt dies $4 \times 7,6 = 30,4$ Arbeitsstunden.

Gesucht ist die Anzahl der Tage. Es werden $\dfrac{240 \times 3.500}{2.800}$ Arbeitsstunden erforderlich. Deshalb muss dieser Quotient durch 30,4 geteilt werden, d.h.

$\dfrac{240 \times 3.500}{2.800 \times 30,4} = $ **9,87 Tage**

oder in Kurzform:

2.800 Zahlungsvorgänge – 6 Angest. – 8   Stunden – 5 Tagen
3.500 Zahlungsvorgänge – 4 Angest. – 7,6 Stunden – **X Tagen**

$X = \dfrac{5 \times 3.500 \times 6 \times 8}{2.800 \times 4 \times 7,6} = \dfrac{840.000}{85.120} = $ **9,87 Tage**

10. a) Laut Angaben auf der Cola-Flasche entsprechen $44,26 \text{ kcal} \rightarrow 185 \text{ kJ}$

$1 \text{ kcal} \rightarrow \dfrac{185}{44,26} = 4,179 = $ **ca. 4,18 kJ**

b)

$$
\begin{array}{lllll}
122\ \text{kcal} & \to 122 \times 4{,}18 = & 509{,}96 & \text{d.h. ca.} & 510\ \text{kJ} \\
365\ \text{kcal} & \to 365 \times 4{,}18 = & 1.525{,}70 & \text{d.h. ca.} & 1.526\ \text{kJ} \\
329\ \text{kcal} & \to 329 \times 4{,}18 = & 1.375{,}22 & \text{d.h. ca.} & 1.375\ \text{kJ} \\
84\ \text{kcal} & \to \ \ 84 \times 4{,}18 = & 351{,}12 & \text{d.h. ca.} & 351\ \text{kJ} \\
219\ \text{kcal} & \to 219 \times 4{,}18 = & 915{,}42 & \text{d.h. ca.} & 915\ \text{kJ} \\
633\ \text{kcal} & \to 633 \times 4{,}18 = & 2.645{,}94 & \text{d.h. ca.} & 2.646\ \text{kJ} \\
266\ \text{kcal} & \to 266 \times 4{,}18 = & 1.111{,}88 & \text{d.h. ca.} & 1.112\ \text{kJ} \\
444\ \text{kcal} & \to 444 \times 4{,}18 = & 1.855{,}92 & \text{d.h. ca.} & 1.856\ \text{kJ} \\
69\ \text{kcal} & \to \ \ 69 \times 4{,}18 = & 288{,}42 & \text{d.h. ca.} & 288\ \text{kJ} \\
140\ \text{kcal} & \to 140 \times 4{,}18 = & 585{,}20 & \text{d.h. ca.} & 585\ \text{kJ} \\
100\ \text{kcal} & \to 100 \times 4{,}18 = & 418{,}00 & \text{d.h.} & 418\ \text{kJ} \\
127\ \text{kcal} & \to 127 \times 4{,}18 = & 530{,}86 & \text{d.h. ca.} & 531\ \text{kJ} \\
\end{array}
$$

Runden Sie die Ergebnisse, also die kJ, auf die Einer, d. h. ohne eine Kommastelle.

Lebensmittel	Menge	kcal	kJ
Joghurt	200 g	122	510
Goudakäse	100 g	365	1.526
Doppelrahmkäse	100 g	329	1.375
1 Ei		84	351
Kabeljaufilet	300 g	219	915
Schweinekamm	300 g	633	2.646
Kalbsleberwurst	100 g	266	1.112
Roggenbrot	200 g	444	1.856
Blumenkohl	300 g	69	288
Kartoffeln	200 g	140	585
Äpfel	200 g	100	418
Schokoladenpudding	100 g	127	531

1.4   Verteilungsrechnen

1. 162 m² kosten 2.106 €

$$1\ \text{m}^2 \text{ kostet } \frac{2.106\ \text{€}}{162} = \mathbf{13\ \text{€}}$$

Dr. Paul		76 m²	$\to$ 76 × 13 € =	988,– €
Eisenach		53 m²	$\to$ 53 × 13 € =	689,– €
Liebig	162 m² −	129 m²	$\to$ 33 × 13 € =	429,– €
			Probe	**2.106,– €**

2. **1. Schritt**: Berechnung der gesamten Courtage

$$5,7 \% \text{ von } 860.000 = \frac{860.000 \times 5,7}{100} = \underline{\mathbf{49.020,- €}}$$

2. Schritt: Berechnung von 10 % der Courtage, die Areld zu tragen hat

$$10 \% \text{ von } 49.020,- € = \frac{49.020}{10} = \underline{\mathbf{4.902,- €}}$$

3. Schritt: Berechnung der Courtage, die die anderen drei Personen zu gleichen Teilen zu tragen haben

	49.020,– €
– 10 % von Areld	4.902,– €
	44.118,– €

90 % der Courtage = 44.118,– €

$$1 \% \text{ der Courtage} = \frac{44.118}{90} = 490,20$$

30 % der Courtage = 490,20 × 30 = **14.706,– €**

oder:

90 % der Courtage = 44.118,– €

$$30 \% \text{ der Courtage} = \frac{44.118}{30} = 14.706,- €$$

An **Courtage** (= Maklergebühr) haben zu zahlen:

– Josef Areld	10 %	4.902,– €
– Anita Baum	30 %	14.706,– €
– Inge Dreher	30 %	14.706,– €
– Hans Emmerlich	30 %	14.706,– €
Probe →		**49.020,– €**

3. a)

Groß	5.000 Liter
Schwarz	2.800 Liter
Wild	1.900 Liter
	9.700 Liter

b) Der Liter Heizöl kostet bei einer Abnahme ab 8.000 Litern 39 Cent pro Liter.

c) Der Gesamtpreis für alle drei Tanks beträgt:

9.700 × 0,39 € = 3.783,– €.

d)

Groß:	5.000 × 0,39	=	1.950,– €
Schwarz	2.800 × 0,39	=	1.092,– €
Wild	1.900 × 0,39	=	741,– €

e) Ohne Ausnutzung des Mengenrabatts hätte zahlen müssen:

Groß   5.000 × 0,40 = 2.000,– €
Schwarz 2.800 × 0,43 = 1.204,– €
Wild   1.900 × 0,44 =   836,– €

f) Durch die Ausnutzung des Mengenrabatts sparen

Groß   2.000,– €   –1.950,– €   = **50,– €**
Schwarz 1.204,– €   –1.092,– €   = **112,– €** und
Wild   836,– €   – 741,– €   = **95,– €**

g) Da die drei Personen gemeinsam Heizöl eingekauft haben und somit den Mengenrabatt in Anspruch nehmen können, verliert der Lieferant 50,– € + 112,– € + 95,– € = **257,– €**

4. a) An dem Lottospiel haben sich die Freundinnen gemäß ihrem in €-Betrag bemessenen Einsatz mit folgenden Anteilen beteiligt:

– Jennifer   mit 18 Anteilen
– Sabrine   mit 12 Anteilen
– Elke   mit 28 Anteilen und
– Doris   mit 34 Anteilen.

Summe der Anteile =   92 Anteile ≡ **92,– €**

b) Der Lottogewinn beträgt 38.640,– €. Ein Anteil davon ergibt

$$\frac{38.640}{92} = 420,- €$$

Jennifer erhält 18 Anteile, d.h. 18 × 420 =   7.560,– €
Sabrina   erhält 12 Anteile, d.h. 12 × 420 =   5.040,– €
Elke   erhält 28 Anteile, d.h. 28 × 420 = 11.760,– €
Doris   erhält 34 Anteile, d.h. 34 × 420 = 14.280,– €
Probe →   **38.640,– €**

5. a) Jorgelina :   1/3 = 8/24
   Christopher :   3/8 = 9/24

Jorgelina und Christopher erhalten zusammen 8/24 + 9/24 = 17/24. Beatrice erhält den Rest. Dies sind 24/24 – 17/24 = **7/24**

b) Aus dem Vermögen erhalten die drei Erben folgende Beträge:

Jorgelina: $\frac{94.400 \times 8}{24}$ = **31.466,67 €**

Christopher: $\frac{94.400 \times 9}{24}$ = **35.400,00 €**

Beatrice: $\frac{94.400 \times 7}{24}$ = **27.533,33 €**

Probe →   = 94.400,00 €

6. a) Der Mietzins für die gemeinsam genutzten Räumlichkeiten wird wie folgt berechnet:

→ Empfangsraum + Wartezimmer: $4 \, m \times 6 \, m \quad = 24 \, m^2$
→ Flur + Toilette: $1,5 \, m \times 18 \, m \quad \underline{= 27 \, m^2}$
$\qquad\qquad\qquad\qquad\qquad\qquad\quad \mathbf{= 51 \, m^2}$

b) Die Büroräume der einzelnen Rechtsanwälte haben folgende Größen:

→ Büro Caesar: $4 \;\; m \times 12 \, m = 48 \, m^2$
→ Büro Jungblut $5,5 \, m \times 10 \, m = 55 \, m^2$
→ Büro Tillmann $5,5 \, m \times \; 8 \, m = \underline{44 \, m^2}$

Gesamtquadratmeterzahl der
individuell genutzten Räume $\mathbf{= 147 \, m^2}$

c) $\quad$ Gemeinsame Räumlichkeiten $\quad 51 \, m^2$
$\;+\;$ Büros der Rechtsanwälte $\qquad \underline{147 \, m^2}$
$\;\mathbf{=}\;$ **gesamte genutzte Fläche** $\quad \mathbf{198 \, m^2}$

d) $\dfrac{\text{Miete } (\text{€})}{\text{Fläche } (m^2)} \;=\; \dfrac{2.475}{198} \;=\; \mathbf{12,50 \; \text{€ pro } m^2}$

Pro m^2 gemietete Fläche ist **12,50 €** an **Kaltmiete** zu zahlen.

e) Der von allen Anwälten gemeinsam genutzte Raum hat eine Fläche von $51 \, m^2$. Der Anteil an der Gesamtmiete beträgt für diese Räumlichkeiten

$51 \, m^2 \times 12,50 \; € \;=\; \underline{\mathbf{637,50 \; €.}}$

f) Da jeder Anwalt den gleichen Mietanteil an der gemeinsam genutzten Fläche zu zahlen hat, fällt je Person

$\dfrac{637,50}{3} \;=\; \underline{\mathbf{212,50 \; € \; Mietzins}}$ an.

g)

Name der Anwälte	Mietzins je Büro	Mietzins für gemeinsam genutzte Räumlichkeiten	Mietzins insgesamt je Anwalt
Caesar	$48 \times 12,50 = \mathbf{600,00}$	212,50 €	$=$ 812,50 €
Jungblut	$55 \times 12,50 = \mathbf{687,50}$	212,50 €	$=$ 900,00 €
Tillmann	$44 \times 12,50 = \mathbf{550,00}$	212,50 €	$=$ 762,50 €
Summe	$= \mathbf{1.837,50}$	637,50 €	$=$ 2.475,00 €

7. a) Die **OHG** ist wie die KG und die GmbH & Co KG eine **Personengesellschaft**.

b) Gemäß § 105 HGB ist bei einer OHG bei **keinem der Gesellschafter** die **Haftung** gegenüber den Gesellschaftsgläubigern **beschränkt**, d.h., die Gesellschafter haften mit dem Gesamtvermögen (= einschließlich Privatvermögen).

c) Die **OHG** ist in der **Abteilung A des Handelsregisters** eingetragen.

d) Die Gewinne werden bei der **OHG** so verteilt, dass

- zunächst jeder Gesellschafter 4 % seiner Kapitaleinlage erhält und
- der verbleibende Restgewinn nach Köpfen (= Anzahl der Gesellschafter) verteilt wird.

e) Der Gewinn wird nur dann nach HGB verteilt, wenn im Gesellschaftsvertrag keine Regelung zwischen den Gesellschaftern getroffen ist.

f) Vorgehensweise bei der **Gewinnverteilung**

1. Schritt: Berechnung 4 % von der jeweiligen Kapitaleinlage gemäß § 121(1) HGB

– Holprich:	4 % von 40.000,– € =	1.600,– €
– Wedekind:	4 % von 60.000,– € =	2.400,– €
– Sanftvoll:	4 % von 30.000,– € =	1.200,– €
– Neufang:	4 % von 50.000,– € =	2.000,– €
		7.200,– €

2. Schritt: Jahresgewinn abzüglich der Summe der nach § 121(1) HGB verteilten Gewinne

Jahresgewinn	260.000,– €
–	7.200,– €
Restgewinn	**252.800,– €**

3. Schritt: Verteilung des Restgewinns nach der Anzahl der Gesellschafter im gleichen Verhältnis

$$\frac{252.800}{4} = 63.200,- € \text{ erhält jeder Gesellschafter}$$

4. Schritt: Addition der Gewinne je Gesellschafter aus Schritt 2 und 3

Eintragung in die Tabelle (siehe Aufgabe g)

g)

I Gesellschafter	II Kapital- einlage	III § 121(1) HGB	IV § 121(3) HGB	V Gesamtgewinn je Gesellschafter
Holprich	40.000,– €	1.600,– €	63.200,– €	64.800,– €
Wedekind	60.000,– €	2.400,– €	63.200,– €	65.600,– €
Sanftvoll	30.000,– €	1.200,– €	63.200,– €	64.400,– €
Neufang	50.000,– €	2.000,– €	63.200,– €	65.200,– €
Summe	**180.000,– €**	**7.200,– €**	**252.800,– €**	**260.000,– €**

8. a) Der **Gewinn** einer **KG** wird so verteilt, dass

   – zunächst (wie bei der OHG) 4 % je Kapitalanteil berechnet werden und

   – danach ist der Restgewinn in angemessenem Verhältnis (= nach Gesellschaftsvertrag) zu verteilen (§ 169(2) HGB).

   b) *1. Schritt:* **6 % je Kapitalanteil** (siehe Aufgabe)

   2. Schritt: Die Summe der Gewinne aus Schritt 1 wird vom Jahresgewinn subtrahiert.

	Jahresgewinn	420.000,– €
–		11.760,– €
	Restgewinn	**408.240,– €**

   3. Schritt: Der sich aus Schritt 2 ergebende **Restgewinn** wird nach Gesellschaftsvertrag im Verhältnis 6 : 3 : 1 verteilt.

   $408.240 \rightarrow 6 + 3 + 1 = $ **10 Anteile**

   $$\frac{408.240}{10} = 40.824,- € = 1 \text{ Anteil}$$

   – Zielstreb: $40.824 \times 6 = 244.944,- €$
   – Schön: $40.824 \times 3 = 122.472,- €$
   – Baum: $40.824 \times 1 = 40.824,- €$

   4. Schritt: Berechnung des Gesamtgewinns je Gesellschafter Addition der Gewinne je Gesellschafter aus Schritt 1 und 3

   c)

I Gesell- schafter	II Kapital- einlage	III 6 % je Kapitaleinlage	IV Restgewinn im Verhältnis 6:3:1	V Gesamtgewinn je Gesellschafter
Zielstreb	50.000,– €	3.000,– €	244.944,– €	247.944,– €
Schön	66.000,– €	3.960,– €	122.472,– €	126.432,– €
Baum	80.000,– €	4.800,– €	40.824,– €	45.624,– €
Summe	**196.000,– €**	**11.760,– €**	**408.240,– €**	**420.000,– €**

9. a)

	1 Tonne Steine	60,– €
+	Transportkosten	150,– €
=		**210,– €**

   b)

	2 Tonnen Steine	120,– €
+	Transportkosten	150,– €
=		**270,– €**

c) Transportkosten je Nachbar:

$$\frac{150}{3} = 50,- €$$

• Müller:	1 Tonne à 60,– €	=	60,– €
+	Transportkosten	=	50,– €
=			**110,– €**

• Schwarz:	3 Tonne à 60,– €	=	180,– €
+	Transportkosten	=	50,– €
=			**230,– €**

• Heinemann:	5 Tonne à 60,– €	=	300,– €
+	Transportkosten	=	50,– €
=			**350,– €**

d) **Fixkostendegression** bedeutet, dass die Fixkosten umso geringer werden, je größer die Anzahl der gekauften (oder produzierten) Menge ist, durch die diese Kosten dividiert werden.

In der Aufgabe sind die Transportkosten die Fixkosten, da sie bis zu einer Belieferung von 10 Tonnen Steine immer in der gleichen Höhe bleiben, unabhängig davon, ob nur eine Tonne Steine oder ob 10 Tonnen Steine transportiert werden. Werden diese Kosten auf eine Person aufgeteilt, so fallen Fixkosten in Höhe von 150,– € an. Werden sie auf 10 Personen verteilt, hat jede Person nur 15,– € zu tragen, werden sie gar auf 150 Personen verteilt, so hat jede Person nur 1,– € Transportkosten zu tragen.

10. a) Der zu verteilende Betrag wird wie folgt berechnet:

	20.000,– €	
–	800,– €	für den Kauf einer Espressomaschine
–	1.400,– €	für den Kauf einer Geschirrspülmaschine
=	**17.800,– €**	

b)
–	J. Schramm	=	4 Jahre Betriebszugehörigkeit
–	A. Kurbel	=	19 Jahre Betriebszugehörigkeit
–	D. Schutzengel	=	2 Jahre Betriebszugehörigkeit

Die Mitarbeiterinnen weisen insgesamt eine Betriebszugehörigkeit von 4 + 19 + 2 Jahre = 25 Jahre auf.

$$\frac{17.800}{25} = 712,- €\text{ entspricht einem Jahr Betriebszugehörigkeit}$$

–	J. Schramm	=	4 × 712	=	2.848,– €
–	A. Kurbel	=	19 × 712	=	13.528,– €
–	D. Schutzengel	=	2 × 712	=	1.424,– €
Probe				=	17.800,– €

11. Einsätze:

Margida	120,– €	→	12 Anteile
Ralf	30,– €	→	3 Anteile
Jürgen	50,– €	→	5 Anteile
Probe	200,– €		20 Anteile

Gewinnaufteilung: 4.400,– € : 20 Anteile = 220,– €/Anteil

Margida	12 × 220,– €	=	**2.640,– €**
Ralf	3 × 220,– €	=	**660,– €**
Jürgen	5 × 220,– €	=	**1.100,– €**
Probe			4.400,– €

12. a) Ein **Unterschied** zwischen einer **OHG** und einer **Gesellschaft des Bürgerlichen Rechts** besteht darin, dass nur die OHG im Handelsregister eingetragen ist.

   b) Die **Gesellschaft des Bürgerlichen Rechts** ist im **BGB** geregelt.

   c) Die **Abkürzung** für die Gesellschaft des Bürgerlichen Rechts ist die **BGB-Gesellschaft**.

   d) Wenn Brams 4/6 weniger als Schöne bekommt, so gilt:

   $$\text{Brams} = \frac{2}{6}$$

   $$\text{Schöne} = \frac{6}{6}$$

   Weitere Ausgangslage:
   Pabst soll doppelt so viel wie Klein bekommen. Klein soll 2/8 mehr als Schöne bekommen.

   Fangen wir bei Schöne an. Sie bekommt $\frac{6}{6}$; dies entspricht einem Ganzen oder $\frac{8}{8}$; wenn **Klein** $\frac{2}{8}$ mehr als Schöne erhält, so sind dies $\frac{10}{8}$. Wenn **Pabst** doppelt so viel wie Klein erhält, so sind dies $\frac{20}{8}$.

   Fassen Sie das bisher Gesagte zusammen, so ergibt sich folgende Rechnung:

   $$\textbf{Brams} = \frac{2}{6} = \frac{8}{24}$$

   $$\textbf{Schöne} = \frac{6}{6} = \frac{24}{24}$$

   $$\textbf{Pabst} = \frac{20}{8} = \frac{60}{24}$$

   $$\textbf{Klein} = \frac{10}{8} = \frac{30}{24}$$

Nun sind alle Brüche gleichnamig gemacht. Addiert man nun die Zähler der Brüche, so erhält man die insgesamt zu verteilenden Anteile.

$$8 + 24 + 60 + 30 = \textbf{122 Anteile}$$

$$\frac{237.900}{122} = \textbf{1.950 € = ein Anteil}$$

Nun kann der Gewinn nach Anteilen verteilt werden.

–	Brams erhält	1.950×8	=	15.600,– €
–	Schöne erhält	1.950×24	=	46.800,– €
–	Pabst erhält	1.950×60	=	117.000,– €
–	Klein erhält	1.950×30	=	58.500,– €
	Probe →			237.900,– €

1.5 Währungsrechnen

1. a)

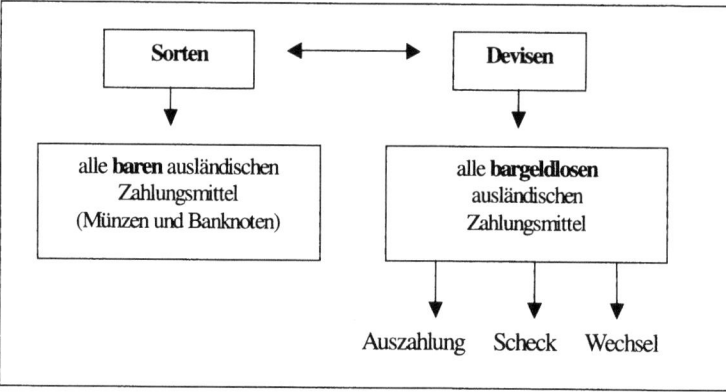

b) Von einer **Auszahlung** spricht man, wenn ein Kunde seine inländische Bank beauftragt, an seinen Geschäftspartner im Ausland Geld in Auslandswährung zu zahlen oder auf dessen Konto bei einer Auslandsbank zu überweisen. So weist beispielsweise das Exportunternehmen Jakob Glücklich GmbH die Volksbank Mainz an, dem Geschäftspartner John New in Las Vegas in den USA den letzten Rechnungsbetrag in amerikanischen Dollar auf dessen Konto bei der Joe Cocker Highlight-Bank, San Franzisko, zu überweisen. Das deutsche Unternehmen Jakob Glücklich GmbH kann diese Anweisung telefonisch, per E-Mail oder brieflich in Auftrag geben.

c) Der **Kurs** oder **Wechselkurs** ist das Verhältnis beim Umtausch von Euro in Auslandswährung. Er hängt von dem Angebot und der Nachfrage nach einer bestimmten Währung, wie z.B. japanische Yen, ab.

Der **Kurs** gibt beispielsweise an, welchen Preis man für **eine oder eine bestimmte Anzahl von Währungseinheiten**, wie z.B. für einen amerikanischen Dollar, bezahlen muss.

2. Der Kurs von 1,1533 bedeutet, dass man für den Kauf von einem amerikanischen Dollar 1,1533 € zahlen muss.

   a)

Land	Währung
Neuseeland	Neuseeland Dollar
Australien	Australia Dollar
Japan	Yen
USA	US Dollar
Singapur	Singapur Dollar
Hongkong	Hongkong Dollar

   b) Der Briefkurs ist beim Kauf von japanischen Sorten am höchsten.

   c) Wenn in Deutschland ausländische Währungseinheiten bei einer Bank gegen Euro umgetauscht werden, so erfolgt dies nach dem **Briefkurs.**

   d) Wenn in Deutschland ausländische Sorten gekauft werden, so erfolgt die Abrechnung nach dem **Geldkurs.**

   e)

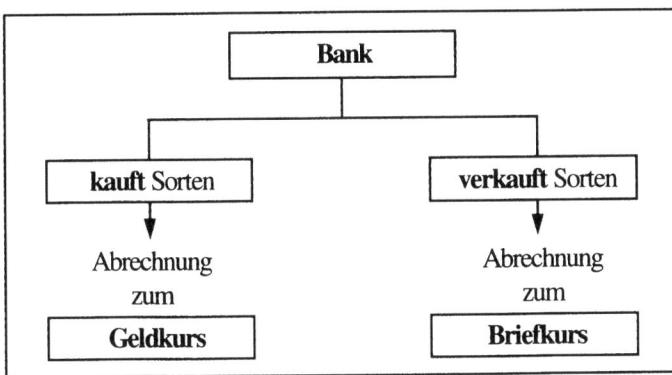

4. a) Die Preise sind in amerikanischen Dollar ausgewiesen.

   b) Frau Schluckauf beabsichtigt, vom 2. bis 6. September ein Doppelzimmer mit Halbpension zu buchen. Sie muss in dieser Zeit pro Tag 125 Dollar zahlen. Wenn man einen Kurs von 0,9594 in Deutschland zugrunde legt, dann zahlt sie für einen Dollar 0,9594 €. Für 125 Dollar muss sie also $125 \times 0,9594 = 119,92$ € bezahlen.

   c) Drei Tage Aufenthalt in der Pension kosten $119,92 \times 3 = 359,76$ €.

5. a) Die Abkürzung „ch" steht für Schweiz.

   b) Eine deutsche Internetadresse ist dadurch zu erkennen, dass sie mit einem „de" endet, so z.B. www.gabler.de.

c) Das Autohaus JH Keller AG hat seinen Sitz in Zürich.

d) Die Modelle des PT Cruiser werden in Schweizer Franken angeboten.

e) Das Modell „Limited – 5-Gang-Getriebe" wird für 36.900 Schweizer Franken angeboten.

f) Für einen Schweizer Franken muss man 0,6473 € bezahlen. Der Wagen kostet deshalb 36.900 × 0,6473 = 23.885,37 €.

1.6 Prozentrechnen

1.6.1 Berechnung von Grundwert, Prozentwert und Prozentsatz

1.

a) **Prozentsatz:**   5 %

b) **Grundwert:**   2.400,– €

                                      2.400,– €
                            –   2.280,– €
c) **Prozentwert:**   =   **120,– €**

2.

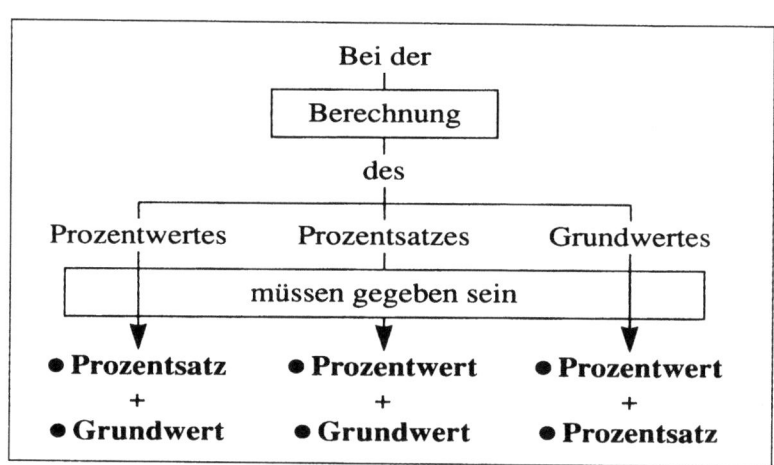

3. a) 100 % →   1.400,– €
        2 % →   X €

    $X = \dfrac{1.400 \times 2}{100} = \underline{\mathbf{28,- €}}$

b) Anja hat folgenden Betrag zu überweisen:

    Kaufpreis   →   1.400,– €
    – 2 % Skonto   →   28,– €

Überweisungsbetrag   **1.372,– €**

4. 12 % →   98,40 €
    100 % →   X €

gesucht ist der **Grundwert**.

$$\textbf{Grundwert} = \frac{\textbf{Prozentwert} \times 100}{\textbf{Prozentsatz}} = \frac{98,40 \times 100}{12} = \underline{\underline{\textbf{820,– €}}}$$

Das Telefaxgerät kostete ursprünglich 820,– €.

5. 108 % →   734,40 €
    100 % →   X €

$$X = \frac{734,40 \times 100}{108} = \underline{\underline{\textbf{680,– €}}}$$

Der ursprüngliche Preis betrug 680,– €.

6. Der Kaufpreis der Eigentumswohnung in Höhe von 254.500,– € wird wie folgt fällig:

    1. bei Beginn der Erdarbeiten

        30 %   = 76.350,– €

    2. bei Rohbaufertigstellung

        28 %   = 71.260,– €

    3. bei Fertigstellung der Rohinstallation ein-
        schließlich Innenputz, ausgenommen jedoch
        Beiputzarbeiten

        17,5 %   = 44.537,50 €

    4. bei Fertigstellung der Schreiner- und Glaser-
        arbeiten, ausgenommen jedoch die Innentüren

        10,5 %   = 26.722,50 €

    5. bei Bezugsfertigkeit und Zug um Zug mit
        Besitzübergabe

        10,5 %   = 26.722,50 €

    6. nach vollständiger Fertigstellung

        3,5 %   = 8.907,50 €

7. a) Wie man aus der Anzeige erkennen kann, empfiehlt der Hersteller un-
        verbindlich einen Preis in Höhe von 3.386,– €.

b) Die HIFI-Anlage kann für 2.294,– € gekauft werden.

c) Anita spart, wie aus der Anzeige ersichtlich ist, 1.092,– €.

Rechnerisch wird der Betrag wie folgt ermittelt:

$$
\begin{array}{r}
3.386,- € \\
- \quad 2.294,- € \\
\hline
= \quad \mathbf{1.092,- €}
\end{array}
$$

d)
$$
\begin{array}{lll}
3.386,- € & = & 100\,\% \\
2.294,- € & = & X\,\% \\
\hline
3.386,- € & = & 100\,\% \\
\end{array}
$$

$$
1,- € \quad = \quad \frac{100}{3.386}
$$

$$
2.294,- € \quad = \quad \frac{100 \times 2.294}{3.386}\,\% = \mathbf{67,74\,\%}
$$

Der Preis ist gesenkt worden um
$$
\begin{array}{r}
100\,\% \\
- \quad 67,74\,\% \\
\hline
= \quad \mathbf{32,26\,\%}
\end{array}
$$

e) Der **Grundwert** (= **G**) beträgt 3.386,– €.

f) Der **Prozentwert** (= **P**) beträgt 2.294,– €.

g) Die **Grundformel** (für den Prozentwert) in der Prozentrechnung lautet:

$$
\boxed{P = \frac{G \times p}{100}}
$$

h) Der **Prozentsatz** wird wie folgt ermittelt:

$$
\boxed{p = \frac{P \times 100}{G}} = \frac{2.294 \times 100}{3.386} = \underline{\mathbf{67,74\,\%}}
$$

8. – **Anja** ist noch keine 4 Jahre in der Sozietät beschäftigt. Sie erhält deshalb im November eine Sonderzahlung in Höhe von 70 % des monatlichen Bruttoentgelts, d. h.

70 % von 2.250,– € entsprechen $\dfrac{70 \times 2.250}{100} = \underline{\mathbf{1.575,- €}}$

– **Angelika** ist seit 6 Jahren in der Sozietät beschäftigt. Sie erhält deshalb im November eine Sonderzahlung in Höhe von 100 % des monatlichen Bruttoentgelts, d.h.

100 % von 3.100,– € entsprechen $\dfrac{100 \times 3.100}{100} = \underline{\mathbf{3.100,- €}}$

– **Judith** ist seit neun Monaten in der Sozietät beschäftigt. Sie erhält deshalb im November eine Sonderzahlung in Höhe von 50 % des monatlichen Bruttoentgelts, d.h.

$$50 \text{ \% von } 1.950,- € \text{ entsprechen } \frac{50 \times 1.950}{100} = \underline{\underline{975,- €}}$$

9. a) – 67,23 m² → 185.000,- €

      1 m² → $\dfrac{185.000}{67,23}$ = **2.751,74 €**

   – 87,11 m² → 240.000,- €

      1 m² → $\dfrac{240.000}{87,11}$ = **2.755,13 €**

   – 95,09 m² → 260.000,- €

      1 m² → $\dfrac{260.000}{95,09}$ = **2.734,25 €**

   – 61,17 m² → 160.000,- €

      1 m² → $\dfrac{160.000}{61,17}$ = **2.615,66 €**

  b) 2.615,66 € → 100 %

     2.755,13 € → X %

$$X = \frac{2.755,13 \times 100}{2.615,66} = \textbf{105,33 \%}$$

Die teuerste Wohnung kostet 5,33 Prozent mehr als die preiswerteste.

10. $2 \text{ \% von } 1.263,- € = \dfrac{1.263}{100} \times 2 = 25,26 €$

       Rechnungsbetrag   1.263,- €

  –   2 % Skonto   25,26 €

                       1.237,74 €

  +   380,- €

                       1.617,74 €

11. Vom Rechnungsbetrag hatte Dr. Wink 2 % Skonto abgezogen. Deshalb entspricht der Überweisungsbetrag 98 %.

   98 %   1.384,74 €

  100 %   X   €

$\dfrac{1.384,74}{98}$ entsprechen 1 %

$\dfrac{1.384,74}{98} \times 100$ entsprechen 100 %

  100 %   = **1.413,- €**

12.

Autohaus Sunshine GmbH			
Lustenberger Str.17; 55052 Mainz			

Frau
Rebecca Flitzer
Achatstraße 3
55128 Mainz

Fahrzeug: Golf MZ-IC 111

	Zeit	Preis	Gesamtpreis
Inspektion	3 h	37,60 €/h	112,80 €
Handbremse einstellen	15 min.		9,40 €
Kraftstofffilter ersetzen	10 min.		6,27 €
Dicht. Nockenwelle erneuert	30 min.		18,80 €
	Zwischensumme:		**147,27 €**

	Material	Stückpreis	Gesamtpreis
• Motoröl	4 l	13,00 €/l	52,00 €
• Ölfilter	1 l	4,50 €/l	4,50 €
• Filterelement	1	14,60 €/Stück	14,60 €
• Zündkerzen	4	4,30 €/Stück	17,20 €
• Sprayöl	0,5	11,00 €/l	5,50 €
• Getriebeöl	0,5 l	7,60 €/l	3,80 €
	Zwischensumme:		**97,60 €**

Auf die mit • gekennzeichneten Materialien gibt es 2 % Skonto.
Die Mehrwertsteuer beträgt 16 %.

Summe vor Steuern:		244,87 €
+ 16 % MwSt:		39,18 €
Summe:		284,05 €
− Skonto:		1,95 €
Endsumme:		**282,10 €**

13. a) **Prüfungskommission I**

Von 15 Prüflingen bestanden **3** die Prüfung nicht.

$$15 \text{ Prüflinge} \rightarrow 100 \%$$

$$1 \text{ Prüfling} \rightarrow \frac{100}{15}$$

$$3 \text{ Prüflinge} \rightarrow \frac{100 \times 3}{15} = \frac{300}{15} = \underline{\mathbf{20 \%}}$$

Die Durchfallquote in Prüfungskommission I betrug 20 %.

Prüfungskommission II

Von 16 Prüflingen bestanden **4** die Prüfung nicht.

16 Prüflinge $\rightarrow$ 100 %

1 Prüfling $\rightarrow$ $\dfrac{100}{16}$

4 Prüflinge $\rightarrow$ $\dfrac{100 \times 4}{16} = \dfrac{400}{16} = \underline{\mathbf{25\ \%}}$

Die Durchfallquote in der Prüfungskommission II betrug 25 %.

Prüfungskommission III

$\quad$ 30 Prüflinge (Rechtsanwalts- und Notarfachangestellte)
$-$ 16 Prüflinge (Kommission II)
$\overline{\quad 14 \text{ Prüflinge (= Prüflinge Kommission III)}}$

14 Prüflinge $\rightarrow$ 100 %

1 Prüfling $\rightarrow$ $\dfrac{100}{14}$

5 Prüflinge $\rightarrow$ $\dfrac{100 \times 5}{14} = \dfrac{500}{14} = \underline{\mathbf{35{,}71\ \%}}$

Die Durchfallquote in der Prüfungskommission III betrug 35,71 %.

b) Von insgesamt 45 Prüflingen haben die Prüfung nicht bestanden:

Kommission $\quad$ I: $\qquad\qquad$ 3 Prüflinge
Kommission $\quad$ II: $\qquad\qquad$ 4 Prüflinge
Kommission $\quad$ III: $\qquad\quad\ \ $ 5 Prüflinge
$\overline{\qquad\qquad\qquad\qquad\qquad\ \ 12 \text{ Prüflinge}}$

Von 45 Prüflingen haben 12 Prüflinge die Prüfung nicht bestanden.

45 Prüflinge $\rightarrow$ 100 %

1 Prüfling $\rightarrow$ $\dfrac{100}{45}$

12 Prüflinge $\rightarrow$ $\dfrac{100 \times 12}{45} = \dfrac{1.200}{45} = \underline{\mathbf{26{,}67\ \%}}$

c) $\quad$ 100 $\quad$ %
$\ \underline{-\quad 26{,}67\ \%}$
$\quad\ \ \underline{\mathbf{73{,}33\ \%}}$

Insgesamt haben von allen Prüflingen **73,33 %** die **Prüfung erfolgreich abgelegt.**

d)

	Prüflinge	bestan- den	nicht be- standen	nicht bestan- den in %	bestanden in %
Kommission I	15	12	3	20 %	80 %
Kommission II	16	12	4	25 %	75 %
Kommission III	14	9	5	35,71 %	64,29 %
Summe	45	33	12	26,67 %	73,33 %

14. a) Wenn nur ein einziger Prüfling in Dresden eine Ausbildung absolviert und in der Prüfung durchfällt, beträgt die Durchfallquote, bezogen auf Dresden, 100 %.

 b) 23 Prüflinge $\rightarrow$ 100 %

 1 Prüfling $\rightarrow$ $\dfrac{100}{23}$

 3 Prüflinge $\rightarrow$ $\dfrac{100 \times 3}{23} =$ __**13,04 %**__

Wenn bei der Bundespatentanwaltskammer in München von 23 Prüflingen 3 Prüflinge die Prüfung nicht bestehen, so entspricht dies einer **Durchfallquote** von **13,04 Prozent**.

15. a) 12 × 57,50 € $\quad = \quad$ 690,– €

 + Anzahlung $\quad = \quad$ 68,– €

 Zahlung von $\qquad\qquad$ 758,– €

 758,– € – 678,– € = 80,– € muss sie mehr bezahlen.

 678 € $\rightarrow$ 100 %

 1 € $\rightarrow$ $\dfrac{100}{678}$ = 0,15 (gerundet)

 80 € $\rightarrow$ 80 × 0,15 = **12 %**

 Susanne Kleinmann muss 12 % mehr bezahlen.

 b) 678,– € – 67,80 € (Abschlag von 10 %) $\qquad$ = 610,20 €

 610,20 € – 12,20 € (Skonto: 2 %) = 598,– €

 Ratenzahlung : 758 €

 – Barzahlung : 598 €

 = 160 €

 758 € $\rightarrow$ 100 %

 1 € $\rightarrow$ $\dfrac{100}{758}$ = 0,13 (gerundet)

 160 € $\rightarrow$ 160 × 0,13 = **20,8 %**

Susanne hätte gegenüber dem Ratenkauf 20,8 % sparen können.

1.6.2 Prozentrechnen mit Hilfe von Tabellenkalkulation und grafische Darstellung

1. (1) Excel starten

(2) Felder benennen:

In das Feld **A1** den Begriff Grundwert schreiben und sich mit der TAB-Taste nach Feld **B1** bewegen.

In Feld **B1** den Begriff Prozentsatz schreiben und sich mit der TAB-Taste nach Feld **C1** bewegen.

(3) Formel $\dfrac{G \times p}{100}$ zur Berechnung des gesuchten Prozentwertes in Feld C1

wie folgt erstellen: Jede **Formel beginnt mit** dem **Gleichheitszeichen** (=). Für jeden Buchstaben in der Formel nach dem Gleichheitszeichen die Feldbezeichnungen A1, B1 in Spalte C eingeben, d.h. im Feld werden folgende Angaben eingegeben.

$\boxed{\textbf{= A1*B1/100}}$ und anschließend Return-Taste drücken. Auf dem Bildschirm erscheint im Feld C1 „#**WERT!**".

(4) Damit die Formel für die nächsten fünf Zahlenbeispiele (siehe Aufgabe) gilt, sind die vorgesehenen Felder in Spalte C mit der oben eingegebenen Formel auszufüllen. Dazu setzt man den Cursor in Feld C1, bewegt die Maus an die rechte untere Feldecke (= C1) bis ein schwarzes Kreuz erscheint. Mit der gedrückten Maus zieht man dieses Kreuz nach unten bis einschließlich Feld C 6.

So wird die Formel in all jene Zeilen übertragen, an deren Ende ein Endergebnis erwartet wird.

Da noch keine Zahlenbeispiele eingegeben sind, erscheint zunächst in jeder Zeile der Spalte C der Wert 0.

(5) – In den Feldern A2 bis A6 werden die Zahlen der **Wahlberechtigten** aus den Betrieben A bis E eingegeben
– In den Feldern B2 bis B6 werden die Zahlen der **prozentualen Beteiligung** eingegeben.

In der Spalte C erscheinen nach dem letzten Eintrag die gewünschten Ergebnisse in Dezimalzahlen.

(6) Nun sollen die **Werte ganzzahlig** dargestellt werden, da es sich um natürliche Personen (Menschen) handelt.

– Die Formel aus Punkt (3) „=A1*B1/100" erneut in **Spalte D** eingeben.
– Felder D1 bis D6 markieren.
– <u>F</u>ormat anklicken
– <u>Z</u>ellen anklicken
– Unter <u>K</u>ategorie „Zahl" anklicken und „<u>D</u>ezimalstellen:" auf 0 setzen.
– Mit OK bestätigen.

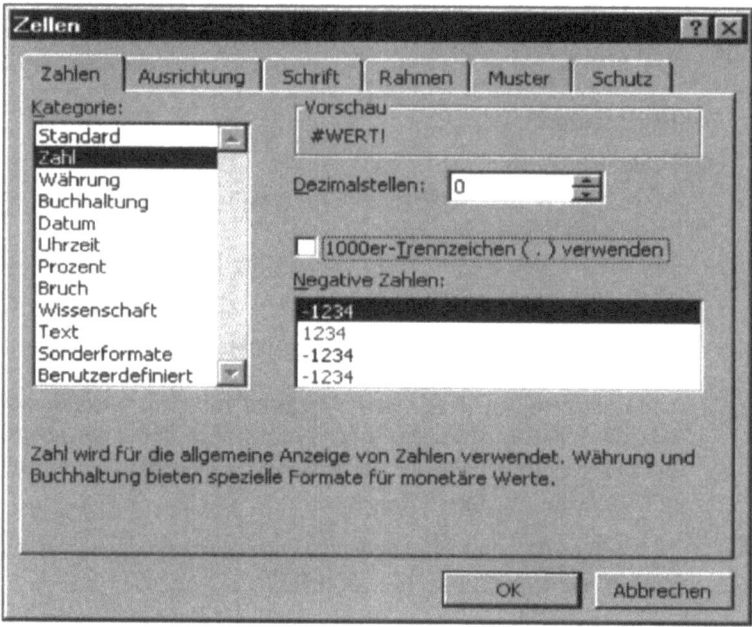

- <u>B</u>earbeiten anklicken
- <u>A</u>usfüllen anklicken
- <u>U</u>nten anklicken.

In Spalte D erscheinen die gewünschten **gerundeten ganzzahligen Werte**.

(7) Speichern nicht vergessen.

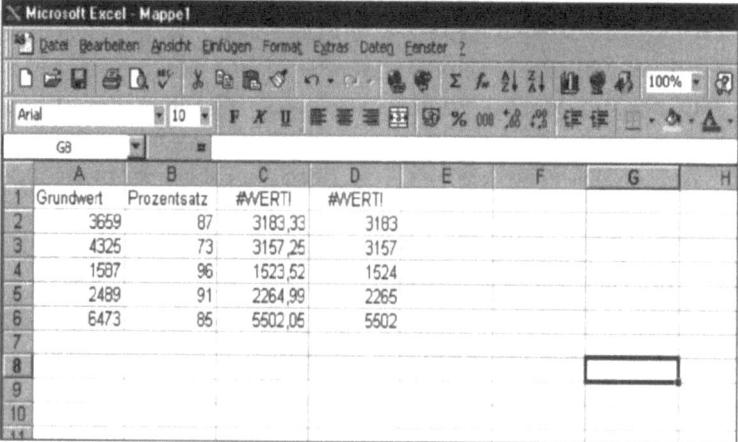

2. a) Emnid, Allensbach und die Gesellschaft für Konsumforschung sind Marktforschungsinstitute.

   b) **Teilerhebung**: Der Teil einer Grundgesamtheit wird befragt (Bsp.. Nur Raucher in bestimmten Städten).

Vollerhebung: Die Grundgesamtheit wird befragt. Als Grundgesamtheit werden beispielsweise alle Deutsche befragt, um herauszufinden, welche Personen Raucher sind.

c) (1) Excel starten.

(2) Felder benennen:

- In Spalte **A Städte** eingeben.
- In das Feld **B1** den Begriff **Prozentwert** schreiben und sich mit der TAB-Taste in Feld C1 bewegen.
- In das Feld **C1** den Begriff **Grundwert** schreiben und sich anschließend mit der TAB-Taste nach D1 begeben.

(3) Formel $\dfrac{p \times 100}{G}$ zur Berechnung des gesuchten Prozentwertes in Feld D1 wie folgt erstellen: Jede **Formel beginnt mit** dem **Gleichheitszeichen** (=). Für jeden Buchstaben in der Formel nach dem Gleichheitszeichen die Feldbezeichnungen B1, C1 in Spalte D eingeben, d.h. im Feld D1 werden folgende Angaben eingegeben.

$\boxed{\text{=B1*100/C1}}$ und anschließend mit der Return-Taste bestätigen.

Auf dem Bildschirm erscheint im Feld D „#WERT!"

(4) – In Spalte **A2 bis A10** die Namen der Städte eingeben.
  – In den Feldern **B2 bis B10** werden die Zahlen der **Raucher** aus den Städten eingegeben.
  – In den Feldern **C2 bis C10** werden die Zahlen der **Befragten** eingegeben.

(5) Damit die Formel für die nächsten neun Zahlenbeispiele (siehe Aufgabe) gilt, sind die vorgesehenen Felder in Spalte D mit der oben eingegebenen Formel auszufüllen. Dazu setzt man den Cursor in Feld **D1**, bewegt die Maus an die rechte untere Feldecke (= D1) bis ein schwarzes Kreuz erscheint. Mit der gedrückten Maus zieht man dieses Kreuz nach unten bis einschließlich Feld D10.

So wird die Formel in all jene Zeilen übertragen, an deren Ende ein Endergebnis erwartet wird.

In der Spalte D erscheinen nach dem letzten Eintrag der Raucher und Befragten die gewünschten Ergebnisse in Dezimalzahlen.

(6) Sollten hinter dem Komma Stellen ausgewiesen sein, so sind folgende Schritte durchzuführen:

- Felder D1 bis D10 markieren.
- Format anklicken.
- Zellen anklicken.
- Unter Kategorie „Zahl" anklicken und „Dezimalstellen:" auf 0 setzen.
- Mit OK bestätigen.

(7) Speichern nicht vergessen!

d) In Magdeburg gibt es laut Umfrage die meisten Raucher, in Kiel die wenigsten.

e) Erstellen eines **Säulendiagramms**:

- Felder **A2 bis A10 markieren** und „**Shift + F8**"-**Tasten** drücken (um eine Mehrfachmarkierung, d.h. Markierung in verschiedenen, nicht nebeneinander liegenden Spalten, zu erreichen). Nun Felder **D2 bis D10 markieren**. Durch die Markierung „erfährt" das Computerprogramm, welche Spalten in die Graphik zu integrieren sind.
- Einfügen anklicken
- Diagramm anklicken (da ein Säulendiagramm zu erstellen ist)
- Es erscheint „Diagramm-Assistent-Schritt 1 von 4"
- „Säule" anklicken
- Ein Diagramm aussuchen und anklicken

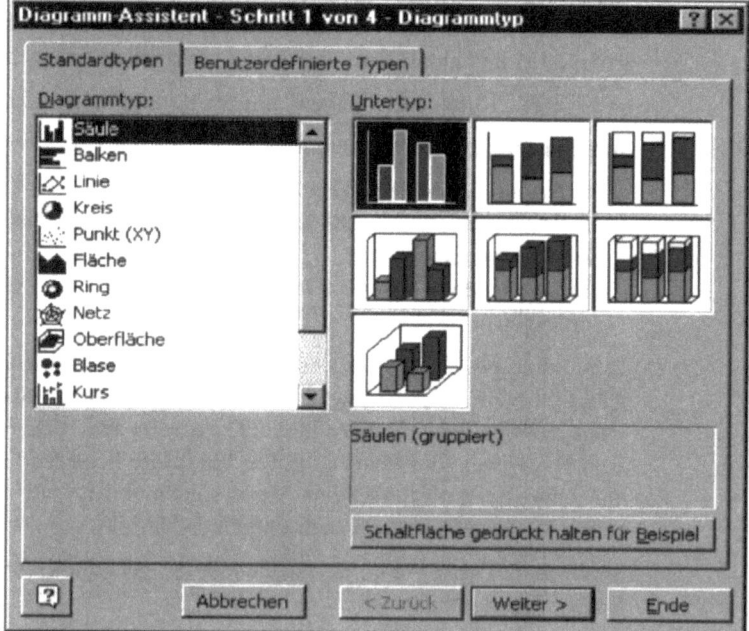

- „Weiter" anklicken. Es erscheint „Diagramm-Assistent-Schritt 2 von 4"
- Spalten anklicken
- „Weiter" anklicken
- Diagrammtitel eingeben, d.h. „Prozentsätze der Raucher in ausgewählten Städten"
- Im Feld „Rubrikenachse[X]" im freien Feld anklicken und mit „Städte" beschriften. Damit ist die X-Achse benannt.
- Im Feld „Größenachse[Y]" im freien Feld anklicken und mit „Wert in %" beschriften. Damit ist die Y-Achse benannt.

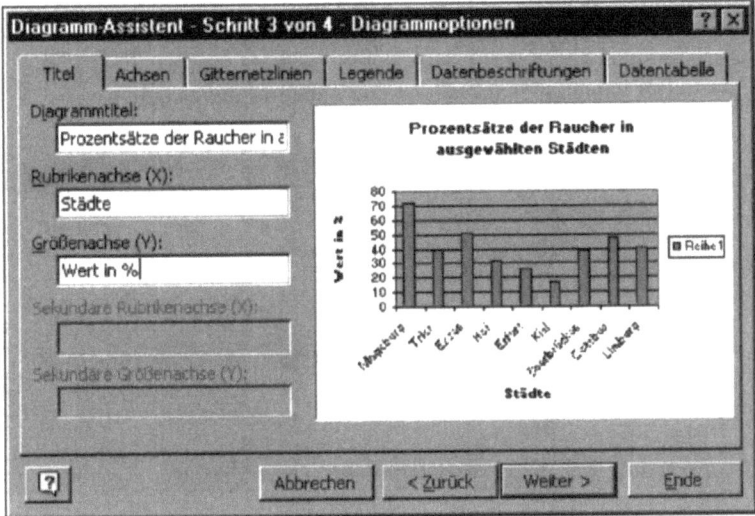

- – In der Kopfzeile „Legende" anklicken
- – „Legende anzeigen" abklicken

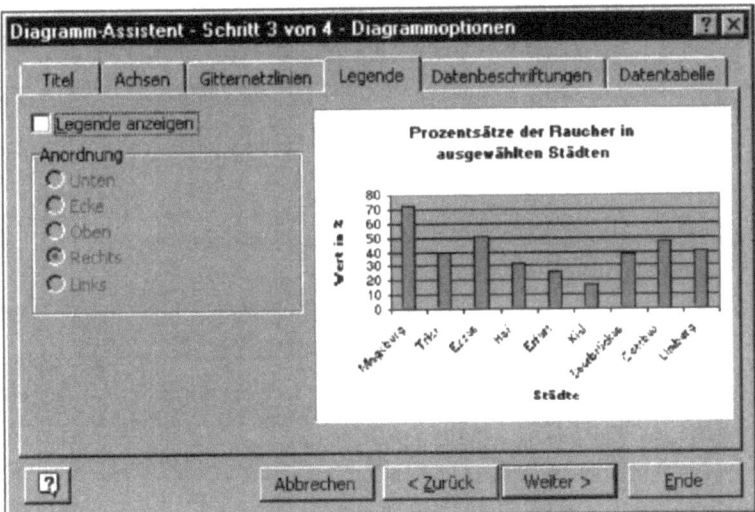

- – „Weiter" anklicken
- – Es erscheint „Diagramm-Assistent-Schritt 4 von 4"

entweder (Diagramm in Excel-Tabelle integrieren):

– „Als Objekt in:" auswählen und Tabelle 1 aussuchen

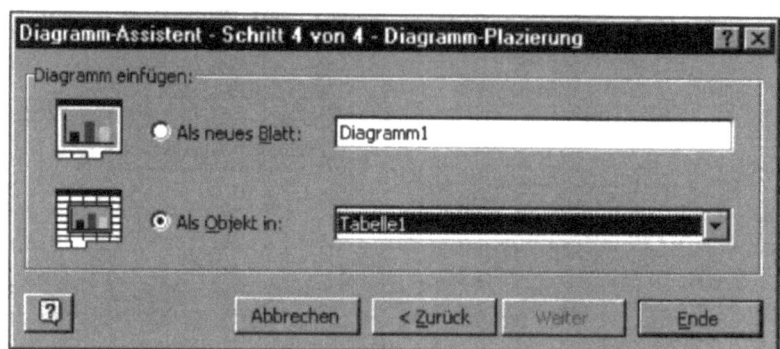

– Ende anklicken

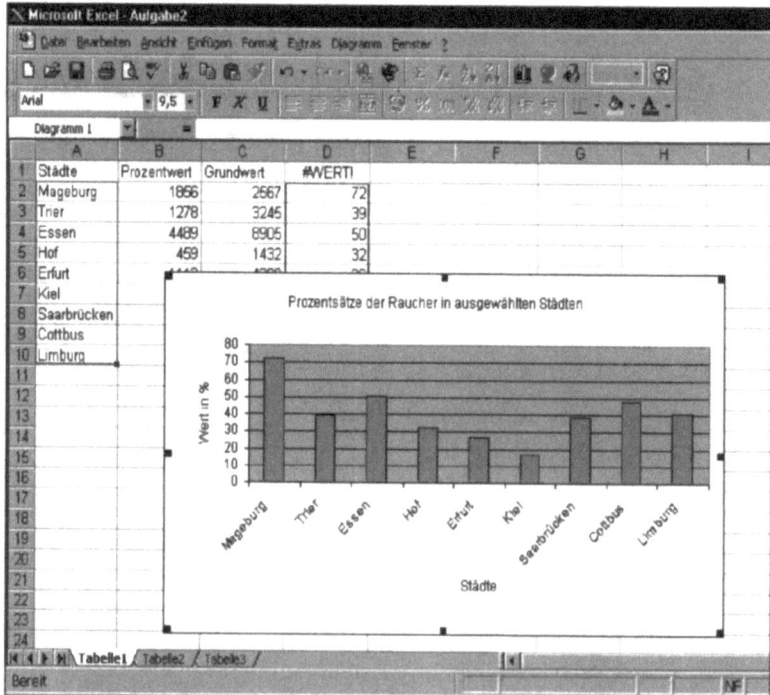

– Datei anklicken
– Speichern anklicken

oder (Diagramm als neues Blatt darstellen:

– Im „Diagramm-Assistent-Schritt 4 von 4" „Als neues Blatt:" auswählen

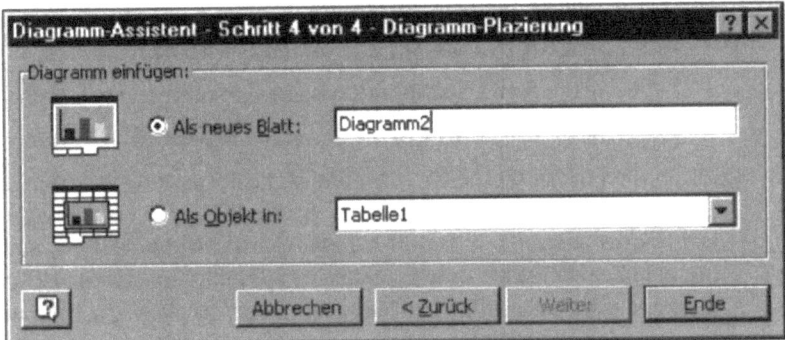

– Ende anklicken

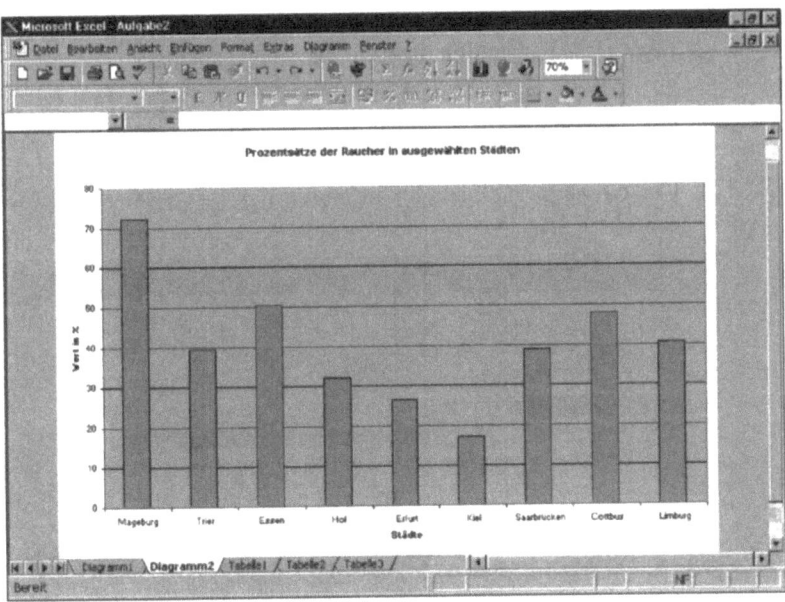

3. (1) Excel starten

(2) Die Felder **A1, B1, C1** beschriften mit Städte, Prozentwert, Prozentsatz und in Spalte **D** die **Formel** für den gesuchten Grundwert eingeben. Zu beachten ist, dass jede Formel mit einem Gleichheitszeichen beginnt. Die Formel lautet folglich: „**=B1*100/C1**".

(3) – In der Spalte **A (A2 bis A6)** die **Namen der Städte** eingeben.

– In der Spalte **B (B2 bis B6)** die einzelnen **Prozentwerte** eingeben.

– In die Spalte **C (C2 bis C6)** die einzelnen **Prozentsätze** eingeben.

(4) Damit die Formel für die nächsten fünf Zahlenbeispiele (siehe Aufgabe) gilt, sind die vorgesehenen Felder in Spalte **D** mit der oben eingegebenen Formel auszufüllen. Dazu setzt man den Cursor in Feld D1, bewegt die Maus an die rechte untere Feldecke (= D1) bis ein schwarzes Kreuz erscheint. Mit der gedrückten Maus zieht man dieses Kreuz nach unten bis einschließlich Feld D6.

So wird die Formel in all jene Zeilen übertragen, an deren Ende ein Endergebnis erwartet wird.

(5) Da es sich in der Aufgabe beim Grundwert um Personen handelt, sind die Ergebnisse **ganzzahlig** darzustellen.

– Spalte D markieren.
– Forma<u>t</u> anklicken
– <u>Z</u>ellen anklicken
– Unter <u>K</u>ategorie „Zahl" anklicken und „<u>D</u>ezimalstellen:" auf 0 setzen.

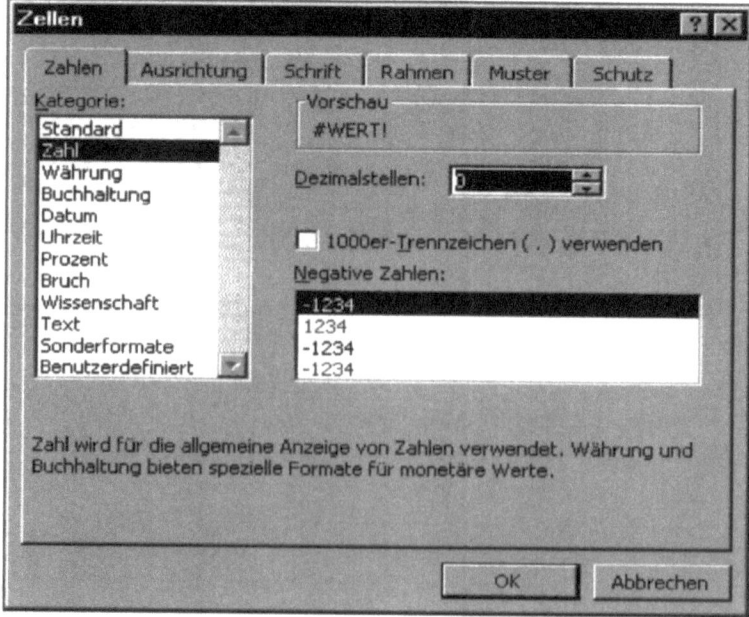

– Mit OK bestätigen.

(6) Datei anklicken und „Speichern unter" (Bsp.: Schüler)

Städte	Prozentwert	Prozentsatz	#WERT!
Hannover	1234	46	2683
Düsseldorf	987	65	1518
Koblenz	532	37	1438
Freiburg	497	41	1212
Würzburg	1135	59	1924

4. a) Im Vergleich Jahr 1 zu Jahr 2 ist der Umsatz um rund 24.000,- € gestiegen.
   Im Vergleich Jahr 2 zu Jahr 3 ist der Umsatz um rund 19.000,- € gestiegen.
   Im Vergleich Jahr 3 zu Jahr 4 ist der Umsatz um rund 8.000,- € gesunken.
   Im Vergleich Jahr 4 zu Jahr 5 ist der Umsatz um rund 4.000,- € gestiegen.
   Im Vergleich Jahr 5 zu Jahr 6 ist der Umsatz um rund 5.000,- € gestiegen.

   b) (1) Excel starten

   (2) Datei benennen
   – Datei anklicken
   – Speichern unter „Umsatz"

   (3) – Ab Feld A1 bis A6 die Jahreszahlen Jahr 1 bis Jahr 6 eingeben. Im Feld A7
      eingeben: Jahr 2 bis Jahr 6
   – Spalte **B** mit „**Grundwert**" beschriften
   – Spalte **C** mit „**Prozentwert**" beschriften
   – In Spalte **D** Formel (für Prozentsatz p eingeben): „=C1*100/B1" – mit Re-
      turn-Taste bestätigen.
   – Damit die Formel für die nächsten sechs Zahlenbeispiele (siehe Aufgabe)
      gilt, sind die vorgesehenen Felder in Spalte D mit der oben eingegebenen
      Formel auszufüllen. Dazu setzt man den Cursor in Feld D1, bewegt die Maus
      an die rechte untere Feldecke (= D1) bis ein schwarzes Kreuz erscheint. Mit
      der gedrückten Maus zieht man dieses Kreuz nach unten bis einschließlich
      Feld D7. Es erscheint „**#DIV/0!**"
   – Werte aus der Aufgabe in Spalte B und C eingeben.
   – In Spalte B: 54 000 aus Jahr 1 eingeben. In die folgenden Felder den jeweili-
      gen Umsatz des Vorjahres eingeben.
   – In Spalte C: aktuelle Umsätze eingeben.

   c) **absolut**:
   Jahr 6:   98.000,- €
   Jahr 1 –   54.000,- €
   ─────────────────────
        = **44.000,- €**

   Der Umsatz ist im Jahre Jahr 6 im Vergleich zu Jahr 1 um absolut
   44.000,- € gestiegen.

prozentual:

In Zeile 7 den Grundwert 54.000,– € und als Prozentwert den Umsatz aus Jahr 6 = 98.000,– € eingeben. Es ist zu erkennen, dass sich der Umsatz im Jahr 6 im Vergleich zum Gründungsjahr Jahr 1 **auf** rund 181 Prozent, d.h. **um** rund 81 Prozent erhöht hat.

Die Spalte D soll ganzzahlig erscheinen, um erkennen zu lassen, **auf** wie viel Prozent sich die Umsätze geändert haben.

- Spalte D markieren
- Format anklicken
- Zellen anklicken
- Zahl anklicken
- Dezimalstellen auf 0 setzen

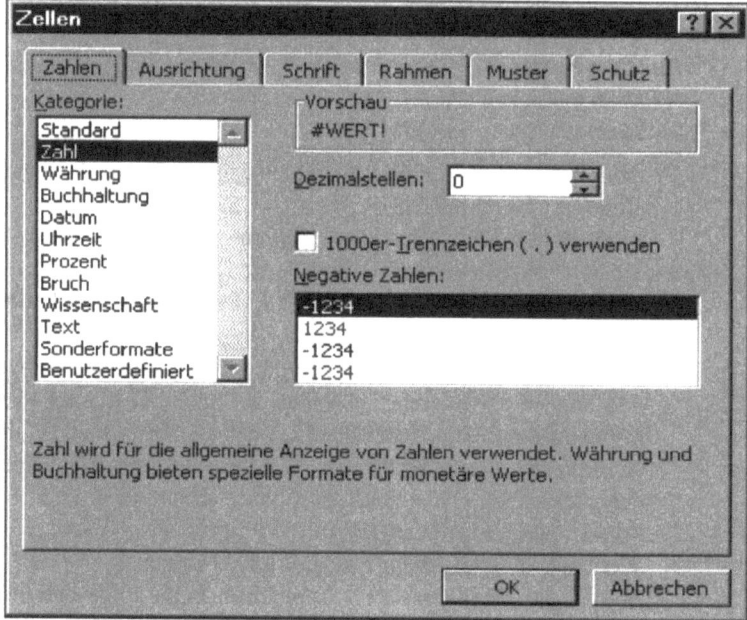

Um in Spalte E festzuhalten, **um** wie viel Prozent sich die Umsätze geändert haben, sind folgende Schritte durchzuführen:

- Formel in Spalte E eingeben: „**=D1-100**" – Return-Taste
- Formel nach unten ausfüllen: Cursor wieder auf E1; mit der Maus ans rechte untere Ende des Feldes, bis schwarzes Kreuz erscheint; angeklickte Maus nach unten ziehen.
- Es erscheinen in der Spalte E die gerundeten Umsätze, *um* die die Umsätze gestiegen oder gefallen sind.

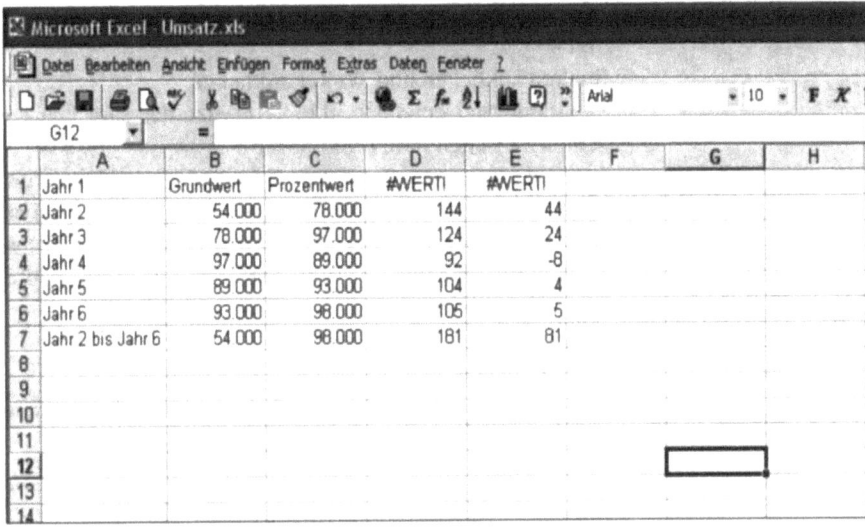

d) – Spalten A und E markieren (um eine Mehrfachmarkierung zu erreichen, die Tasten Shift + F8 drücken): A1 bis A7 und E1 bis E7
   – Einfügen anklicken
   – Diagramm anklicken
   – Es erscheint „Diagramm-Assistent-Schritt 1 von 4"
   – „Linie" anklicken und „Diagrammuntertyp:" aussuchen, also eines der sieben angegebenen Diagramme

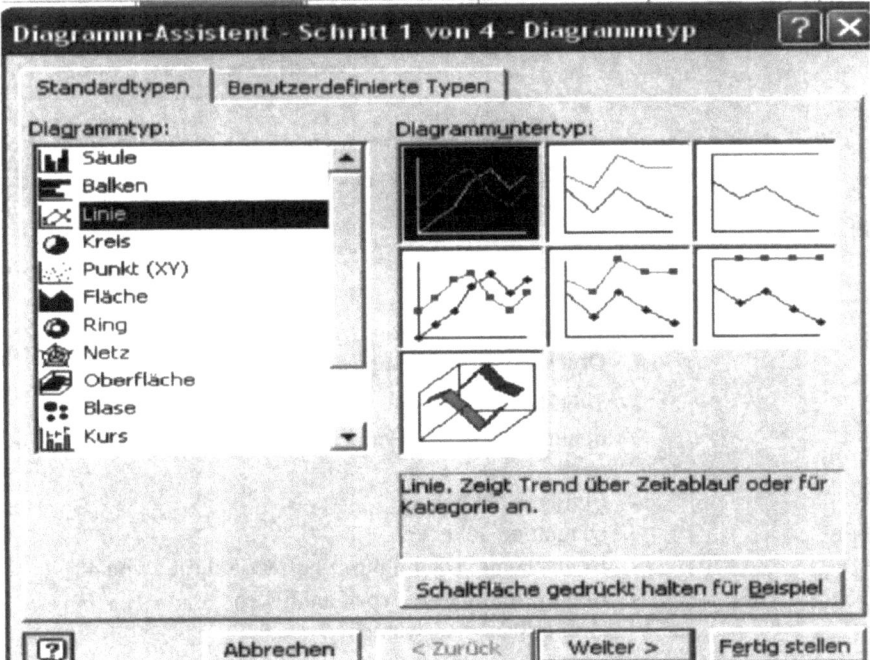

- „Weiter" anklicken. Es erscheint „Diagramm-Assistent-Schritt 2 von 4"
- <u>S</u>palten anklicken und Weiter anklicken
- <u>D</u>iagrammtitel eingeben, d.h. „Umsätze der Jörg Ganz KG in Prozenten zwischen Jahr 1 und Jahr 6"
- Im Feld „Rubrikenachse[X]" im freien Feld anklicken und mit „Jahre Jahr 1 bis Jahr 6" beschriften. Damit ist die X-Achse benannt.
- Im Feld „Größenachse[Y]" im freien Feld anklicken und mit „Umsatzentwicklung in %" beschriften. Damit ist die Y-Achse benannt.
- In der Kopfzeile „Legende" anklicken
- „<u>L</u>egende anzeigen" abklicken
- Weiter anklicken
- „Als neues <u>B</u>latt" anklicken und „<u>F</u>ertig stellen" anklicken

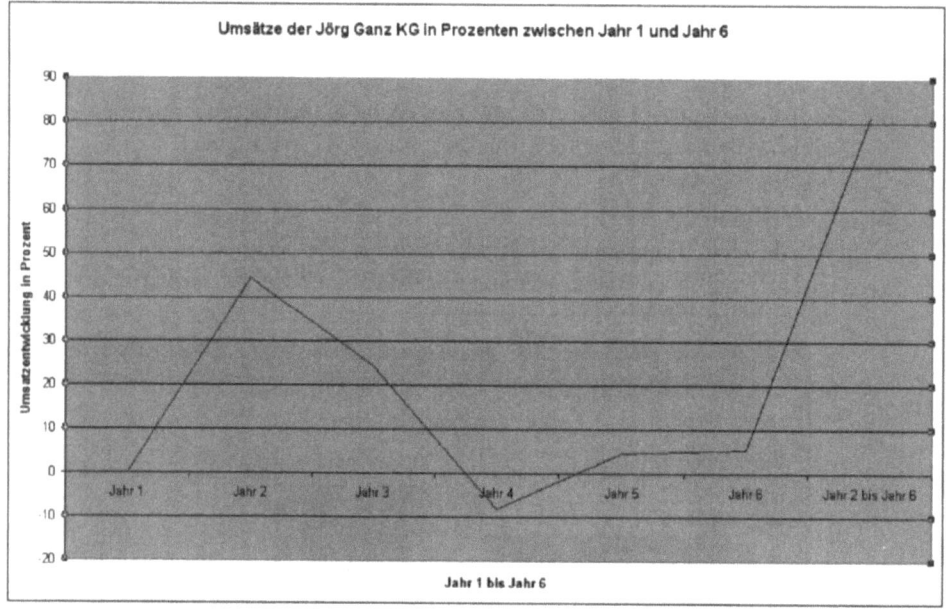

- Speichern
- Drucken (siehe Schaubild)

e) – Tabelle 1 anklicken
- Spalten A, D und E ganz markieren (D und E mit Shift + F8 markieren)
- <u>E</u>infügen anklicken
- <u>D</u>iagramm anklicken
- Es erscheint „Diagramm-Assistent-Schritt 1 von 4"
- Benutzerdefinierte Typen anklicken
- „Linie-Säule" auswählen

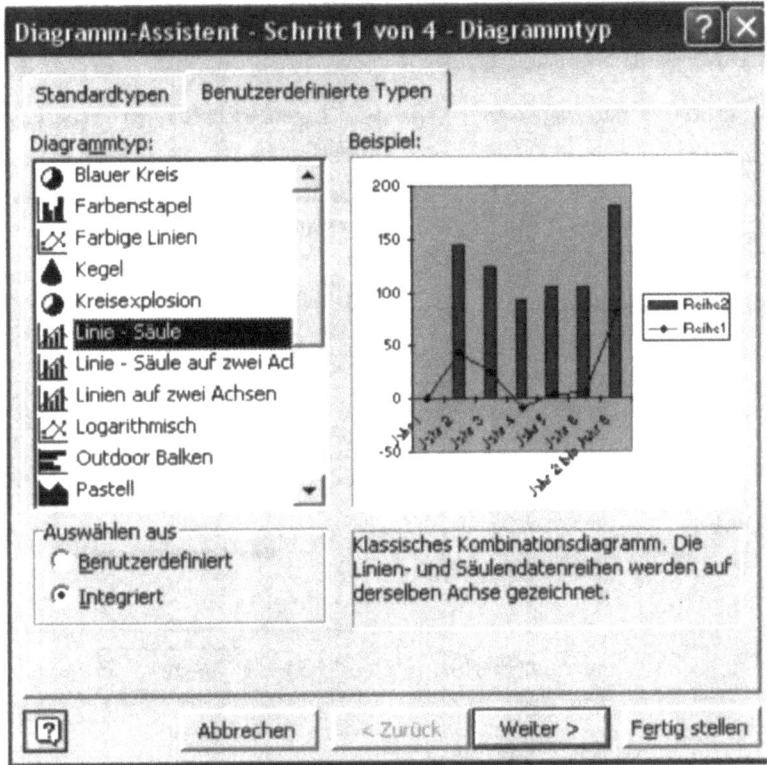

- „Weiter" anklicken. Es erscheint „Diagramm-Assistent-Schritt 2 von 4"

- Spalten anklicken und Weiter anklicken

- Diagrammtitel eingeben, d.h. „Umsätze der Jörg Ganz KG in Prozenten zwischen Jahr 1 und Jahr 6"

- Im Feld „Rubrikenachse[X]" im freien Feld anklicken und mit „Umsatzvergleichszahlen" beschriften. Damit ist die X-Achse benannt.

- Im Feld „Größenachse[Y]" im freien Feld anklicken und mit „Umsatzentwicklung in %" beschriften. Damit ist die Y-Achse benannt.

- In der Kopfzeile „Legende" anklicken

- „Legende anzeigen" abklicken

- Um die **Prozentzahlen** in der Graphik sichtbar zu machen, ist wie folgt zu verfahren:
    - „Datenbeschriftungen" anklicken
    - Wert anzeigen

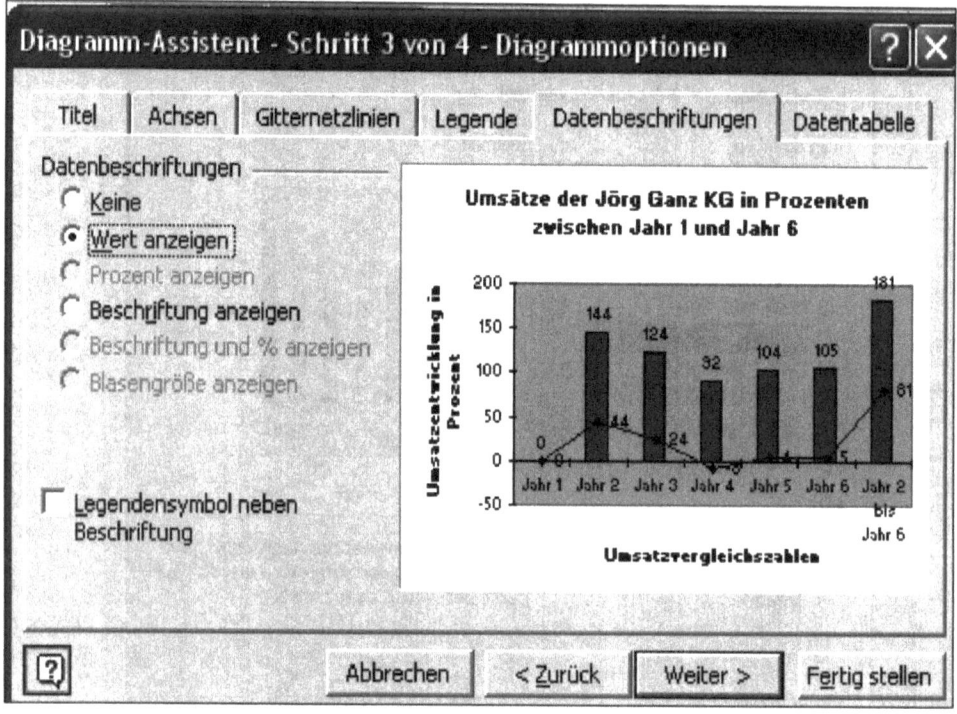

–   „Als neues Blatt" anklicken
–   „Fertig stellen" anklicken

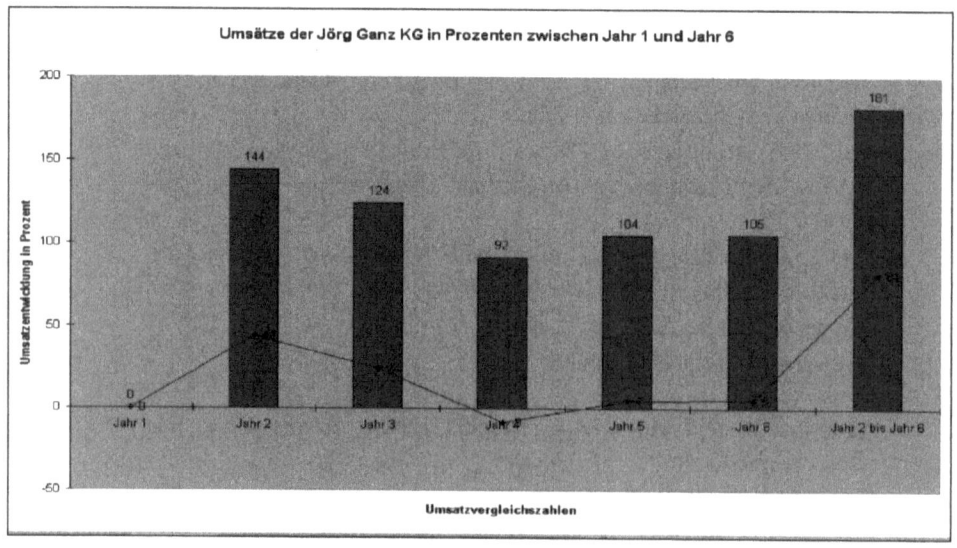

–   Speichern

In dem ausgedruckten „Verbunddiagramm" von Säule und Linie sind zwei Diagramme zu erkennen:

- Das Säulendiagramm gibt an, auf wie viel Prozent im Vergleich zum Vorjahr die Umsätze gestiegen/gefallen sind.

- Das Liniendiagramm gibt an, um wie viel Prozent im Vergleich zum Vorjahr die Umsätze gestiegen/gefallen sind.

- Die letzte Säule (6. Säule) stellt einen Vergleich des Gründungsjahres zum Berichtsjahr Jahr 6 dar.

1.7 Zinsrechnen einschließlich Effektivverzinsung

1. a) Hans Kleinvieh hat 7.500,– € im Lotto gewonnen. Er zahlt nicht den gesamten Betrag auf ein neues Sparbuch (= Sparkonto) bei einer Bank oder Sparkasse oder bei der Postbank ein, sondern nur zwei Drittel des Betrages.

$$\frac{1}{3} \text{ von } 7.500,\!-\,€ = \frac{7.500}{3} \qquad = 2.500,\!-\,€$$

$$\frac{2}{3} \text{ ergeben folglich } 2.500,\!- \times 2 \qquad = \mathbf{5.000,\!-\,€}$$

b) Die **Tageszinsformel** lautet $\boxed{z = \dfrac{K \times i \times p}{100 \times \mathbf{360}}}$

c)
> z = **Zinsen**
> K = **Kapital**
> p = **Zinsfuß oder Zinssatz**
> i = **Zeit**
>
> In der Literatur wird für den Faktor Zeit auch die Abkürzung „t" gewählt. Um sich jedoch die Zinsformel (als so genannte „Kip-Formel") besser einprägen zu können, wird in diesem Buch für die **Zeit** der Buchstabe **i** gewählt.

d) Hans Kleinvieh hat auf einem Sparkonto 5.000,– € im Zeitraum vom 1.3. bis zum 31.12. eines Jahres bei einem Zinsfuß von 6 % angelegt. Sein Geld wird folglich in einem Zeitraum von 10 Monaten bzw. 300 Tagen verzinst. Um die Zinsen zu berechnen, sind die in der Aufgabe genannten Größen in die Formel einzusetzen.

Tageszinsformel $\qquad z = \dfrac{K \times i \times p}{100 \times 360} = \dfrac{5.000 \times 300 \times 6}{100 \times 360}$

$$z = \underline{\mathbf{250,\!-\,€}}$$

e) Am 31.12. wird auf dem Sparbuch folgender Betrag ausgewiesen:

	Kapital	5.000,– €
+	Zinsen	250,– €
=		**5.250,– €**

f) Die **Monatszinsformel** lautet $\quad z = \dfrac{K \times i \times p}{100 \times 12}$

g) **Monatszinsformel** $\qquad z = \dfrac{K \times i \times p}{100 \times 12} = \dfrac{5.000 \times 10 \times 6}{100 \times 12}$

$$z = \underline{\underline{\textbf{250,– €}}}$$

h) Die Tages-, Monats- und Jahreszinsformel unterscheiden sich lediglich durch eine im Nenner geänderte Größe voneinander.

Die **Tageszinsformel** lautet $\qquad z = \dfrac{K \times i \times p}{100 \times \mathbf{360}}$

Die **Monatszinsformel** lautet $\qquad z = \dfrac{K \times i \times p}{100 \times \mathbf{12}}$

Die **Jahreszinsformel** lautet $\qquad z = \dfrac{K \times i \times p}{100 \times \mathbf{1}}$

2. Die Berechnung der Zinsen erfolgt mit Hilfe der **Jahreszinsformel**:

Die **Jahreszinsformel** lautet $\qquad z = \dfrac{K \times i \times p}{100 \times \mathbf{1}}$

a) $z = \dfrac{K \times i \times p}{100 \times 1} = \dfrac{24.500 \times 4 \times 6}{100 \times 1} = \quad \underline{\underline{\textbf{5.880,– €}}}$

b) $z = \dfrac{K \times i \times p}{100 \times 1} = \dfrac{6.800 \times 6 \times 4}{100 \times 1} = \quad \underline{\underline{\textbf{1.632,– €}}}$

c) $z = \dfrac{K \times i \times p}{100 \times 1} = \dfrac{8.400 \times 15 \times 4}{100 \times 1} = \quad \underline{\underline{\textbf{5.040,– €}}}$

d) $z = \dfrac{K \times i \times p}{100 \times 1} = \dfrac{200 \times 30 \times 3,5}{100 \times 1} = \quad \underline{\underline{\textbf{210,– €}}}$

e) $z = \dfrac{K \times i \times p}{100 \times 1} = \dfrac{84.000 \times 8 \times 6}{100 \times 1} = \quad \underline{\underline{\textbf{40.320,– €}}}$

f) $z = \dfrac{K \times i \times p}{100 \times 1} = \dfrac{10.000 \times 5 \times 8,5}{100 \times 1} = \quad \underline{\underline{\textbf{4.250,– €}}}$

	Kapital	**Zinssatz**	**Jahre**	**Zinsen**
a)	24.500,– €	6 %	4	**5.880,– €**
b)	6.800,– €	4 %	6	**1.632,– €**
c)	8.400,– €	4 %	15	**5.040,– €**
d)	200,– €	3,5 %	30	**210,– €**
e)	84.000,– €	6 %	8	**40.320,– €**
f)	10.000,– €	8,5 %	5	**4.250,– €**

3. Die **Monatszinsformel** lautet $\boxed{z = \dfrac{K \times i \times p}{100 \times 12}}$

4. a) $z = \dfrac{K \times i \times p}{100 \times 12} = \dfrac{12.600 \times 8 \times 4,5}{100 \times 12} = \underline{\underline{378,-\ €}}$

   b) $z = \dfrac{K \times i \times p}{100 \times 12} = \dfrac{20.500 \times 10 \times 6}{100 \times 12} = \underline{\underline{1.025,-\ €}}$

   c) $z = \dfrac{K \times i \times p}{100 \times 12} = \dfrac{4.800 \times 6 \times 8}{100 \times 12} = \underline{\underline{192,-\ €}}$

   d) $z = \dfrac{K \times i \times p}{100 \times 12} = \dfrac{12.200 \times 12 \times 5}{100 \times 12} = \underline{\underline{610,-\ €}}$

   e) $z = \dfrac{K \times i \times p}{100 \times 12} = \dfrac{8.250 \times 36 \times 4}{100 \times 12} = \underline{\underline{990,-\ €}}$

   f) $z = \dfrac{K \times i \times p}{100 \times 12} = \dfrac{35.000 \times 60 \times 7}{100 \times 12} = \underline{\underline{12.250,-\ €}}$

	Kapital	**Zinssatz**	**Monate**	**Zinsen**
a)	12.600,– €	4,5 %	8	**378,– €**
b)	20.500,– €	6 %	10	**1.025,– €**
c)	4.800,– €	8 %	6	**192,– €**
d)	12.200,– €	5 %	12	**610,– €**
e)	8.250,– €	4 %	36	**990,– €**
f)	35.000,– €	7 %	60	**12.250,– €**

5. – Excel starten
   – In die Spalte A „Kapital" Schreiben und Return-Taste drücken
   – In die Spalte B „Zinssatz" Schreiben und Return-Taste drücken
   – In die Spalte C „Monate" Schreiben und Return-Taste drücken
   – In die Spalte D die Formel wie folgt eingeben:
      – Mit = beginnen
      – Statt K und i und p einzugeben, sind die Feldbezeichnungen wie a1 (für K), b1 und c1 zu schreiben und an Stelle des sonst üblichen Multiplikationszeichens ist das Zeichen „*" zu wählen.
      – Da die Formel nicht ganz in Spalte D passt, muss diese verbreitert werden. Mit der Maus geht man auf das Spaltenende von D ganz oben in der Buchstaben-Zeile und zieht die angeklickte Maus nach rechts.
      – Der Bruchstrich als horizontaler Strich in Spalte D wird durch das Zeichen „/" über der Ziffer 7 in der Tastatur ersetzt.
      – Return-Taste drücken

- 100 anfügen und Return-Taste drücken.
- Divisionszeichen „/" eingeben und Return-Taste drücken.
- 12 eingeben und Return-Taste drücken.

Die sich so ergebende Formel zur Berechnung der Zinsen mit Hilfe der Monatszinsformel lautet

| = a1*c1*b1/100/12 |

- In die einzelnen Spalte die Werte aus Aufgabe a) bis f) für Kapital, Zinsfuß und Monate eingeben. Nach jedem eingegebenen Wert (z.B. 12.600 unter Kapital aus Aufgabe a)) ist eine Return-Taste oder eine Cursortaste zu drücken.

- Mit dem Cursor in die rechte untere Ecke des Feldes D gehen und mit angeklickter Maus die Formel nach unten ziehen. Die Ergebnisse für die Aufgabe a) bis f) erscheinen nun in der Spalte D.

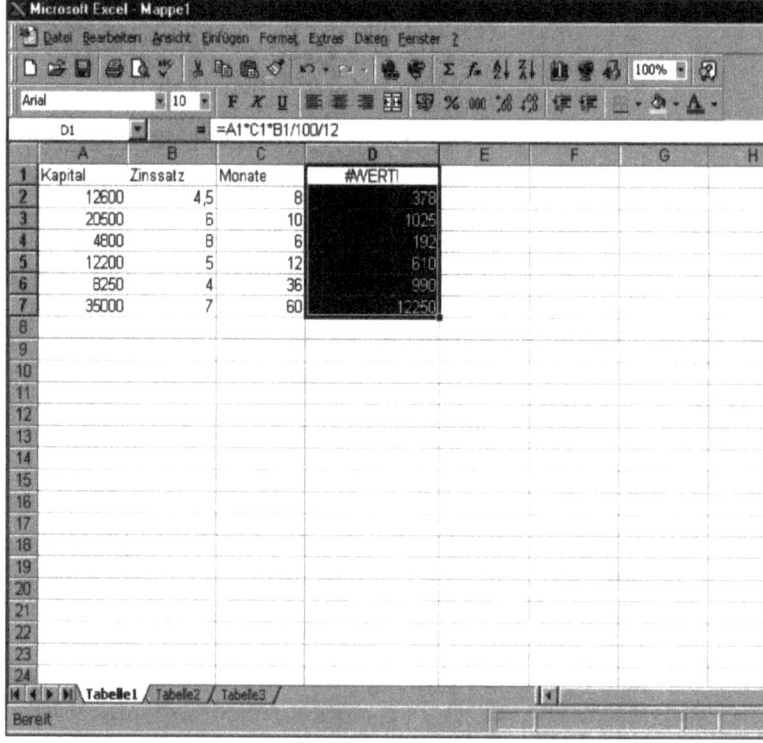

Um für diese Tabelle die Überschrift „Zinsrechnung mit Monatszins-formel" zu erzeugen sind folgende Schritte nötig:

- Datei anklicken

- Seite einrichten ...

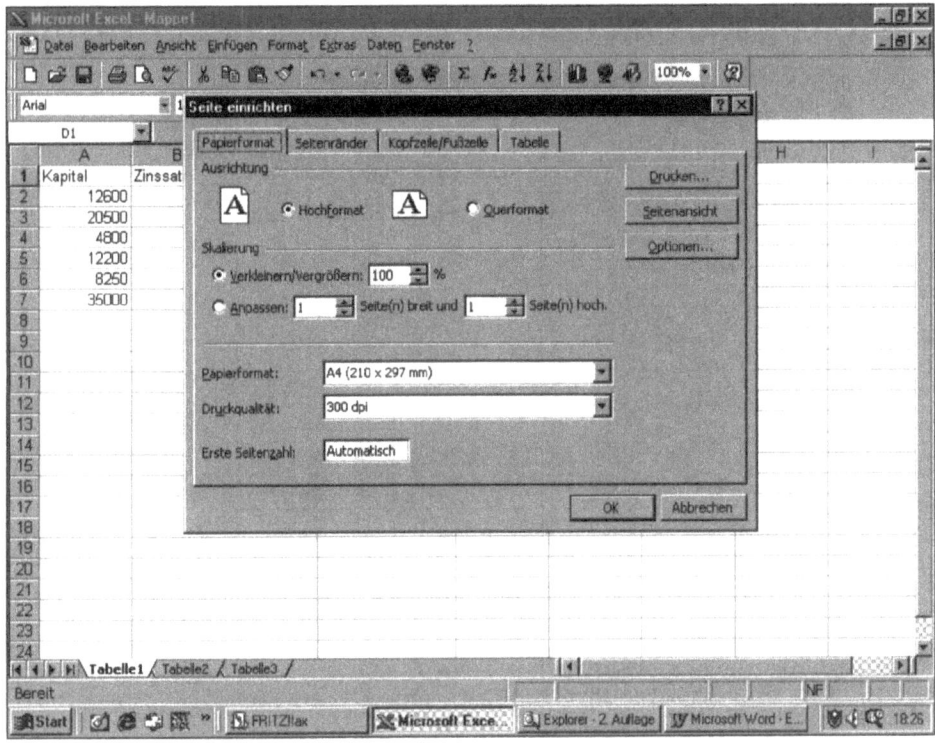

- Kopfzeile/Fußzeile
- <u>B</u>enutzerdefinierte Kopfzeile ....
- Mit der Maus in <u>M</u>ittlerer Bereich ....
- Text „Zinsrechnung mit Monatszinsformel" einfügen

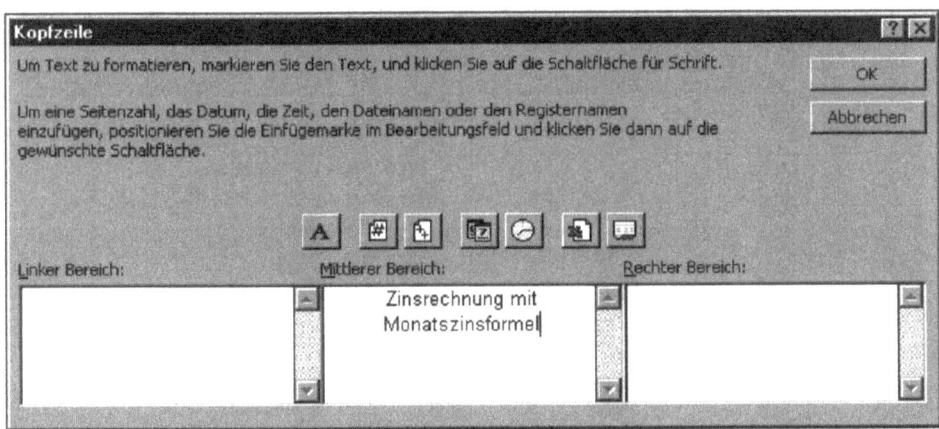

- OK
- Tabelle anklicken
- <u>G</u>itternetzlinien anklicken

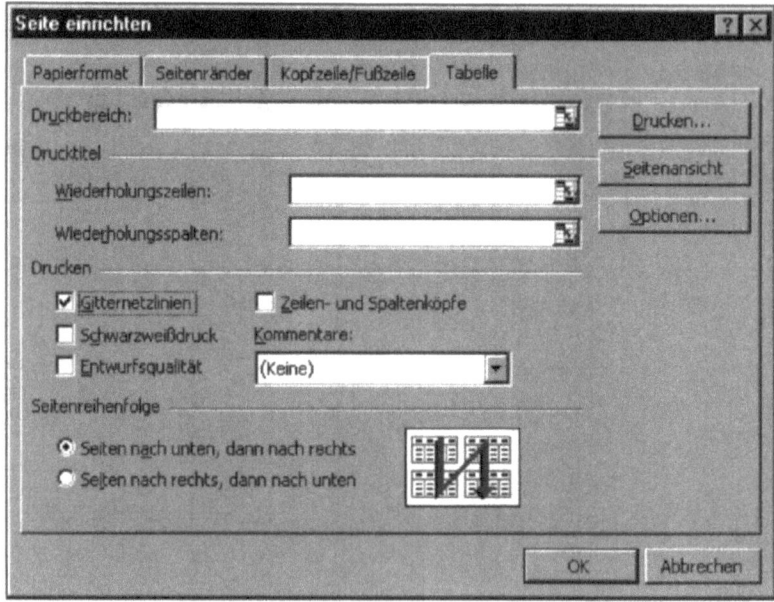

- Seitenansicht anklicken
- mit Zoom Ansicht vergrößern
- Schließen anklicken
- OK anklicken
- Drucken

Um für diese Tabelle die Überschrift „Zinsrechnung mit Monatszinsformel" zu erzeugen sind folgende Schritte nötig:

- Datei anklicken
- Seite einrichten ...

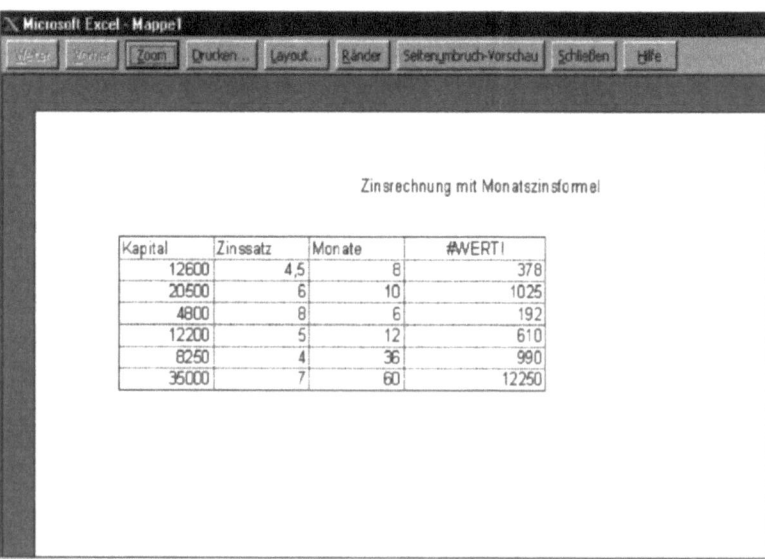

6. Die **Tageszinsformel** lautet: $\quad z = \dfrac{K \times i \times p}{100 \times 360}$

a) $\quad z = \dfrac{K \times i \times p}{100 \times 360} = \dfrac{1.800 \times 236 \times 10}{100 \times 360} \quad = \quad \underline{\underline{118,00\ \text{€}}}$

b) $\quad z = \dfrac{K \times i \times p}{100 \times 360} = \dfrac{10.800 \times 85 \times 4}{100 \times 360} \quad = \quad \underline{\underline{102,00\ \text{€}}}$

c) $\quad z = \dfrac{K \times i \times p}{100 \times 360} = \dfrac{8.400 \times 124 \times 6}{100 \times 360} \quad = \quad \underline{\underline{173,60\ \text{€}}}$

d) $\quad z = \dfrac{K \times i \times p}{100 \times 360} = \dfrac{22.400 \times 180 \times 8}{100 \times 360} \quad = \quad \underline{\underline{896,00\ \text{€}}}$

e) $\quad z = \dfrac{K \times i \times p}{100 \times 360} = \dfrac{12.400 \times 1.200 \times 6}{100 \times 360} \quad = \quad \underline{\underline{2.480,00\ \text{€}}}$

f) $\quad z = \dfrac{K \times i \times p}{100 \times 360} = \dfrac{30.800 \times 720 \times 8}{100 \times 360} \quad = \quad \underline{\underline{4.928,00\ \text{€}}}$

	Kapital	**Zinssatz**	**Jahre**	**Zinsen**
a)	1.800,–	10 %	236	**118,00 €**
b)	10.800,–	4 %	85	**102,00 €**
c)	8.400,–	6 %	124	**173,60 €**
d)	22.400,–	8 %	180	**896,00 €**
e)	12.400,–	6 %	1.200	**2.480,00 €**
f)	30.800,–	8 %	720	**4.928,00 €**

7. – Excel starten

   – In die Spalte A „Kapital" Schreiben und Return-Taste drücken

   – In die Spalte B „Zinssatz" Schreiben und Return-Taste drücken

   – In die Spalte C „Tage" Schreiben und Return-Taste drücken

   – In die Spalte D die Formel wie folgt eingeben:

       – Mit = beginnen

       – Statt K und i und p einzugeben, sind die Feldbezeichnungen wie a1 (für K), b1 und c1 zu schreiben und an Stelle des sonst üblichen Multiplikationszeichens ist das Zeichen „*" zu wählen.

       – Da die Formel nicht ganz in Spalte D passt, muss diese verbreitert werden. Mit der Maus geht man auf das Spaltenende von D ganz oben in der Buchstaben-Zeile und zieht die angeklickte Maus nach rechts.

       – Der Bruchstrich als horizontaler Strich in Spalte D wird durch das Zeichen „/" über der Ziffer 7 in der Tastatur ersetzt.

       – Return-Taste drücken

- 100 anfügen und Return-Taste drücken.
- Divisionszeichen „/" eingeben und Return-Taste drücken.
- 360 eingeben und Return-Taste drücken.

Die sich so ergebende Formel zur Berechnung der Zinsen mit Hilfe der Tageszinsformel lautet

$$= a1*c1*b1/100/360$$

- In die einzelnen Spalte die Werte aus Aufgabe a) bis f) für Kapital, Zinsfuß und Tage eingeben. Nach jedem eingegebenen Wert (z.B. 1.800 unter Kapital aus Aufgabe a))ist eine Return-Taste oder eine Cursortaste zu drücken).
- Mit dem Cursor in die rechte untere Ecke des Feldes D gehen und mit angeklickter Maus die Formel nach unten ziehen. Die Ergebnisse für die Aufgabe a) bis f) erscheinen nun in der Spalte D.

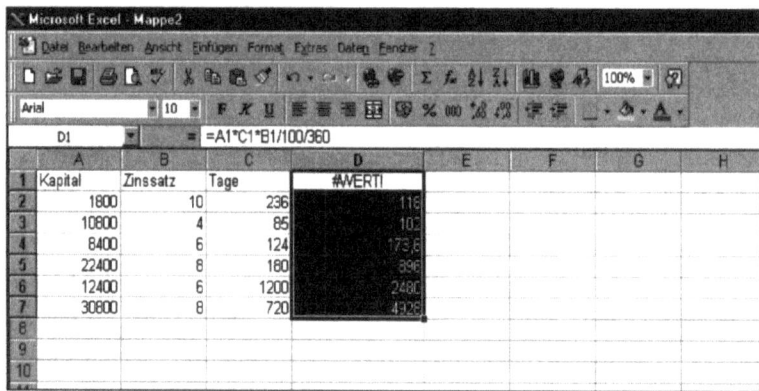

Um für diese Tabelle die Überschrift „Zinsrechnung mit Tageszinsformel" zu erzeugen sind folgende Schritte nötig:

- Datei anklicken
- Seite einrichten ...

- Kopfzeile/Fußzeile B
- Benutzerdefinierte Kopfzeile ....
- Mit der Maus in Mittlerer Bereich ....
- Text „Zinsrechnung mit Tageszinformel" einfügen
- OK
- Tabelle anklicken
- Gitternetzlinien anklicken

- Seitenansicht anklicken
- mit Zoom Ansicht vergrößern
- Schließen anklicken
- OK anklicken
- Drucken

Um für diese Tabelle die Überschrift „Zinsrechnung mit Tageszinsformel" zu erzeugen sind folgende Schritte nötig:

– Datei anklicken
– Seite einrichten ...

8. a) Die **Monate** haben in der kaufmännischen Zinsrechnung **30 Tage**, d. h., auch ein Monat mit 31 Tagen hat in der Zinsrechnung nur 30 Tage.

   b) – Grundsätzlich hat der **Monat Februar** in der Zinsrechnung
   – ebenso wie alle anderen Monate – 30 Zinstage.
   – Ist das Ende der angegebenen Zeit, für die Zinsen zu berechnen sind, der Februar, so ist dieser Monat mit 28 Tagen anzugeben, im Falle eines Schaltjahres (alle vier Jahre) mit 29 Tagen.

   c) Ein Kalenderjahr hat 365 Tage, **ein Jahr** in der Zinsrechnung **360 Tage**.

   d) Berechnung der Zinstage zwischen dem 20. Juli und dem 13. November:
   – Der erste Tag des angegebenen Zeitraums zählt nicht mit, d.h., es wird ab dem 21. Juli gezählt. Dies ergibt im Monat Juli 10 Tage.
   – Die Monate August, September und Oktober haben jeweils 30 Tage, d.-h. insgesamt 90 Zinstage.
   – Da in der Zinsrechnung nicht der erste angegebene Tag, aber der Letzte mitgezählt wird, hat der Monat November 13 Tage.
   – **Dies ergibt insgesamt**
   10 + 90 + 13 = 113 Zinstage

9. a) 13. Januar bis 24. Juni

Januar	17 Zinstage
Februar	30 Zinstage
März	30 Zinstage
April	30 Zinstage
Mai	30 Zinstage
Juni	24 Zinstage

161 Tage

b) 11. März bis 18. April

März	19 Zinstage	
April	18 Zinstage	$\boxed{37 \text{ Tage}}$

c) 28. April bis 22. August

April	2 Zinstage	
Mai	30 Zinstage	
Juni	30 Zinstage	
Juli	30 Zinstage	
August	22 Zinstage	$\boxed{114 \text{ Tage}}$

d) 02. Juni bis 11. September

Juni	28 Zinstage	
Juli	30 Zinstage	
August	30 Zinstage	
September	11 Zinstage	$\boxed{99 \text{ Tage}}$

e) 29. Mai bis 28. Dezember

Mai	1 Zinstag	
Juni	30 Zinstage	
Juli	30 Zinstage	
August	30 Zinstage	
September	30 Zinstage	
Oktober	30 Zinstage	
November	30 Zinstage	
Dezember	28 Zinstage	$\boxed{209 \text{ Tage}}$

f) 24. Juni bis 28. Juli

Juni	6 Zinstage	
Juli	28 Zinstage	$\boxed{34 \text{ Tage}}$

10. a) **Tageszinsformel**: $z = \dfrac{K \times i \times p}{100 \times 360}$

b) Die **Formel zur Berechnung des Zinssatzes** lautet:

$$\boxed{p = \frac{z \times 100 \times 360}{i \times K}}$$

c) $p = \dfrac{z \times 100 \times 360}{i \times K} = \dfrac{375 \times 100 \times 360}{225 \times 10.000} = \underline{\underline{6\ \%}}$

11. a) $p = \dfrac{z \times 100 \times 360}{i \times K} = \dfrac{142{,}50 \times 100 \times 360}{45 \times 12.000} = \underline{\underline{9{,}5\ \%}}$

b) $p = \dfrac{z \times 100 \times 360}{i \times K} = \dfrac{445 \times 100 \times 360}{60 \times 44.500} = \underline{\underline{6\ \%}}$

c) $p = \dfrac{z \times 100 \times 360}{i \times K} = \dfrac{93,50 \times 100 \times 360}{36 \times 11.000} = \underline{\underline{8,5\ \%}}$

d) $p = \dfrac{z \times 100 \times 360}{i \times K} = \dfrac{390 \times 100 \times 360}{120 \times 26.000} = \underline{\underline{4,5\ \%}}$

e) $p = \dfrac{z \times 100 \times 360}{i \times K} = \dfrac{256 \times 100 \times 360}{48 \times 48.000} = \underline{\underline{4\ \%}}$

f) $p = \dfrac{z \times 100 \times 360}{i \times K} = \dfrac{294 \times 100 \times 360}{90 \times 16.800} = \underline{\underline{7\ \%}}$

	Zinsen	Kapital	Tage	Zinssatz
a)	142,50 €	12.000,– €	45	9,5
b)	445,00 €	44.500,– €	60	6
c)	93,50 €	11.000,– €	36	8,5
d)	390,00 €	26.000,– €	120	4,5
e)	256,00 €	48.000,– €	48	4
f)	294,00 €	16.800,– €	90	7

12. $K = 24.000,– €$

$z = 24.560,– - 24.000.– = 560,– €$

$i = 112$ Tage

$\mathbf{p} = ?$

$p = \dfrac{z \times 100 \times 360}{i \times K} = \dfrac{560 \times 100 \times 360}{112 \times 24.000} = \underline{\underline{7,5\ \%}}$

13. a) Kapital: $\boxed{K = \dfrac{z \times 100 \times 360}{i \times p}}$

b) $K = \dfrac{z \times 100 \times 360}{i \times p} = \dfrac{240 \times 100 \times 360}{80 \times 8} = \underline{\underline{13.500,– €}}$

14. a) $K = \dfrac{z \times 100 \times 360}{i \times p} = \dfrac{96 \times 100 \times 360}{45 \times 6} = \underline{\underline{12.800,– €}}$

b) $K = \dfrac{z \times 100 \times 360}{i \times p} = \dfrac{1.215 \times 100 \times 360}{135 \times 9} = \underline{\underline{36.000,– €}}$

c) $K = \dfrac{z \times 100 \times 360}{i \times p} = \dfrac{7.921,20 \times 100 \times 360}{246 \times 9,2} = \underline{\underline{126.000,– €}}$

d) $K = \dfrac{z \times 100 \times 360}{i \times p} = \dfrac{489,44 \times 100 \times 360}{184 \times 7} = \underline{\underline{13.680,– €}}$

e) $K = \dfrac{z \times 100 \times 360}{i \times p} = \dfrac{1.170 \times 100 \times 360}{50 \times 6,5}$ $= \underline{\underline{129.600,- €}}$

f) $K = \dfrac{z \times 100 \times 360}{i \times p} = \dfrac{75 \times 100 \times 360}{75 \times 4}$ $= \underline{\underline{9.000,- €}}$

	Zinsen	Zinssatz	Tage	Kapital
a)	96,00 €	6	45	**12.800,– €**
b)	1.215,00 €	9	135	**36.000,– €**
c)	7.921,20 €	9,2	246	**126.000,– €**
d)	489,44 €	7	184	**13.680,– €**
e)	1.170,00 €	6,5	50	**129.600,– €**
f)	75,00 €	4	75	**9.000,– €**

15. a) Im Sinne des **Kreditwesengesetzes (KWG)** ist das Darlehen ein Kredit.

     b) Die Höhe des in Anspruch genommenen Darlehensbetrages kann berechnet werden, indem als Ausgangsformel die **Tageszinsformel** oder die **Monatszinsformel** als Berechnungsgrundlage verwendet wird.

        Beispiel: **Tageszinsformel**

$$K = \dfrac{z \times 100 \times \mathbf{360}}{i \times p} = \dfrac{750 \times 100 \times 360}{120 \times 9} = \underline{\underline{25.000,- €}}$$

     c) Susanne hat am 15. August an das Kreditinstitut zu zahlen:

        Kreditsumme: 25.000,– €
        +   Zinsen   750,– €
        =   **Gesamtbetrag**   **25.750,– €**

16. a) $K = \dfrac{z \times 100 \times 360}{i \times p} = \dfrac{25 \times 100 \times 360}{100 \times 12} = \underline{\underline{750,- €}}$

     b) Anja hatte einen Kreditspielraum von 3.000,–€. Sie hat folglich 2.250,–€ nicht ausgeschöpft.

17. a) **Berechnung der Tage**

        Mai   18 Tage
        Juni   30 Tage
        Juli   30 Tage
        August   30 Tage
        September   <u>15 Tage</u>
                           123 Tage

$$z = \dfrac{K \times i \times p}{100 \times 360} = \dfrac{2.560 \times 123 \times 3,5}{100 \times 360} = \underline{\underline{30,61 €}}$$

September   15 Tage
Oktober   30 Tage
November   30 Tage
Dezember   30 Tage
              105 Tage

$$z = \frac{K \times i \times p}{100 \times 360} = \frac{2.560 \times 105 \times 4}{100 \times 360} = \underline{\underline{29,87\,€}}$$

Zinsen für die Zeit vom 13. Mai bis 15. September	=	30,61 €
Zinsen für die Zeit vom 16. September bis 31. Dezember	=	29,87 €
Zinsen insgesamt		**60,48 €**

b) Am Ende des Jahres wird folgender Betrag auf dem Sparbuch ausgewiesen:

	Kapital	2.560,— €
+	Zinsen	60,48 €
		2.620,48 €

18. a) **Zeit**:

$$\boxed{i = \frac{z \times 100 \times 360}{K \times p}}$$

b) $i = \dfrac{z \times 100 \times 360}{K \times p} = \dfrac{360 \times 100 \times 360}{24.000 \times 6} = \underline{\underline{\textbf{90 Tage}}}$

19. a) $i = \dfrac{z \times 100 \times 360}{K \times p} = \dfrac{280 \times 100 \times 360}{24.000 \times 6} = \underline{\underline{\textbf{70 Tage}}}$

b) $i = \dfrac{z \times 100 \times 360}{K \times p} = \dfrac{240 \times 100 \times 360}{43.200 \times 8} = \underline{\underline{\textbf{25 Tage}}}$

c) $i = \dfrac{z \times 100 \times 360}{K \times p} = \dfrac{162 \times 100 \times 360}{5.832 \times 4} = \underline{\underline{\textbf{250 Tage}}}$

	Kapital	**Zinsen**	**Zinssatz**	**Tage**
a)	24.000,– €	280,– €	6	**70**
b)	43.200,– €	240,– €	8	**25**
c)	5.832,– €	162,– €	4	**250**

20. a) $i = \dfrac{z \times 100 \times 12}{K \times p} = \dfrac{12.800 \times 100 \times 12}{480.000 \times 8} = \underline{\underline{\textbf{4 Monate}}}$

b) $i = \dfrac{z \times 100 \times 12}{K \times p} = \dfrac{792 \times 100 \times 12}{13.200 \times 12} = \underline{\underline{\textbf{6 Monate}}}$

c) $i = \dfrac{z \times 100 \times 12}{K \times p} = \dfrac{3.630 \times 100 \times 12}{72.000 \times 5,5} = $ **11 Monate**

	Kapital	Zinsen	Zinssatz	Monate
a)	480.000,– €	12.800,– €	8	4
b)	13.200,– €	792,– €	12	6
c)	72.000,– €	3.630,– €	5,5	11

21. a) $i = \dfrac{z \times 100 \times 1}{K \times p} = \dfrac{4.080 \times 100 \times 1}{12.000 \times 8,5} = $ **4 Jahre**

    b) $i = \dfrac{z \times 100 \times 1}{K \times p} = \dfrac{17.840,16 \times 100 \times 1}{38.120 \times 7,2} = $ **6,5 Jahre**

    c) $i = \dfrac{z \times 100 \times 1}{K \times p} = \dfrac{578,40 \times 100 \times 1}{4.820 \times 4} = $ **3 Jahre**

	Kapital	Zinsen	Zinssatz	Jahre
a)	12.000,– €	4.080,00 €	8,5	4
b)	8.120,– €	17.840,16 €	7,2	6,5
c)	4.820,– €	578,40 €	4	3

22. Wenn sich das Kapital von Herrn Superbrösel innerhalb von 10 Jahren ver-doppelt hat, so war sein ursprüngliches Kapital, das er angelegt hat 9.600 : 2 = 4.800,– €. Die Differenz zum heutigen Betrag von 9.600,– € ergibt sich durch die Addition seines eingesetzten Kapitals und der in dem genannten Zeitraum angefallenen Zinsen.

Kapital =   4.800,– €
Zinsen   =   4.800,– €
i   =   10 Jahre
p   =   ?

$p = \dfrac{z \times 100 \times 1}{K \times i} = \dfrac{4.800 \times 100 \times 1}{4.800 \times 10} = $ **10 %**

23. Kapital: 360.000,– €
           – 160.000,– €
          = **200.000,– €**

Einnahmen :   1.500,– € × 12 = 18.000,– €
Kosten   :   200,– € × 12 = 2.400,– €

Hypothek $= \dfrac{160.000 \times 6}{100} = 9.600,– €$

Einnahmen – Kosten = 18.000,– € – 2.400,– € – 9.600,– €
= 6.000,– €

$$p = \frac{6.000 \times 100}{200.000} = \underline{3 \%}$$

Sein Kapital verzinst sich mit 3 %.

24. Kapital (K) : 6.500,– €
    Zinssatz (p%) : 5%
    Zinsen (z) : 7.000,– € – 6.500,– € = 500,– €
    Zeit (i) : ?

$$z = \frac{K \times i \times p}{100 \times 360}$$

nach i auflösen:

$$i = \frac{z \times 100 \times 360}{K \times p}$$

$$i = \frac{500 \times 100 \times 360}{6.500 \times 5} = 553,8 \text{ Tage (gerundet 554 Tage)}$$

Vom 31.12. minus 554 Tage ergibt den 16.6. des vorangegangenen Jahres. An diesem Tag muss sie das Geld auf ihr Sparkonto eingezahlt haben.

25. a) Das **Bürgerliche Gesetzbuch (=BGB)** schreibt verpflichtend vor, dass der Darlehensvertrag der **schriftlichen Form** bedarf und dass die Urkunde die gesetzlich vorgesehenen **Mindestinhalte** enthalten muss.

b) Die auf den Abschluss eines Darlehensvertrages gerichtete Willenserklärung (des Verbrauchers) wird gemäß BGB erst wirksam, wenn der Verbraucher sie nicht binnen einer Frist von **zwei Wochen schriftlich** widerruft. Folglich hat Monika nach abgeschlossenem Darlehensvertrag das Recht, den von ihr unterschriebenen Darlehensvertrag innerhalb von zwei Wochen zu widerrufen.

c) Der **effektive Jahreszins** soll dem Kreditnehmer den Preisvergleich mit den Bedingungen anderer Kreditinstitute ermöglichen.

d) Wenn Monika **monatlich** 1/4 % **Bereitstellungsgebühr** zu zahlen hat, so **entspricht** dies einem **Jahreszinssatz** von

$$\frac{1}{4} \% \times 12 = \frac{12}{4} = 3 \% \text{ Jahreszinssatz.}$$

$$z = \frac{K \times i \times p}{100 \times 360} = \frac{40.000 \times 75 \times 3}{100 \times 360} = \mathbf{250,\text{–} \euro}$$

Monika hat also in dem Zeitraum von 75 Tagen bei einem Jahreszinssatz von 3 % insgesamt **250,– € Bereitstellungsgebühr** zu zahlen.

26. *1. Berechnung der Zinsen* (nach der Monatszinsformel)

$$z = \frac{K \times i \times p}{100 \times 12} = \frac{30.000 \times 9 \times 8}{100 \times 12} = \underline{\mathbf{1.800,-\text{€}}}$$

2. Berechnung der **Abschlussgebühr**

$$1\ \%\ \text{von}\ 30.000,-\text{€} = \frac{30.000 \times 1}{100} = \underline{\mathbf{300,-\text{€}}}$$

3. Berechnung der Kosten insgesamt

Zinsen	1.800,– €
+ Abschlussgebühr	300,– €
Gesamtkosten	**2.100,– €**

4. Berechnung des effektiven Zinssatzes

$$p = \frac{z \times 100 \times 12}{K \times i} = \frac{2.100 \times 100 \times 12}{30.000 \times 9} = \underline{\mathbf{9,33\ \%}}$$

27. Gegeben:

Kreditbetrag:	85.000,– €
Zinssatz	6,5 %
Bearbeitungsgebühr	1,5 %
Laufzeit des Kredits:	75 Tage

1. Berechnung der Zinsen (nach der Tageszinsformel)

$$z = \frac{K \times i \times p}{100 \times 360} = \frac{85.000 \times 75 \times 1,5}{100 \times 360} = \underline{\mathbf{1.151,04\ \text{€}}}$$

2. Berechnung der **Bearbeitungsgebühr**

$$1,5\ \%\ \text{von}\ 85.000,-\text{€} = \frac{85.000 \times 1,5}{100} = \underline{\mathbf{1.275,-\text{€}}}$$

3. Berechnung der Kosten insgesamt

Zinsen	1.151,04 €
+ Bearbeitungsgebühr	1.275,00 €
Gesamtkosten	**2.426,04 €**

4. Berechnung des effektiven Zinssatzes

$$p = \frac{z \times 100 \times 360}{K \times i} = \frac{2.426,04 \times 100 \times 360}{85.000 \times 75} = \underline{\mathbf{13,70\ \%}}$$

28. a)

	Kreditbetrag:	60.000,– €
–	2 % Disagio (100 % – 98 %)	1.200,– €
–	1 % Bearbeitungsgebühr	600,– €

ausbezahlter Betrag	58.200,– €

b) $z = \dfrac{K \times i \times p}{100 \times 360} = \dfrac{60.000 \times 180 \times 9}{100 \times 360} = \underline{\mathbf{2.700,– €}}$

	2 % Disagio (100 % – 98 %)	1.200,– €
+	1 % Bearbeitungsgebühr	600,– €
+	Zinsen	2.700,– €
	Summe der Finanzierungskosten	4.500,– €

c) $p = \dfrac{z \times 100 \times 360}{K \times i} = \dfrac{4.500 \times 100 \times 360}{58.200 \times 180} = \underline{\mathbf{15,46 \%}}$

Der effektive Zinssatz beträgt 15,46 %.

29. a) Im Fall ① hat Frau Schönling über die Zukunftbank Gonsenheim AG 40 Aktien der Lufthansa AG gekauft. – Im Fall ② hat sie ihre Lufthansa-Aktien, die sich im Depot der Zukunftbank Gonsenheim AG befanden, wieder verkauft.

b) Der Kauf und Verkauf der Aktien wurde jeweils an der **Frankfurter Wertpapierbörse** getätigt.

c) Ein anderer Begriff für Wertpapierbörse ist **Effektenbörse**.

d) Kurse wurden **variabel notiert** bedeutet, dass eine sog. fortlaufende Notierung stattfand. Während der Börsenzeit wurden einzelne Aufträge (z.B. Verkauf von Lufthansa Aktien) erteilt und der Kurs ausgehandelt.

e) Es handelt sich im vorliegenden Fall um eine sog. **Girosammelverwahrung**. Die einzelnen Urkunden innerhalb der Wertpapierarten werden nicht nach dem Hinterleger oder Eigentümer getrennt, sondern in einem Sammelbestand aufbewahrt.

f)
Verkauf 460 Tage nach Kauf	€	8.645,00
Kauf am 22. 06. 2000	€	6.440,00
= Kursgewinn	€	**2.205,00**

$Z = \dfrac{K \times i \times p}{100 \times 360}$; $p = \dfrac{Z \times 100 \times 360}{K \times i} = \dfrac{2.205 \times 100 \times 360}{6.440 \times 460} = \underline{\mathbf{26,79 \%}}$

g) Effektivverzinsung

Kursgewinn in: 2.205 – (64,40 + 2,57 + 4,89 + 86,45 + 3,46 + 4,89)

2.205 – 166,66 = **2.038,34 €**

$p = \dfrac{Z \times 100 \times 360}{K \times i} = \dfrac{2.038,34 \times 100 \times 360}{6.440 \times 460} = \underline{\mathbf{24,77 \%}}$

h) $K = \dfrac{Z \times 100 \times 360}{p \times i} = \dfrac{2.038,34 \times 100 \times 360}{3 \times 460} = \underline{\underline{5.3174,08 \ €}}$

1.8   Diskontrechnen

1. a) Der **Aussteller** des Wechsels ist Inge Braustub.

   b) Der **Bezogene** ist die Robert Neu KG.

   c) Der **Wechselnehmer** ist die Textil-Vertrieb GmbH.

   d) Es handelt sich hier um einen **gezogenen Wechsel** gemäß § 1 WG, also nicht um einen eigenen Wechsel (= Solawechsel).

   e)

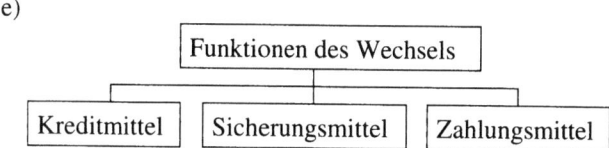

   – Der Wechsel ist **Kreditmittel**; dies ist seine wesentlichste Funktion. Denn der Bezogene unterschreibt den Wechsel ja deshalb, weil ihm der Aussteller mit der Festegung des Verfalldatums einen Zahlungsaufschub gewährt.

   – Der Wechsel ist **Sicherungsmittel**, weil jeder, der auf dem Wechsel unterschreibt, für die Zahlung des Wechselbetrages haftet.

   – Der Wechsel ist **Zahlungsmittel**, weil die Urkunde die ausdrückliche Aufforderung an den Bezogenen enthält, am Verfalltag an den Wechselnehmer oder den letzten Wechselinhaber die Wechselsumme zu zahlen.

   f) Ein Wechsel kann
      – bis zum Verfalltag aufbewahrt werden,
      – als Zahlungsmittel weitergegeben werden,
      – verpfändet werden,
      – diskontiert werden.

   g) Der Wechsel ist bekanntlich ein Zahlungsmittel. Als solches kann er auch weitergegeben werden. Da der Bezogene am Verfalltag deshalb nicht wissen kann, wer gerade der rechtmäßige Besitzer dieser Urkunde ist, hat der Gesetzgeber festgelegt, dass nicht der Bezogene dafür Sorge zu tragen hat, dass die Wechselschuld am Verfalltag beglichen wird. Vielmehr muss der letzte Wechselinhaber zum Bezogenen gehen und diesem den Wechsel vorlegen. Der Wechselinhaber holt sich also beim Schuldner, in der Wechselsprache beim Bezogenen, den Wechselbetrag, weswegen Wechselschulden **Holschulden** sind.

h) Der Wechsel wurde am 18. Juli zur Diskontierung eingereicht. Der Verfalltag ist der 14. Oktober. Also wurde die Urkunde 88 Tage vor dem Verfalltag dem Kreditinstitut zur Diskontierung vorgelegt.

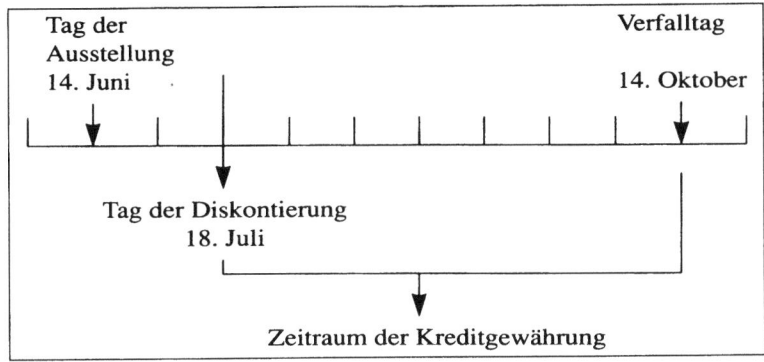

Berechnung der Diskontzinsen mit Hilfe der Tageszinsformel

$$z = \frac{K \times i \times p}{100 \times 360} = \frac{12.000 \times 88 \times 6}{100 \times 360} = \mathbf{176,-\ €}$$

Wechselsumme	12.000,– €
– 6% Diskontzinsen für 88 Tage	176,– €
– 2% Spesen	240,– €
= **Barwert** am 18. Juli	**11.584,– €**

i) Wenn der Wechsel nicht am 18. Juli, sondern erst am 20. August eingelöst wird, verkürzt sich der Zeitraum der Kreditaufnahme. Es fallen deshalb geringere Diskontzinsen an. Der Barwert steigt.

2. a) Da der Wechsel eine Laufzeit von drei Monaten hat, spricht man von einem **Dreimonatsakzept**.

   b) Da der Wechsel einen Monat vor dem Verfalltag zur Diskontierung eingereicht wurde, können die Diskontzinsen mit Hilfe der Monatszinsformel berechnet werden.

$$z = \frac{K \times i \times p}{100 \times 360} = \frac{12.600 \times 28 \times 7}{100 \times 360} = \underline{\mathbf{65,33\ €}}$$

Wechselsumme	12.600,00 €
– 7% Diskontzinsen für 28 Tage	65,33 €
– Auslagen	20,00 €
= **Barwert** am 8.8.	**12.514,67 €**

3. $z = \dfrac{K \times i \times p}{100 \times 360} = \dfrac{4.500 \times 25 \times 8}{100 \times 360}$ $= \underline{\mathbf{25,- \text{€}}}$

	Wechselsumme	4.500,- €
−	8% Diskontzinsen für 25 Tage	25,- €
−	Auslagen	18,- €
=	**Barwert**	**4.457,- €**

4.	Wechselsumme	12.000,- €
−	Diskontzinsen	1.280,- €
−	Auslagen	20,- €
=	**Barwert**	**10.700,- €**

5.	Barwert	23.502,- €
+	Diskontzinsen	480,- €
+	Auslagen	18,- €
=	**Wechselsumme**	**24.000,- €**

6. **1. Berechnung des Diskontzinses**

$$Z = \frac{K \times i \times p}{100 \times 360} = \frac{2.400 \times 25 \times 6}{100 \times 360} \qquad = 10,- \text{€}$$

oder:

$$\textbf{Zinszahl} = \frac{K \times i}{100} = \frac{2.400 \times 25}{100} \qquad = \quad 600$$

$$\textbf{Zinsteiler} = \frac{360}{p} = \frac{360}{6} \qquad = \quad 60$$

oder:

$$\textbf{Diskont} = \frac{\text{Zinszahl} = \#}{\text{Zinsteiler} = Zt} = \frac{600}{60} \qquad = \mathbf{10,- \text{€}}$$

Kreditinstitute verwenden zur Berechnung des Mindestdiskonts eine **Mindestzinszahl.** Diese wird wie folgt berechnet:

$$\boxed{\# \text{ Mind.} = \frac{360 \times \text{Mindestdiskont in € }}{\text{Diskontsatz}}}$$

$$\# \text{ Mind.} = \frac{360 \times 6}{5} = 432$$

Die oben errechnete Zinszahl ist größer als die Mindestdiskontzahl. In diesem Falle wird bei der Berechnung nicht die Mindestdiskontzahl als Berechnungsgrundlage für die in Abzug gebrachten Diskontzinsen verwendet.

2. Berechnung des Barwerts

Da der errechnete Diskontzins höher als der Mindestdiskont ist, wird bei der Berechnung des Barwerts nicht der Mindestdiskontzins in die Berechnung einbezogen.

Wechselsumme	2.400,– €
– Diskontzinsen	10,– €
= **Barwert**	**2.390,– €**

7. **1. Berechnung des Diskontzinses**

$$Z = \frac{K \times i \times p}{100 \times 360} = \frac{840 \times 12 \times 5}{100 \times 360} \qquad = \qquad 1{,}40 \text{ €}$$

oder:

$$\textbf{Zinszahl} = \frac{K \times i}{100} = \frac{840 \times 12}{100} \qquad = \qquad 101$$

$$\textbf{Zinsteiler} = \frac{360}{p} = \frac{360}{5} \qquad = \qquad 72$$

oder:

$$\textbf{Diskont} = \frac{\text{Zinszahl} = \#}{\text{Zinsteiler} = Zt} = \frac{101}{72} = \qquad \underline{\textbf{1,40 €}}$$

$$\boxed{\# \text{ Mind.} = \frac{360 \times \text{Mindestdiskont in €}}{\text{Diskontsatz}}}$$

$$\# \text{ Mind.} = \frac{360 \times 5}{6} = 300$$

Die oben errechnete Zinszahl ist kleiner als die Mindestdiskontzahl. In diesem Falle wird bei der Berechnung die **Mindestdiskontzahl** als Berechnungsgrundlage für die in Abzug gebrachten Diskontzinsen verwendet.

$$\text{Diskont} = \frac{\# \text{ Mind.}}{Zt} = \frac{300}{72} \qquad = \qquad \underline{4{,}16 \text{ €}}$$

2. Berechnung des Barwerts

Da der errechnete Diskontzins geringer als der Mindestdiskont ist, wird bei der Berechnung des Barwerts der Mindestdiskont in die Berechnung einbezogen.

Wechselsumme	840,– €
– Diskontzinsen	6,– €
= **Barwert**	**834,– €**

8. a) Kann der Bezogene am Verfalltag nicht zahlen, so wird der Wechsel **Not leidend**. Man spricht deshalb vom **Not leidenden Wechsel**.

b) Eine **Prolongation** ist die **Verlängerung der Laufzeit** des Wechsels.

c) Gemäß Art. 79 WG muss ein Notar oder ein Gerichtsbeamter eine **Protesturkunde** ausstellen.

d) Der Begriff **Notifikation** bedeutet Benachrichtigung. Die Benachrichtigung ist in Art. 45 WG geregelt. Danach gilt:

- Der Inhaber des Wechsels muss seinen unmittelbaren Vormann und den Aussteller von dem Unterbleiben der Zahlung (oder der Annahme) innerhalb von **vier Werktagen** benachrichtigen, die auf den Tag der Protesterhebung folgen.

- Jeder Indossant muss innerhalb **zweier Werktage** nach Empfang der Nachricht seinen unmittelbaren Vormann benachrichtigen. Die Fristen laufen vom Empfang der vorhergehenden Nachricht.

e) **Regress** bedeutet Rückgriff (Art. 47 ff. WG).

f) Ein **Indossament** ist ein Weitergabevermerk auf der **Rückseite** des Wechsels.

9. In Art. 48(1) WG sind die Ansprüche festgelegt, die der letzte Inhaber im Falle eines Not leidenden Wechsels geltend machen kann. Dies sind folgende:

- die Wechselsumme
- mindestens 6 % Zinsen seit dem Verfalltag
- die Kosten des Protestes und der Nachrichten
- die sonstigen Auslagen
- 1/3 % Provision der Wechselsumme

10.

	Wechselbetrag	25.000,– €
+	8 % Zinsen für 9 Tage	50,– €
+	Protestkosten	60,– €
+	Auslagen	12,– €
+	1/3 % Provision	83,33 €
	Rückgriffssumme	**25.205,33 €**

2 Buchführung

2.1 Aufgaben und Grundlagen der Buchführung

1. **Rechtsgrundlagen**, in denen sich Monika über **Buchführungsvorschriften** informieren kann, sind u.a.

   - das Handelsgesetzbuch (HGB)
   - das Aktiengesetzbuch (AktG)
   - die Abgabenordnung (AO)
   - das Einkommensteuergesetz (EStG)
   - die Einkommensteuerrichtlinien (EStR)
   - das Umsatzsteuergesetz (UStG)
   - die Umsatzsteuerrichtlinien (UStR)
   - die Lohnsteuerrichtlinien (LStR)
   - die Lohnsteuerdurchführungsverordnung (LStDV)

2. a) Im dritten Buch des HGB sind die Vorschriften über das Führen von Handelsbüchern enthalten.

   b) Erstes Buch: **Handelsstand**
   Zweites Buch: **Handelsgesellschaften und stille Gesellschaft**
   Drittes Buch: **Handelsbücher**
   Viertes Buch: **Handelsgeschäfte**
   Fünftes Buch: **Seehandel**

   c) **Kommentar zum HGB**: Baumbach/Duden/Hopt

3. Rechtsanwälte und Notare stehen in Kontakt mit

   - Mandanten
   - Gerichten
   - Rechtsanwälten
   - Notaren
   - Steuerberatern
   - dem Finanzamt
   - Lieferanten.

4. a) **Vorteile** von **selbstständigen Rechtsanwälten**:

   - Sie sind ihr „eigener Chef".
   - Alle betrieblich bedingten Kosten können sie steuermindernd absetzen.
   - Sie sind nicht sozialversicherungspflichtig.

b) **Vorteile** von **nichtselbstständigen Rechtsanwälten**:
- – Für sie besteht keine Buchführungspflicht.
- – Ein Unternehmerrisiko besteht nicht.
- – Sie können ihren Urlaubsanspruch geltend machen.

5. a) § 2 Einkommensteuergesetz

(1) Der Einkommensteuer unterliegen

1. **Einkünfte aus Land- und Forstwirtschaft**
   Beispiele: Einkünfte aus Teichwirtschaft, Imkerei, Jagd, Wald- und Forstwirtschaft

2. **Einkünfte aus Gewerbebetrieb**
   Beispiele: Einkünfte aus Bergbauunternehmen, Gewinneinkünfte einer OHG oder KG

3. **Einkünfte aus selbstständiger Arbeit**
   Beispiele: Einkünfte aus freiberuflicher Tätigkeit, wie eine selbstständig ausgeübte künstlerische, schriftstellerische Tätigkeit, Einkünfte von Rechtsanwälten usw.

4. **Einkünfte aus nichtselbstständiger Arbeit**
   Beispiele: Gehälter, Löhne, Gratifikationen, Tantiemen, Ruhegelder, Witwen- und Waisengelder

5. **Einkünfte aus Kapitalvermögen**
   Beispiele: Gewinnanteile (Dividenden), Einnahmen aus der Beteiligung an einem Handelsgewerbe als stiller Gesellschafter, Zinsen aus Sparanteilen, die in den Beiträgen zu Versicherungen auf den Erlebens- oder Todesfall enthalten sind

6. **Einkünfte aus Vermietung und Verpachtung**
   Beispiele: Einkünfte aus Vermietung und Verpachtung von Grundstücken, Gebäuden, Schiffen, Rechten (Erbbaurecht, Mineralgewinnungsrecht)

7. **Sonstige Einkünfte**
   Beispiele: Einkünfte aus Spekulationsgeschäften i.S.v. § 23 EStG, Amtszulagen, Überbrückungsgelder, Sterbegelder, Versorgungsbezüge von Abgeordneten.

b) Rechtsanwältin Jubilau erzielt „Einkünfte aus selbstständiger Tätigkeit".

c) **Einkünfte aus selbstständiger Tätigkeit** erzielen außer Rechtsanwälten und Notaren auch Ärzte, Ingenieure, Steuerberater, Wirtschaftsprüfer, Architekten, Heilpraktiker, Krankengymnasten usw.

6. a) **Steuern** sind Geldleistungen, die **nicht** eine Gegenleistung für eine besondere Leistung darstellen und von einem öffentlich-rechtlichen Gemeinwesen zur Erzielung von Einnahmen allen auferlegt werden (§ 3

Abgabenordnung [= AO]). Gemäß Abgabenordnung gelten **Zölle** ebenfalls als Steuern (§ 23 AO).

Die Abgabenordnung sieht zudem **steuerliche Nebenleistungen** vor. Es handelt sich dabei um:
- **Verspätungszuschläge** (bei verspäteter Abgabe der Steuererklärung) i.S.v. § 152 AO
- **Zinsen** (z.B. im Falle von Steuernachforderungen) i.S.v. §§ 233a bis 237 AO
- **Säumniszuschläge** (wenn eine Steuer nicht bis zum Fälligkeitstag entrichtet wurde) i.S.v. § 240 AO
- **Zwangsgelder** (im Falle von Vollstreckungen) i.S.v. § 329 AO
- **Kosten** (z.B. wegen Schreibarbeiten) i.S.v. §§ 178 und 337 bis 345 AO.

Gebühren sind für bestimmte **öffentliche Gegenleistungen** zu zahlen (z.B. Postgebühren, Rundfunk- und Fernsehgebühren, Müllabfuhrgebühren, Gebühren für die Zulassung eines Kraftfahrzeuges).

Beiträge müssen gezahlt werden, damit **öffentliche Einrichtungen** ihre **Kosten abdecken** können. So müssen z.B. Sozialversicherungsbeiträge an die jeweiligen Träger (z.B. Krankenkasse, Bundesversicherungsanstalt, Bundesanstalt für Arbeit, Berufsgenossenschaft) abgeführt werden.

b) Frau Sagenhaft hat Einkommensteuer, möglicherweise Lohnsteuer (als Arbeitgeber) und Umsatzsteuer zu zahlen.

c) In einer Anwaltspraxis anfallende **Gebühren** sind z.B. Telefongebühren oder Gebühren für ein Telefaxgerät.

d) Frau Sagenhaft hat an die Rechtsanwaltskammer ihren **Beitrag** zu zahlen.

e) Wenn Frau Sagenhaft Mitglied im Anwaltsverein ist, hat sie den Beitrag für diese Vereinsmitgliedschaft zu zahlen.

f) Im **Gegensatz** zu den **Gebühren** werden **Beiträge** auch dann erhoben, wenn von dem jeweiligen Beitragspflichtigen die Leistungen einer öffentlichen Einrichtung nicht in Anspruch genommen werden. So müssen Anwälte, die Mitglied im Anwaltsverein sind, ihren Beitrag auch dann zahlen, wenn sie die angebotenen Leistungen (sich beispielsweise Vorträge anhören zu können) nicht in Anspruch nehmen.

7. Rechtsanwälte haben u.a. aus folgenden Gründen **betriebsinterne Vorgänge aufzuzeichnen:**
- Es muss festgestellt werden, welche Personen neue Mandanten wurden.
- Es muss festgestellt werden, welche Mandanten bezahlt haben.
- Es muss berechnet werden, welche Steuern an das Finanzamt abzuführen sind.

8. a) **Grundsätze ordnungsmäßiger Buchführung**:
   - Bei der Führung der Handelsbücher und bei den sonst erforderlichen Aufzeichnungen hat sich der Kaufmann einer lebenden Sprache zu bedienen (§239 HGB).
   - Werden Abkürzungen, Ziffern, Buchstaben oder Symbole verwendet, muss im Einzelfall deren Bedeutung eindeutig festliegen.
   - Die Eintragungen in Büchern und die sonst erforderlichen Aufzeichnungen müssen vollständig, richtig, zeitgerecht und geordnet vorgenommen werden.
   - Die Geschäftsvorfälle müssen sich in ihrer Entstehung und Abwicklung verfolgen lassen.
   - Eine Buchung oder eine Aufzeichnung darf nicht in einer Weise verändert werden, dass der ursprüngliche Inhalt nicht mehr feststellbar ist.
   - Bei der Führung der Handelsbücher auf Datenträgern, wie z.B. Disketten, muss insbesondere sichergestellt sein, dass die Daten während der Dauer der Aufbewahrungsfrist verfügbar sind.
   - Für geschäftliche Unterlagen wie Handelsbücher, Inventare, Bilanzen, Buchungsbelege, Handelsbriefe usw. sind die **Aufbewahrungsfristen** (6 bzw. 10 Jahre) gemäß §257 HGB zu beachten.

   b) Es handelt sich um eine **Einzelkauffrau**.

   c) Einzelkaufleute werden in der **Abteilung A** im Handelsregister eingetragen.

   d) Neben Einzelkaufleuten sind in der **Abteilung A** des Handelsregisters außerdem Personengesellschaften wie die OHG, die KG und die GmbH & Co. KG eingetragen.

   e) In der **Abteilung B** des Handelsregisters sind Kapitalgesellschaften wie die AG, die GmbH und die KGaA eingetragen.

   f) Gemäß § 238 HGB ist jeder **Kaufmann verpflichtet, Bücher zu führen** und in diesen seine Handelsgeschäfte und die Lage seines Vermögens nach den Grundsätzen ordnungsgemäßer Buchführung ersichtlich zu machen. Da Frau Nimmersatt Kaufmann ist, muss sie also Bücher führen.

   g) **Doppelte Buchführung**: Bestandskonten mit Gegenbuchung auf Erfolgskonten.

9. Rechtsanwälte und Notare haben gemäß Einkommensteuergesetz die Möglichkeit, zwischen zwei **Methoden der Gewinnermittlung** zu unterscheiden.

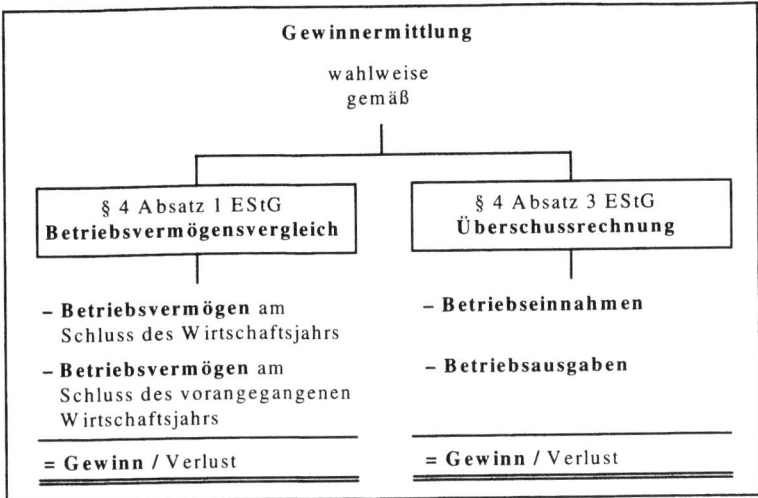

10. a) **Kapitalgesellschaften**: AG, GmbH, KGaA

b) **Personengesellschaften**: OHG, KG, GmbH & Co. KG

c) – **Personengesellschaften** sind in der **Abteilung A** des Handelsregisters eingetragen.
   – **Kapitalgesellschaften** sind in der **Abteilung B** des Handelsregisters eingetragen.

d) **Einzelkaufleute** sind in der **Abteilung A** des Handelsregisters eingetragen.

e) Das **Handelsregister** wird beim zuständigen **Amtsgericht** geführt.

f) Der Jahresabschluss der Kapitalgesellschaften besteht gemäß HGB aus drei Teilen.

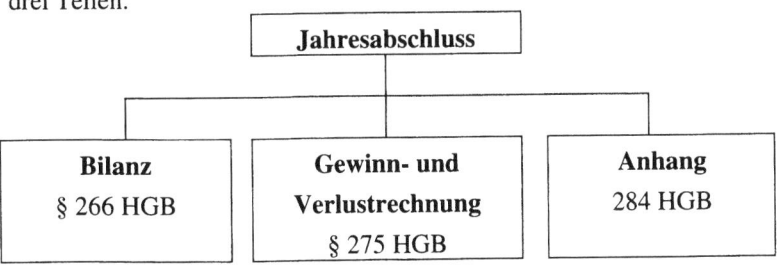

g) **Kleine Kapitalgesellschaften** dürfen den Jahresabschluss und den Lagebericht auch später aufstellen. Dies muss jedoch innerhalb der **ersten sechs Monate des Geschäftsjahres** geschehen.

h) In den **Anhang** sind diejenigen Angaben aufzunehmen, die zu den einzelnen Posten der Bilanz oder der Gewinn- und Verlustrechnung vorgeschrieben sind. Ein Beispiel für einen Teil des Anhangs ist die Angabe der durchschnittlichen Zahl der während des Geschäftsjahres beschäftigten Arbeitnehmer, getrennt nach Gruppen.

i) Gemäß HGB werden drei Größen von Kapitalgesellschaften unterschieden:
   - **kleine Kapitalgesellschaften**
   - **mittelgroße Kapitalgesellschaften**
   - **große Kapitalgesellschaften.**

   Die Unterscheidung erfolgt nach den Kriterien:
   - **Bilanzsumme**
   - **Umsatz in €**
   - **Beschäftigtenzahl.**

j) Im **Lagebericht** sind gemäß § 289 HGB zumindest der Geschäftsverlauf und die Lage der Kapitalgesellschaft so darzustellen, dass ein den tatsächlichen Verhältnissen entsprechendes Bild vermittelt wird.

2.2   Inventar – Bilanz – Nebenaufzeichnungen

1. a) Die **Inventur** ist die Aufstellung des Inventars. Bei der körperlichen Bestandsaufnahme von Gegenständen, wie Sachen und Urkunden, wird der Bestand der körperlichen Vermögensgegenstände nach Art, Menge und Wert ermittelt.

   b) Das **Inventar** ist das genaue vollständige Verzeichnis aller Vermögensgegenstände und Schulden (nach dem sog. Vollständigkeitsgrundsatz) mit Angabe ihrer Werte (in €-Beträgen).

   c) Während man bei der **Inventur** von einer Bestands**aufnahme** spricht, handelt es sich bei dem **Inventar** um ein Bestands**verzeichnis**.

   d) Das **Reinvermögen** wird wie folgt ermittelt:

   <u>Summe des Vermögens</u>
   <u>– Summe der Schulden</u>
   = Reinvermögen (Eigenkapital)

2. Es werden in der kaufmännischen Praxis verschiedene Inventurverfahren angewendet (§ 240 HGB):

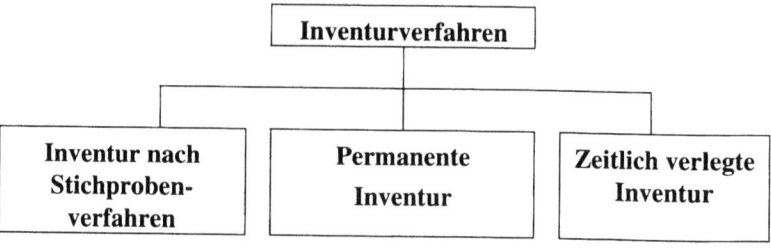

– **Inventur nach Stichprobenverfahren:** Es handelt sich hier um die wertmäßige Erfassung sämtlicher Vermögensgegenstände und Schulden zu einem bestimmten Zeitpunkt, z.B. zum 31.12. eines Kalenderjahres. Die durchgeführte Inventur bezieht sich nicht zwingend auf einen einzigen Tag. Im Rahmen der Inventur nach dem neg. Stichprobenverfahren ist es erforderlich, dass diese richtig, vollständig und nachprüfbar erfolgt.

– **Permanente Inventur:** Sie wird dann durchgeführt, wenn Gewerbetreibende permanent (= ständig) in Lagerkarteien oder Lagerbüchern den Bestand der Vermögenswerte aufzeichnen, ohne dass eine körperliche Bestandsaufnahme erfolgt. Während des laufenden Geschäftsjahres – dies kann auch das Kalenderjahr sein – muss jedoch eine körperliche Bestandsaufnahme erfolgen. Diese wird mit den in den Aufzeichnungen enthaltenen Werten verglichen.

– **Zeitlich verlegte Inventur:** Es handelt sich hier um eine Bestandsaufnahme innerhalb der letzten drei Monate vor oder der ersten beiden Monate nach dem Schluss des Geschäftsjahres.

3. a) siehe Tabelle auf der nächsten Seite

    b) Das Reinvermögen erhöht sich.

4. siehe Tabelle auf der übernächsten Seite

5. a) Gemäß § 146 AO müssen alle erforderlichen Aufzeichnungen vollständig, richtig, zeitgerecht und geordnet vorgenommen werden. **Kasseneinnahmen** und **Kassenausgaben** sollen täglich festgehalten werden. Dies geschieht in Anwaltskanzleien derart, dass **Bargeldbewegungen im Kassenbuch** aufgezeichnet werden.

    b) Beispiel für **Vorgänge**, die im **Kassenbuch** vermerkt werden, sind u.a.:

– Kassenausgaben für Gerichtskosten
– Kassenausgaben für den Kauf von Putzmitteln
– Kassenausgaben für den Kauf von Bürobedarf
– Kasseneinnahmen durch die Bezahlung von Kostenrechnungen von Mandanten
– Bargeldeinlagen

Zu 3.

Inventar Schuhproduktion GmbH – Pirmasens – 31. Dezember 20..		
	in €	in €
A VERMÖGEN		
I Anlagevermögen		
1. unbebaute Grundstücke		1.200.000,–
2. Bauten		2.800.000,–
3. Maschinen		2.500.000,–
4. Fuhrpark		
6 PKW	280.000,–	
2 Motorräder	28.000,–	308.000,–
5. Geschäftausstattung		420.000,–
II Umlaufvermögen		
1. Warenvorräte		600.000,–
2. Forderungen an WL		
– Jubilau – Zweibrücken	35.000,–	
– Schuhkauf & Co. – Kirkel	22.000,–	57.000,–
3. Bargeld		2.650,–
4. Bankguthaben		
– Geld-Bank, Kto. 4311	8.560,–	
– Sparkasse Pirmasens, Kto. 1220	1.280,–	9.840,–
Summe des Vermögens		**7.897.490,–**
B SCHULDEN		
I langfristige Schulden		
Darlehen Hypo, Kto. 12345		65.000,–
II Kurzfristige Schulden		
1. Verbindlichkeiten an WL		
– Blechschmidt KG	66.000,–	
– Jungbad GmbH	45.000,–	101.000,–
2. Wechselverbindlichkeiten		4.500,–
Summe der Schulden		**170.500,–**
C ERMITTLUNG DES REINVERMÖGENS (Eigenkapital)		
Summe des Vermögens		7.897.490,–
– Summe der Schulden		170.500,–
= Eigenkapital		**7.726.990,–**
Pirmasens, 10. Januar 20..		

Zu 4.

Inventar der Rechtsanwältin Dr. Nina Maulbeer Mainz, 31. Dezember 20..		
	in €	in €
A VERMÖGEN		
I Anlagevermögen		
1. Eigentumswohnung		580.000,–
2. Praxisausstattung		
1 Schrankwand	5.200,–	
2 Schubladencontainer	800,–	
1 Panzerschrank	3.000,–	
4 Sessel	2.400,–	
3 Personalcomputer	10.500,–	
3 Schreibtische	4.500,–	
3 Fotokopiergeräte	3.600,–	
1 Telefaxgerät	1.200,–	
1 Garderobenständer	250,–	31.450,–
II Umlaufvermögen		
1. Kassenbestand		1.500,–
2. Bankguthaben		
– Deutsche Bank, Mainz Kto. 2897	4.000,–	
– Kreissparkasse Mainz, Kto. 9995	2.000,–	6.000,–
Summe des Vermögens		**618.950,–**
B SCHULDEN		
I langfristige Schulden Darlehen der Kredit-Bank, Kto. 9995		58.000,–
II Kurzfristige Schulden Darlehen der Geld-Sparkasse, Kto. 7654321		27.500,–
Summe der Schulden		**85.500,–**
C ERMITTLUNG DES EIGENKAPITALS		618.950,–
Summe des Vermögens		85.500,–
– Summe der Schulden		**533.450,–**
= Eigenkapital		
Mainz, 07. Januar 20..		

6. a)

Rechtsanwalt und Notar Jens Blumenpracht				
Kassenbuch				
Datum	Beleg-Nr.	Vorgang	Einnahme (€)	Ausgabe (€)
01.04.		Kassenbestand Vortag	1.200.–	
01.04.	311/20..	Briefwaage		34,80
01.04.	312/20..	Honorar Hans Habrecht	840.–	
01.04.	313/20..	Kauf von Handtüchern		48.–
01.04.	314/20..	Kaffee		18.–
01.04.	315/20..	Gerichtskosten		27.–

b) Kassenbestand des Vortages

   + Einnahmen
   – Ausgaben

   = **Endbestand** des Kassenbuches

7.

Privatentnahme	
Name:	Jens Blumenpracht
Bargeldentnahme:	100.– €
Datum:	03. Juni 20..

   Jens Blumenpracht
   Unterschrift

8. a) Die **Rechtsgrundlage**, aus der abgeleitet wird, dass alle **Nebenauf-zeichnungen**, wie z.B. ein Kassenbuch, eine bestimmte Zeit aufzube-wahren sind, ist die **Abgabenordnung (= AO)**.

   b) Auf einem **Kostenverrechnungsblatt** (bzw. Kostenblatt) werden Ein-nahmen und Ausgaben aufgezeichnet, die in einer bestimmten Sache (z.B. in Sachen Peter Superblitz, Bexbach, gegen Isolde Habmichnicht) entstehen. Dies geschieht chronologisch, d.h. so, wie die einzelnen Vor-gänge in zeitlicher Reihenfolge anfallen (z.B. Vorauszahlungen von Mandanten am 05. August 20.. als Einnahmen oder Gerichtskosten als Ausgaben).

   c) Wenn beispielsweise ein Rechtsanwalt **aufzubewahrende Unterlagen auf Datenträgern**, wie z.B. einer Diskette, einer CD-ROM, einer Fest-platte oder einem Streamer (Gerät zur Datensicherung) vorlegen kann, so ist er verpflichtet, auf seine Kosten diejenigen Hilfsmittel zur Verfügung zu stellen, die erforderlich sind, um die Unterlagen lesbar zu machen. Auf Verlangen der Finanzbehörde hat er auf seine Kosten die Unterlagen unverzüglich ganz oder teilweise ausdrucken zu lassen.

9. a) **Aktiva**

    I. Anlagevermögen

       1. Bebautes Grundstück   380.000,– €

       2. Unbebautes Grundstück   120.000,– €

       3. Praxisausstattung   45.500,– €

    II. Umlaufvermögen

       1. Kasse   6.500,– €

       2. Bankguthaben Kölner Bank   1.400,– €

       3. Guthaben Postbank Köln   1.600,– €

  b) **Passiva**

    I. Eigenkapital   ?,– €

    II. Fremdkapital

       1. *Langfristiges Fremdkapital*

          Hypothekarkredit   180.000,– €

       2. *Kurzfristiges Fremdkapital*

          Darlehen   15.000,– €

  c)

Aktiva		Bilanz	Passiva	
		€		€
I. Anlagevermögen	.		**I. Eigenkapital**	
1. Eigentumswohnung	380.000,–		**II. Fremdkapital**	
2. Unbebautes Grundstück	120.000,–		1. *Langfrist. Fremdkap.*	
3. Praxisausst.	45.500,–		Hypothekarkredit	180.000,–
II. Umlaufvermögen				
1. Kasse	6.500,–		2. *Kurzfrist. Fremdkap.*	
2. Bankguthaben			Darlehen	15.000,–
Kölner Bank	1.400,–			
3. Guthaben				
Postbank Köln	1.600,–			

  d) **Bilanzsumme** = 555.000,– €

  e) Summe des **Fremdkapitals** = 195.000,– €

  f)   Bilanzsumme   555.000,– €

     –   Summe des Fremdkapitals   195.000,– €

     = **Eigenkapital**   **360.000,– €**

  g)

Aktiva		Bilanz	Passiva	
	€			€
I. Anlagevermögen		**I. Eigenkapital**		360.000,–
1. Eigentumswohnung	380.000,–	**II. Fremdkapital**		
2. Unbebautes Grundstück	120.000,–	1. *Langfrist. Fremdkap.*		
3. Praxisausst.	45.500,–	Hypothekarkredit		180.000,–
II. Umlaufvermögen				
1. Kasse	6.500,–	2. *Kurzfrist. Fremdkap.*		
2. Bankguthaben		Darlehen		15.000,–
Kölner Bank	1.400,–			
3. Guthaben				
Postbank Köln	1.600,–			
	555.000,–			

h) Eigenkapital   360.000,– €
  + Fremdkapital   195.000,– €
  = **Bilanzsumme**   **555.000,– €**

i) Durch den Vorgang der Addition des Eigen- und Fremdkapitals konnte überprüft werden, ob die Summe aller **Passiva**-Posten mit der Summe aller **Aktiva**-Posten übereinstimmt.

j)

Aktiva		Bilanz vom 31. Dezember 20..	Passiva	
	€			€
I. Anlagevermögen		**I. Eigenkapital**		360.000,–
1. Eigentumswohnung	380.000,–	**II. Fremdkapital**		
2. Unbebautes Grundstück	120.000,–	1. *Langfrist. Fremdkap.*		
3. Praxisausst.	45.500,–	Hypothekarkredit		180.000,–
II. Umlaufvermögen				
1. Kasse	6.500,–	2. *Kurzfrist. Fremdkap.*		
2. Bankguthaben		Darlehen		15.000,–
Kölner Bank	1.400,–			
3. Guthaben				
Postbank Köln	1.600,–			
	555.000,–			**555.000,–**

Lothar Wundervoll – Bremen, 31. Dezember 20..

Unterschrift

Die Bilanz ist dann fertig erstellt, wenn am Ende folgende Vorgänge erfolgt sind:

- Eintragung der Bilanzsumme auf der **Passiva**-Seite
- Zeichnung der Buchhalternase unterhalb der letzten Position des Fremdkapitals
- Kopf der Bilanz ergänzen durch 31. Dezember 20..
- Unterschrift des Rechtsanwalts unter die Bilanz und Angabe des Datums (§ 245 HGB).

10. a)

Inventar des Rechtsanwalts Jürgen Immerfroh Kirkel, 31. Dezember 20..		
	in €	in €
A VERMÖGEN		
I Anlagevermögen		
1. bebautes Grundstück		720.000,–
2. unbebautes Grundstück		80.000,–
3. Praxisausstattung		
6 Personalcomputer à 3.500,– €	21.000,–	
3 Personalcomputer à 1.200,– €	3.600,–	
2 Ordner-Drehsäulen à 700,– €	1.400,–	
4 Ordnungs- und Ablagewagen à 400,– €	1.600,–	
2 Aktenvernichter à 850,– €	1.700,–	
2 Schubladencontainer à 400,– €	800,–	
1 Panzerschrank	3.000,–	
4 Sessel à 600,– €	2.400,–	
3 Schreibtische à 1.500,– €	4.500,–	
4 Hängeregistraturschränke à 1.200,– €	4.800,–	
6 Stenoretten à 250,– €	1.500,–	
1 Schrankwand	5.200,–	
1 Telefaxgerät	2.200,–	
2 Fotokopiergeräte à 4.500,– €	9.000,–	
2 Fotokopiergeräte à 2.500,– €	5.000,–	67.700
II Umlaufvermögen		
1. Kassenbestand		1.200,–
2. Bankguthaben		
– Dresdner Bank, Kto. 777234	4.500,–	
– Kreissparkasse Kirkel, Kto. 9995	4.500,–	
– Postbank Saarbrücken, Kto. 4711007	2.800,–	11.800,–
Summe des Vermögens		**880.700,–**
B SCHULDEN		
I Langfristige Schulden		
Darlehen der Volksbank Neunkirchen, Kto. 807060	60.000,–	
II Kurzfristige Schulden		
Darlehen der Sparkasse Ottweiler, Kto. 13233343	30.000,–	90.000,–
Summe der Schulden		**90.000,–**

C ERMITTLUNG DES EIGENKAPITALS		
Summe des Vermögens		880.700,–
– Summe der Schulden		90.000,–
= Eigenkapital		**790.700,–**

Kirkel, 08. Januar 20..

b)

Bilanz

Aktiva	vom 31. Dezember 20..	Passiva
	€	€

Aktiva	€	Passiva	€
I. Anlagevermögen		**I. Eigenkapital**	790.700,–
1. Bebautes Grundstück	720.000,–	**II. Fremdkapital**	
2. Unbebautes Grundstück	80.000,–	1. *Langfristiges Fremdkapital*	
3. Praxisausst.	67.700,–	Darlehen Volksbank Neunkirchen	60.000,–
II. Umlaufvermögen			
1. Kasse	1.200,–	2. *Kurzfristiges Fremdkapital*	
2. Bankguthaben		Darlehen Sparkasse Ottweiler	30.000,–
– Dresdner Bank	4.500,–		
– Kreissparkasse Kirkel	4.500,–		
– Postbank Saarbrücken	2.800,–		
	880.700,–		**880.700,–**

Jürgen Immerfroh – Kirkel, 15. Januar 20..

Unterschrift

c) **AB** steht für **Anfangsbestand**

Soll	Beb. Grundst.	Haben		Soll	Unbeb. Grundst.	Haben
AB	720.000,–			AB	80.000,–	

Soll	Praxisausst.	Haben		Soll	Kasse	Haben
AB	67.700,–			AB	1.200,–	

Soll	Dresdner Bank	Haben	Soll	Kreissp. Kirkel	Haben
AB 4.500,–			AB 4.500,–		

Soll	Postbank Saarbr.	Haben	Soll	Eigenkapital	Haben
AB 2.800,–				AB 790.700,–	

Soll	Volksb.Neunk.	Haben	Soll	Spark. Ottweiler	Haben
	AB 60.000,–			AB 30.000,–	

d) **Zugänge auf einem Aktivkonto**
   - Kauf eines Personal-Computers
   - Mandant überweist Gebühren auf Bankkonto

e) **Abgänge auf einem Aktivkonto**
   - Verkauf eines unbebauten Grundstücks (bei gleichzeitiger Tilgung des bestehenden Hypothekarkredits)
   - Barentnahme

f) **Zugänge auf einem Passivkonto**
   - Darlehensaufnahme
   - Aufnahme eines Hypothekarkredits

g) **Abgänge auf einem Passivkonto**
   - Tilgung eines Darlehens
   - Tilgung eines Hypothekarkredits

h) **Zugänge auf Aktivkonten** werden im **Soll** gebucht.

i) **Abgänge auf Aktivkonten** werden im **Haben** gebucht.

j) **Zugänge auf Passivkonten** werden im **Haben** gebucht.

k) **Abgänge auf Passivkonten** werden im **Soll** gebucht.

l)

Soll	Kasse	Haben	Soll	Kreissp. Kirkel	Haben
AB 1.200,–			AB 4.500,–	**Kasse 500,–**	
K. Kirkel 500,–					

m)

Soll	Dresdner Bank	Haben	Soll	Postbank Saarbr.	Haben
AB 4.500,–	**Postb. 200,–**		AB 2.800,–		
			Dres. BK 200,–		

n)

Soll		Kasse		**Haben**
AB	1.200,–	**Sp.Ottw.**	**2.000,–**	

Soll	Spark. Ottweiler		**Haben**
Kasse	**2.000,–**	AB	30.000,–

o)

Soll		Postbank Saarbr.	**Haben**
AB	2.800,–	**Dresdn. Bk**	**1.000,–**

Soll		Dresdner Bank	**Haben**
AB	4.500,–		
Postb.	**1.000,–**		

p)

Soll		Praxisausst.	**Haben**
AB	67.700,–		
Kasse	**200,–**		

Soll		Kasse		**Haben**
AB	1.200,–	**Praxisausst.**	**200,–**	

11. a) Ein **Bankguthaben** gehört zum Umlaufvermögen in einer Bilanz und ist deshalb ein **Aktivkonto**.

b) Das **Darlehen** gehört zum Fremdkapital in einer Bilanz und ist deshalb ein **Passivkonto**.

c) Ein **Postbank-Guthaben** gehört zum Umlaufvermögen in einer Bilanz und ist deshalb ein **Aktivkonto**.

d) Der **Fuhrpark (PKW usw.)** gehört zum Anlagevermögen in einer Bilanz und ist deshalb ein **Aktivkonto**.

e) Ein Hypothekarkredit gehört zum Fremdkapital in einer Bilanz und ist deshalb ein **Passivkonto**.

f) Ein **unbebautes Grundstück** gehört zum Anlagevermögen in einer Bilanz und ist deshalb ein **Aktivkonto**.

12. a) **Aktiv-Tausch**
Es ändern sich zwei Aktivposten einer Bilanz.

b) **Passiv-Tausch**
Es ändern sich zwei Passivposten einer Bilanz.

c) **Aktiv-Passiv-Tausch**
Es ändert sich ein Aktivposten und ein Passivposten einer Bilanz.

13. a) Beim Kauf einer Eigentumswohnung gegen ein Darlehen handelt es sich um eine **Aktiv-Passiv-Mehrung**. In der Bilanz erfolgt sowohl im Anlagevermögen unter **Aktiva** unter der Position „Bebautes Grundstück" als auch unter **Passiva** unter der Position „Langfristiges Fremdkapital" ein Zugang.

b) Bei der Tilgung eines Hypothekarkredites durch ein Darlehen handelt es sich um einen **Passiv-Tausch**. In der Bilanz verringern sich die beiden Passiv-Konten in Höhe des Tilgungsbetrages.

c) Beim Kauf einer elektrischen Schreibmaschine gegen Banküberweisung handelt es sich um einen **Aktivtausch**. Im Umlaufvermögen verringert sich das Bankguthaben; im Anlagevermögen vermehrt sich der Wert der Praxisausstattung.

d) Wird ein Teil eines Darlehens durch Bareinzahlung getilgt, so handelt es sich um einen einen **Aktiv-Passiv-Tausch**. Das Darlehen auf der Passiva-Seite verringert sich ebenso wie das Konto Kasse auf der Aktiva-Seite der Bilanz.

e) Beim Verkauf eines Schreibtisches gegen Barzahlung handelt es sich um einen **Aktiv-Tausch**. Das Konto Praxisausstattung vermindert sich, während sich das Konto Kasse vermehrt.

14. a) Tilgung eines Darlehens durch einen Teil eines neu aufgenommenen Darlehens, für das geringere Kreditzinsen zu zahlen sind.

b) Tilgung eines Darlehens gegen Bareinzahlung.

c) Kauf eines Büroschrankes gegen Banküberweisung.

2.3 Geschäftsvorfälle

1. a) und b)

Soll	Bebaut. Grundstück	Haben
AB 480.000,–		

Soll	Fuhrpark	Haben
AB Pkw 30.000,–		
(1)	6.000,–	

Soll	Praxisausstattung	Haben
AB 85.000,–		
(2) 500,–		

Soll	Kasse	Haben
AB 4.000,–	**(2)**	500,–
	(3)	1.000,–

Soll	Volksbank Berlin	Haben
AB 12.000,–	**(1)**	6.000,–
(3) 1.000,–	**(4)**	500,–
	(5)	2.000,–

Soll	Postbank Berlin	Haben
AB 2.000,–		
(5) 2.000,–		

Soll	Darlehen	Haben		Soll	Hypothekarkredit	Haben
(4)	500,–	AB 40.000,–				AB 150.000,–

c) **Abschluss der Bestandskonten**

Soll	Bebaut. Grundstück	Haben		Soll	Fuhrpark	Haben
AB	480.000,–	SB 480.000,–		AB Pkw	30.000,–	SB 36.000,–
				(1)	6.000,–	
					36.000,–	**36.000,–**

Soll	Praxisausstattung	Haben		Soll	Kasse	Haben
AB	85.000,–	SB 85.000,–		AB	4.000,–	(2) 500,–
(2)	500,–					(3) 1.000,–
						SB 2.500,–
	85.000,–	**85.000,–**			**4.000,–**	**4.000,–**

Soll	Volksbank Berlin	Haben		Soll	Postbank Berlin	Haben
AB	12.000,–	(1) 6.000,–		AB	2.000,–	SB 4.000,–
(3)	1.000,–	(4) 500,–		(5)	2.000,–	
		(5) 2.000,–				
		SB 4.500,–				
	13.000,–	**13.000,–**			**4.000,–**	**4.000,–**

Soll	Darlehen	Haben		Soll	Hypothekarkredit	Haben
(4)	500,–	AB 40.000,–		SB	150.000,–	AB 150.000,–
SB	39.500,–					
	40.000,–	**40.000,–**			**150.000,–**	**150.000,–**

d)

Aktiva		Bilanz vom 31. Dezember 20..	Passiva	
	€			€
I. Anlagevermögen		**I. Eigenkapital**		423.000,–
1. Bebautes Grundstück	480.000,–	**II. Fremdkapital**		
2. Fuhrpark	36.000,–	1. *Langfrist. Fremdkap.*		
3. Praxisausst.	85.500,–	Hypothekarkredit		150.000,–
II. Umlaufvermögen				
1. Kasse	2.500,–	2. *Kurzfrist. Fremdkap.*		
2. Bankguthaben		Darlehen		39.500,–
Volksbank Berlin	4.500,–			
3. Postbank Berlin	4.000,–			
	612.500,–			612.500,–

Thomas Sonnenstrahl – Berlin, 31. Dezember 20. .

Unterschrift

2. a) – **Einfache Buchführung**: Buchung nur auf Bestandskonten (z.B. in Kleinbetrieben des Einzelhandels, u.a. im sog. Tante Emma Laden und in Handwerksbetrieben).

   – **Doppelte Buchführung**: Buchung auf Bestandskonten mit Gegenbuchung auf Erfolgskonten.

   b) Im **Grundbuch** werden Geschäftsvorfälle so eingetragen, wie sie gerade anfallen, d.h. in zeitlicher (=chronologischer) Reihenfolge.

   c) Im **Hauptbuch** werden die im Grundbuch verzeichneten Geschäftsvorfälle auf Konten erfasst.

3. a) und b)

		Grundbuch		
Datum des Belegs	Beleg-Nummer	Bezeichnung des Vorgangs – Buchungssatz –	Soll €	Haben €
12.07.20..	(1)	Praxisausstattung + Vorsteuer an Kasse	185,– 27,75	212,75
03.02.20..	(2)	Kasse an Postbank	1.000,–	1.000,–
*	*	*	*	*
*	*	*	*	*

4. a) Fragen beim **Kauf** eines **Computers**:
   - Welche Freunde und Bekannte haben bereits einen Computer, arbeiten erfolgreich damit und können deshalb beraten?
   - Aus welchen im Handel (Schreibwarengeschäfte und Kioske) erhältlichen Fachzeitschriften können aktuelle Informationen für den Kauf eines PCs entnommen werden?
   - Welche Fachausdrücke sollte man sich verinnerlichen, um überhaupt ein Gespräch über einen Computerkauf führen zu können?
   - Welche Hardware-Konfiguration (Bildschirm, Rechner, Tastatur [Keyboard], Drucker) ist für den beabsichtigten Verwendungszweck zu empfehlen?
   - Welche Software-Progamme sollten gekauft werden?
   - Von welchem Händler ist der beste Service zu erwarten?
   - Wie hoch sind die Gesamtkosten von Hardware und Software?
   - Welche Kosten der Unterhaltung sind nach dem Kauf zu erwarten?
   - Sind Schulungsmaßnahmen erforderlich?
   - Lohnt eher Kauf oder Leasing?

   b) - Nadeldrucker
   - Tintenstrahldrucker
   - Laserdrucker

   c) Die **Druckqualität** ist bei Laserdruckern i.d.R. besser als bei Tintenstrahldruckern.

   d) Folgende Überlegungen können beim Kauf eines Druckers angestellt werden:
   - Welcher Händler bietet den preiswertesten Drucker an?
   - Welche Druckkosten (Tonerkassette, Entwicklungseinheit, Papier usw.) fallen bei den verschiedenen Druckerarten an?
   - Welche Drucker sind – technisch gesehen – am empfehlenswertesten?

   e) Um Grafiken gut und schnell ausdrucken zu lassen, sollte Herr Zögerlich darauf achten, dass er eine in MB gemessene hinreichend große Speicherkapazität wählt.

   f) Ein **Betriebssystem** sorgt dafür, dass **Anwendungsprogramme**, wie z.B. Programme für die Kostenrechnung, Textverarbeitungsprogramme wie WINWORD, Tabellenkalkulationsprogramme wie Excel usw., auf Festplatte oder einen anderen Datenträger, wie z.B. eine Diskette oder CD-ROM zugreifen können.

   g) **DOS** = Disk Operating System

   h) Von **Multitasking** spricht man, wenn **mehrere Programme gleichzeitig** auf dem Rechner laufen können.

   i) - **Online-Betrieb**: Die Daten werden mittels eines Dialoggeräts online, d.h. direkt in die Zentraleinheit (= CPU → Central Processing Unit), eingegeben.

     – **Offline-Betrieb**: Die verwendeten Datenerfassungsgeräte (z.B. Diskette) stehen in Verbindung mit der Zentraleinheit.

j) **Leasing** ist eine Investitions- und eine Finanzierungsmethode.

k) Kommt es zu einem **Finanzierungs-Leasing-Vertrag**, so erwirbt der Leasing-Geber den Leasing-Gegenstand (PC oder Kopierer usw.) und überlässt ihn dem Leasing-Nehmer für eine bestimmte Nutzungszeit gegen eine vereinbarte monatliche Rate.

l) Wird ein Gegenstand geleast, so erfolgt kein Zugang im Anlagevermögen der Bilanz.

5. a) Grund- und Hauptbuch sind im **amerikanischen Journal** nebeneinander angeordnet.

   b) **Vorbereitende Abschlussbuchungen**:
     – Der Abschluss des Privatkontos erfolgt über das G+V-Konto.
     – Das Vorsteuerkonto wird über das Mehrwertsteuer-Konto abgeschlossen.
     – Die Abschreibungen werden gebucht.

   c) **Abschlussbuchungen**:
     – Erfolgskonten werden über das G+V-Konto abgeschlossen.
     – Das G+V-Konto wird über das Eigenkapital-Konto abgeschlossen.
     – Die Bestandskonten werden abgeschlossen.

6. a) **Betriebsausgaben** sind gemäß § 4 EStG Aufwendungen, die durch den Betrieb veranlasst sind. Es werden unterschieden:

     – **abzugsfähige** Betriebsausgaben, wie z.B.
       – Personalkosten
       – betriebliche Steuern
       – betriebliche Abschreibungen
       – Geldverluste (beispielsweise durch Diebstahl)

     – **nicht abzugsfähige** Betriebsausgaben, wie z.B:
       – Aufwendungen für Geschenke an Personen (die einen gesetzlich festgelegten Betrag überschreiten), die nicht Arbeitnehmer des Steuerpflichtigen (z.B. Rechtsanwalt oder Notar) sind
       – Zinsen auf hinterzogene Steuern.

   b) Im Gegensatz zu dem Begriff Betriebsausgaben ist der Begriff **Betriebseinnahmen** nicht im Einkommensteuergesetz geregelt. Man lehnt sich jedoch an den Begriff Einnahmen an, der in § 8 EStG definiert ist. Demnach sind Betriebseinnahmen alle Güter, die in Geld oder Geldeswert bestehen und dem Steuerpflichtigen im Rahmen der Einkunftsarten des § 2 Abs. 1 Nr. 4 bis 7 zufließen (siehe hierzu Abschnitt **2.1, Aufgabe 5**). Beispiele für Betriebseinnahmen sind:
     – Ein PKW hat einen Buchwert von 10.000,– €, wird aber für 13.920,– € incl. 1.920,– € USt verkauft.

– Einnahmen durch Gebühren gemäß BRAGO (Prozessgebühren, Besprechungsgebühren usw.) oder Kostenordnung der Notare (Beurkundungsgebühren, Entwurfsgebühren usw.).

c) Betriebsausgaben und Betriebseinnahmen werden über das **Gewinn- und Verlustkonto** abgeschlossen.

7. a) Eine Honorarbuchung kann nach dem Nettoverfahren erfolgen, wobei auf dem Honorarkonto das Nettohonorar (ohne USt) gebucht wird, oder nach dem Bruttoverfahren, bei dem auf dem Honorarkonto das Bruttohonorar einschließlich USt erscheint.

Buchung nach dem Nettoverfahren:

Kasse	1.392,– €	**an**	Honorar	1.200,– €
			MWSt	192,– €

b)
Personalkosten		**an** Postbank	3.500,– €

c)
Raumkosten		**an** Bank	2.000,– €

d)
Allgemeine Verwaltungskosten (AVK)	17,– €			
+ Vorsteuer	2,72 €	**an**	Kasse	19,72 €.

e)
AVK	**an** Bank	450,– €.

f)
Raumkosten	420,– €		
+ Vorsteuer	67,20 €	**an** Postbank	487,20 €

8. a)

Soll	Honorar	**Haben**		Soll	Beiträge	**Haben**
G+V 6.200,–	Bank	2.000,–		Bank 450,–	**G+V**	450,–
	Kasse	1.200,–				
	Bank	3.000,–				
6.200,–		**6.200,–**		**450,–**		**450,–**

Soll	Bürobedarf	**Haben**		Soll	Porto & Telefon	**Haben**
Bank 850,–	**G+V**	1.000,–		Postbank 350,–	**G+V**	400,–
Kasse 150,–				Kasse 50,–		
1.000,–		**1.000,–**		**400,–**		**400,–**

Soll		Zinsen		Haben	
G+V	400,–		Bank	400,–
	400,–			**400,–**	

Soll		G+V		Haben	
Beiträge	450,–	Honorar	6.200,–
Bürobedarf	1.000,–	Zinsen	400,–
Porto + Telefon	400,–		
Eigenkapital	4.750,–		
	6.600,–		**6.600,–**

2.4   Mehrwertsteuer – Vorsteuer – Zahllast

1. a)

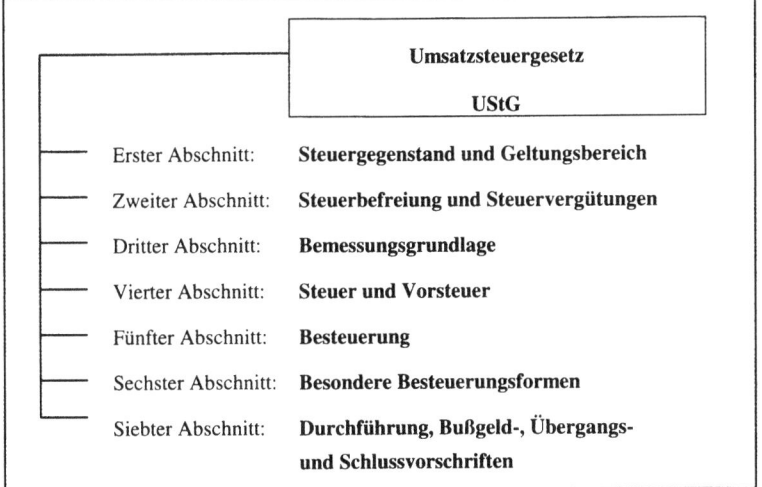

		Umsatzsteuergesetz	
		UStG	
Erster Abschnitt:		**Steuergegenstand und Geltungsbereich**
Zweiter Abschnitt:		**Steuerbefreiung und Steuervergütungen**
Dritter Abschnitt:		**Bemessungsgrundlage**
Vierter Abschnitt:		**Steuer und Vorsteuer**
Fünfter Abschnitt:		**Besteuerung**
Sechster Abschnitt:		**Besondere Besteuerungsformen**
Siebter Abschnitt:		**Durchführung, Bußgeld-, Übergangs- und Schlussvorschriften**

   b) Der Umsatzsteuer bei Rechtsanwälten und Notaren unterliegen die Dienstleistungen und der Verkauf von Wirtschaftsgütern (z.B. immaterielle Wirtschaftsgüter wie Computerprogramme), wenn die Erlöse aus den Umsätzen in der Bundesrepublik Deuschland entstanden sind.

   c) Der Umsatz wird bei den Leistungen (aber auch bei Lieferungen) nach dem **Entgelt** bemessen. Entgelt ist alles, was der Leistungsempfänger aufwendet, um die Leistung zu erhalten, jedoch abzüglich der Umsatzsteuer.

2. a) Der **allgemeine Umsatzsteuersatz** beträgt **16 %** der Bemessungsgrundlage (§12 UStG). Bemessungsgrundlage sind beispielsweise Gebühren nach der BRAGO und KostO.

   b) Der **ermäßigte Umsatzsteuersatz** beträgt **7 %** der Bemessungsgrundlage (§ 12 UStG).

c) Der ermäßigte Umsatzsteuersatz gilt u.a. für folgende Umsätze:
- Anzucht von Pflanzen und Aufzucht von Vieh
- Leistungen der Theater, Orchester, Kammermusikensembles, Chöre
- Zirkusvorführungen
- Verabreichung von Heilbädern
- Beförderung von Personen im Schienenbahnverkehr
- Einräumung, Übertragung und Wahrnehmung von Rechten aus dem Urhebergesetz (z.B. schriftstellerische Werke).

3. a) Der Unternehmer, Anwalt oder Notar kann gemäß § 15 UStG **Vorsteuerbeträge** von seiner Umsatzsteuerschuld (gegenüber dem Finanzamt) für Lieferungen und Leistungen, die für seinen Betrieb ausgeführt und ihm in einer Eingangsrechnung in Rechnung gestellt worden sind, abziehen (z.B. Kauf von Fachliteratur). Also ist die Vorsteuer die in einer Eingangsrechnung ausgewiesene Umsatzsteuer.

b) In der **Ausgangsrechnung** ist die **Mehrwertsteuer** auszuweisen.

c) – Gebührenabrechnung für Unterschriftbeglaubigung
 – Kostenberechnung eines Notars auf Grund eines Kaufvertrages über eine Eigentumswohnung

d) – Einkauf von Büromaterial
 – Einkauf von Formularen

4. Ein Rechtsanwalt (oder Notar oder ein Unternehmer) hat bis **zum 10. Tag nach Ablauf jedes Kalendermonats (Voranmeldungszeitraum)** eine Voranmeldung nach einem amtlich vorgeschriebenen (und beim Finanzamt erhältlichen) Vordruck abzugeben, in der er die Steuer für den Voranmeldungszeitraum (Vorauszahlung) selbst zu berechnen hat (§ 18 UStG).

5. a) 16 % von 2.400,– € $\rightarrow \dfrac{2.400}{100}$ x 16 = **384,– €**

b) 2.400,– € + 384,– € = **2.784,– €**

c) **Kasse** 2.784,– €   an **Honorar**   2.400,– €
                                   an **MWSt**   384,– €

6. a) und b)

Soll	Vorsteuer	Haben		Soll	MwSt	Haben
160,–	**MWSt**	900,–		Vorst. 900,–		640,–
480,–				Bank 540,–		260,–
260,–						320,–
						220,–
900,–		**900,–**		**1.440,–**		**1.440,–**

Buchungssätze: **MWSt an VSt:** 900,–   **MWSt an Bank:** 540,– €

c) Der Saldo auf dem MWSt-Konto in Höhe von 540,– € wird **Zahllast** genannt. Sie wird an das **Finanzamt** abgeführt.

d) Die sich aus dem Konto Mehrwertsteuer ergebende Zahllast würde in der Bilanz (sofern eine aufgestellt wird) am Ende des Jahres (sog. Schlussbilanz) auf die **Passiva**-Seite übertragen, sofern der Betrag noch nicht an das Finanzamt abgeführt wäre.

7. a) Auf dem Verrechnungskonto **Zahllast** stehen auf der **Soll-Seite** Beträge, die während des Jahres bis zum 10. des jeweiligen Monats an das Finanzamt abgeführt wurden.

b) Auf der **Haben-Seite** des Verrechnungskontos **Zahllast** stehen die Beträge, die an das Finanzamt abzuführen waren bzw. die noch überwiesen werden müssen.

c) **Verrechnungskonto Zahllast** an   **Postbank**   400,– €.

d) Entsteht bei der Saldierung des Verrechnungskontos Zahllast auf der Soll-Seite ein Saldo, so lautet die Buchung:

Verrechungskonto Zahllast   an   **G+V**

e) Hat die Anwaltspraxis einen höheren Betrag an Zahllast an das Finanzamt abgeführt als erforderlich, so lautet die Buchung:

G+V   an   **Verrechnungskonto Zahllast**

2.5   Rabatt und Skonto

1.

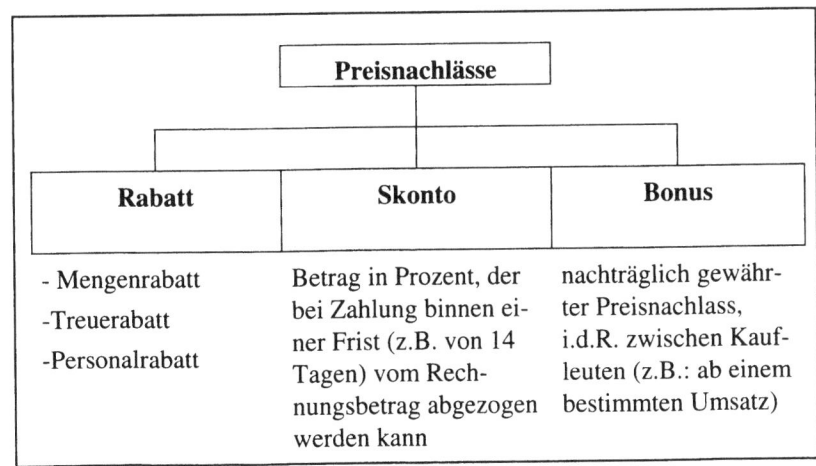

Rabatt	Skonto	Bonus
- Mengenrabatt -Treuerabatt -Personalrabatt	Betrag in Prozent, der bei Zahlung binnen einer Frist (z.B. von 14 Tagen) vom Rechnungsbetrag abgezogen werden kann	nachträglich gewährter Preisnachlass, i.d.R. zwischen Kaufleuten (z.B.: ab einem bestimmten Umsatz)

2. a) **Mengenrabatte** werden ab einer bestimmten Menge gewährt.
Beispiel: Ein Großhändler gewährt einem Einzelhändler einen 4 %igen Rabatt bei Abnahme von 100 Füllhaltern, 5 % ab einer Abnahme von 200 Füllhaltern, 6 % Rabatt ab einer Abnahme von 400 Füllhaltern.

b) **Treuerabatt** wird beispielsweise Gewerbetreibenden gegenüber gewährt, weil diese gegenüber dem Großhändler oder Produzenten langjährige Geschäftsbeziehungen aufrechterhalten, obwohl die Konkurrenz stärker geworden ist.

3. **Rabatte** werden buchhalterisch nicht gesondert erfasst. Sie mindern die Anschaffungskosten sofort, d. h., sie werden direkt vom Listenpreis abgezogen.

4. a)

	Listenpreis à 800,– €	6.400,00 €
–	10 % Rabatt	640,00 €
	Nettopreis	5.760,00 €
+	16 % MWSt	921,60 €
	Rechnungsbetrag	**6.681,60 €**

b) **Praxisausstattung**   **5.760,00 €**
   Vorsteuer   **921,60 €**   an **Bank 6.681,60 €**

5. **Skonto** mindert nicht nur den Wert der Ware, sondern auch den der Mehrwertsteuer.

6. a)

	3 × 700,– € =	2.100,– €
	2 × 500,– € =	1.000,– €
	4 × 1.100,– € =	4.400,– €
	Warenwert	7.500,– €
+	16 % MWSt	1.200,– €
	Rechnungsbetrag	**8.700,– €**

b)

	Rechnungsbetrag	8.700,– €
–	2 % Skonto	174,– €
	Überweisungsbetrag	**8.526,– €**

c)

	Warenwert	7.500,– €
–	2 % Skonto	150,– €
	Nettowarenwert	7.350,– €
+	16 % MWSt	1.176,– €
	Überweisungsbetrag	**8.526,– €**

Buchung:
   Praxisausstattung   **7.350,– €**
   + **Vorsteuer**   **1.176,– €**

an **Postbank 8.526,– €**

7. a)

	Warenwert	20.000,00 €
–	10 % Rabatt	2.000,00 €
	Nettorechnungsbetrag	18.000,00 €
+	16 % MWSt	2.880,00 €
	Bruttorechnungsbetrag	**20.880,00 €**

b)

	Nettorechnungsbetrag	18.000,00 €
–	2 % Skonto	360,00 €
	Nettopreis	17.640,00 €
+	16 % MWSt	2.822,40 €
	Überweisungsbetrag	**20.462,40 €**

c) **Buchung**:

	Praxisausstattung	**17.640,00 €**
+	**MWSt**	**2.822,40 €**

an **Bank 20.462,40 €**

2.6 Durchlaufende Posten

1. Bei durchlaufenden Posten handelt es sich um Einnahmen und Ausgaben, die ein Rechtsanwalt oder Notar im Namen und für Rechnung eines anderen vereinnahmt und verausgabt (§ 10 UStG). Er ist weder Gläubiger noch Schuldner der vereinnahmten oder verausgabten Beträge; der Rechtsanwalt oder Notar „spielt" lediglich eine Vermittlerrolle. Demgegenüber bestehen zwischen dem Zahlungsempfänger und dem Zahlungspflichtigen unmittelbare Rechtsbeziehungen.

2. Konten, auf denen durchlaufende Kosten gebucht werden, sind Bestandskonten.

3.

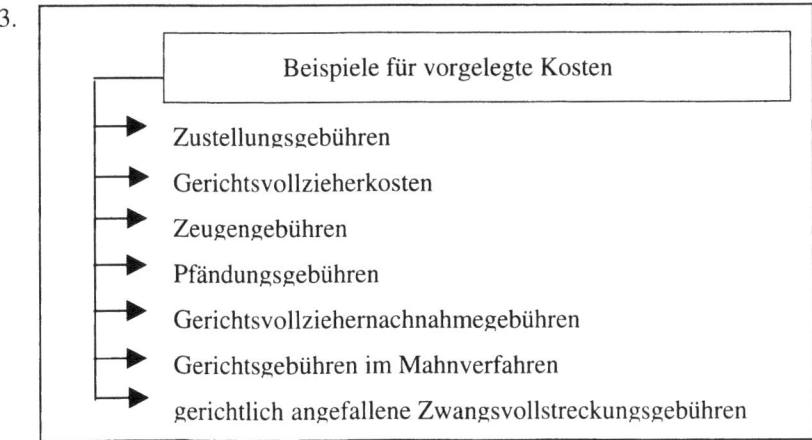

Beispiele für vorgelegte Kosten
Zustellungsgebühren
Gerichtsvollzieherkosten
Zeugengebühren
Pfändungsgebühren
Gerichtsvollziehernachnahmegebühren
Gerichtsgebühren im Mahnverfahren
gerichtlich angefallene Zwangsvollstreckungsgebühren

4. Neben vorgelegten Kosten sind **Fremdgelder** ebenso durchlaufende Posten.

5.

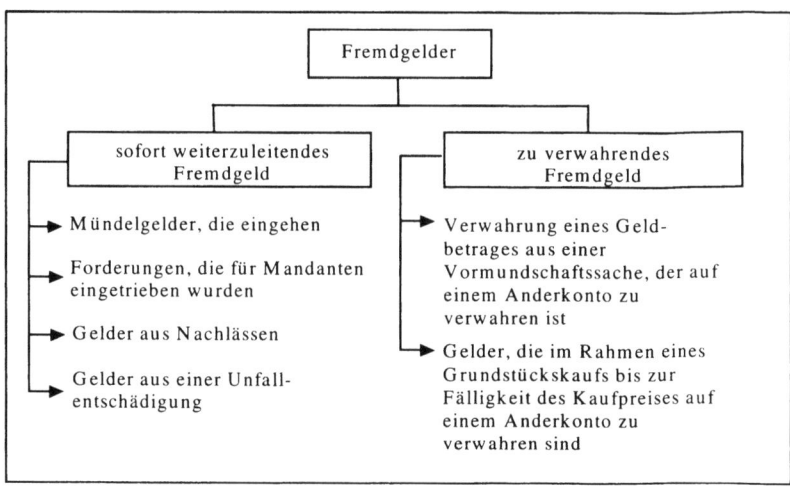

6. In diesem Fall handelt es sich bei den vorgelegten Kosten um ein Passiv-konto.

7. Auf einem **Anderkonto**, das bei einer Bank oder Sparkasse geführt wird, werden Fremdgelder treuhänderisch verwaltet.

8. a) Das Fremdgeldkonto ist ein Erfolgskonto.   O

   b) **Das Fremdgeldkonto ist ein Bestandskonto.**   ⊗

   c) Das Anderkonto wird über das Privatkonto abgeschlossen.   O

   d) **Das Anderkonto ist von den privaten Konten auf Bank und Sparkasse streng zu unterscheiden.**   ⊗

   e) **Für Rechtsanwälte ist das Fremdgeldkonto ein Schuldkonto.**   ⊗

   f) **Das Fremdgeldkonto ist ein Konto, auf das durchlaufende Posten gebucht werden.**   ⊗

   g) Durchlaufende Posten unterliegen der Einkommensteuer.   O

   h) **Durchlaufende Posten sind gemäß Umsatzsteuergesetz nicht umsatzsteuerpflichtig.**   ⊗

9.

Geschäftsvorfälle	Durchlaufende Posten		Sonstiges
	Vorgelegte Kosten	Fremdgeld	
Kauf von Blumen zur Verschö-nerung des Büros			X
Kauf einer Wertmarke für den Gerichtskostenfreistempler	X		
Barauslagen für Gerichtskosten für die Mandantin Jutta Wunder-voll	X		
Vorläufige Verwahrung von Geldern in einer Vormund-schaftssache		X	
Bezahlung der Gerichtskosten für Mandant Josef Süß	X		
Kauf von Briefumschlägen für die betriebliche Verwendung			X

10. a) **Vorgelegte Kosten** an **Kasse** 750,– €

b) **Postbank** an **Vorgelegte Kosten** 200,– €

c) **Bank** an **Fremdgeld** 6.500,– €

d) *Buchung am 03. April 20 . .*
Anderkonto an **Fremdgeld** 12.000,– €

Buchung am 08. Mai 20 . .
Fremdgeld an **Anderkonto** 12.000,– €

e) **Bank** 1.374,– € an **Anwaltshonorar** 650,– €
an **MWSt** 104,– €
an **Vorgelegte Kosten** 620,– €

2.7   Geschäftsvorfälle aus dem privaten Bereich

1. a) Aus **§ 4 des Einkommensteuergesetzes** kann abgeleitet werden, was **Entnahmen** im steuerrechtlichen Sinne sind.

b) **Entnahmen** sind alle Wirtschaftsgüter, die der Steuerpflichtige dem Betrieb
– für sich
– für seinen Haushalt und
– für andere betriebsfremde Zwecke im Laufe des Wirtschaftsjahrs
entnommen hat.

Wirtschaftsgüter sind beispielsweis Barentnahmen, Waren (im Falle von Gewerbetreibenden), Erzeugnisse (die Industrieunternehmen selbst produziert haben), Gegenstände des Anlagevermögens (Personalcomputer usw.).

2. a)

Soll	Darlehen	Haben		Soll	Kasse	Haben

b)

Soll	Darlehen	Haben		Soll	Kasse	Haben
Kasse **2.000,–**					**Darlehen** **2.000,–**	

c) **Darlehen** an **Kasse** 2.000,– €

d) Im Umsatzsteuergesetz ist in § 1, Abs. 2 geregelt, dass der Eigenverbrauch der Umsatzsteuer unterliegt. **Geldentnahmen** gelten jedoch nicht als Eigenverbrauch; sie **unterliegen** deshalb **nicht der Umsatzsteuer**.

3. a) Im Sinne von § 1 des Umsatzsteuergesetzes handelt es sich bei Regalen um einen Gegenstand, der zum Eigenverbrauch zählt, wenn er für Zwecke bestimmt ist, die außerhalb des Betriebes, d. h. der Anwaltspraxis, liegen.

b) **Buchwertabgang**   an   **Praxisausstattung** 1.100,– €
        Zeitwert   1.500,– €
   +   16 % USt   240,– €
        Bruttobetrag 1.740,– €

   Privat 1.740,– €   an   **Eigenverbrauch** 1.500,– €
                   an   **Mehrwertsteuer** 240,– €

c) Durch die Subtraktion des geringeren Buchwertes des Anlagegegenstandes vom Zeitwert ergibt sich ein **Entnahmegewinn** von 400,– €.

d) Gemäß § 22 UStG ist der Unternehmer – und dies gilt auch für Rechtsanwälte – verpflichtet, zur Feststellung der Steuer und der Grundlagen ihrer Berechnung Aufzeichnungen zu machen.

4.   **Kasse** an **Privat**(einlagen) 600,– €

5.   Das **Privatkonto** wird **über** das Konto **Eigenkapital** abgeschlossen.

6.   Das Konto **Eigenkapital** wird **über** das **G+V-Konto** abgeschlossen.

7. – Sofern die *Privatentnahmen höher als die Privateinlagen* sind, lautet
   der Buchungssatz:
   Eigenkapital an **Privat**.

   – Sind die *Privateinlagen* höher als die *Privatentnahmen*, so lautet der
   Buchungssatz:
   Privat an **Eigenkapital**.

8. Da das **Privatkonto** ein **Unterkonto des Eigenkapitalkontos** ist, ist es
   ein **Bestandskonto**.

9. a) Im Falle von **Putzmitteln** handelt es sich um **Aufwendungen**.

   b) Wenn Rechtsanwalt Immerfroh Geld für private Zwecke aus der Kasse
   nimmt, so handelt es sich um eine **Entnahme**.

   c) Sowohl Aufwendungen als auch Privatentnahmen **mindern** das Konto
   Eigenkapital.

10. a) Der Gewinn und Verlust errechnet sich nach den Vorschriften des
    § 4 Abs. 3 EStG.

	Eigenkapital am Ende des Wirtschaftsjahres	140.000,– €
–	Eigenkapital am Anfang des Wirtschaftsjahres	100.000,– €
+	Entnahmen	10.000,– €
–	Einlagen	20.000,– €
=	**Gewinn**	**30.000,– €**

   b) Steuerpflichtige, die auf Grund gesetzlicher Vorschriften verpflichtet
   sind, Bücher zu führen und regelmäßig Abschlüsse zu machen und die
   auch keine Bücher führen und die keine Abschlüsse (Bilanz usw.) machen, können als Gewinn den Überschuss der Betriebseinnahmen über
   die Betriebsausgaben ansetzen. Als Rechtsgrundlagen sind für diejenigen, die der Buchführungspflicht unterliegen, das HGB und die han-
   delsrechtlichen Nebengesetze (AktG, GmbHG, GenG) heranzuziehen.

   c) **Durchlaufende Posten** sind Beträge, die der Rechtsanwalt oder Notar
   im Namen und für Rechnung eines anderen vereinnahmt und verausgabt (§ 10 UStG).

   d) Beispiele für **durchlaufende Posten** sind:
   – Fremdgeld
   – Gerichtskosten
   – Zwangsvollstreckungskosten.

2.8 Abrechnung von Gehältern

1. a) **Wirtschaftszweige**:
   - Industriebetriebe
   - Handelsbetriebe
   - Banken
   - Versicherungen
   - Verkehrsbetriebe

   b) **Branchen**:
   - Spielwarenbranche
   - Lebensmittelbranche
   - Textilbranche

   usw.

   c) **Freiberufler**:
   - Rechtsanwälte
   - Notare
   - Steuerberater
   - Architekten
   - Ärzte

   usw.

   d) **Arbeiter** erhalten als Arbeitsentgelt **Lohn.**

   e) **Angestellte** erhalten als Arbeitsentgelt **Gehalt**.

   f) **Auszubildenden** wird für ihre Arbeitsleistung **Ausbildungsvergütung** gezahlt.

   g) Gemäß § 1 BUrlG hat jeder Arbeitnehmer einen Anspruch auf **bezahlten** Erholungsurlaub. Bezahlt bedeutet, dass ihm während der Inanspruchnahme von Erholungsurlaub das Arbeitsentgelt weiter zu bezahlen ist. Man spricht in diesem Fall von **Urlaubsentgelt**. Es bemisst sich nach § 11 BUrlG nach dem durchschnittlichen Arbeitsverdienst, den der Arbeitnehmer in den letzten dreizehn Wochen vor dem Beginn des Urlaubs erhalten hat.

   Vom Urlaubsentgelt ist das **Urlaubsgeld** zu unterscheiden. Es stellt eine zusätzliche, über das Urlaubsentgelt hinaus gezahlte Vergütung dar. Eine Verpflichtung zur Bezahlung von Urlaubsgeld besteht nur, wenn dies vertraglich
   - im **Individualarbeitsvertrag** vereinbart wurde oder
   - in einer **Betriebsvereinbarung** (Vereinbarung zwischen Betriebsrat und Arbeitgeber) festgelegt ist oder
   - ein **Tarifvertrag** (Vereinbarung zwischen Gewerkschaft und Arbeitgeberverband oder Gewerkschaft und einem einzelnen tariffähigen Arbeitgeber) die Zahlung dieser Zusatzleistung vorsieht.

h) – Weihnachtsgeld
– Vergütungen für Überstunden
– Zahlungen nach dem Vermögensbildungsgesetz.

2.

Personalkosten		
Gehälter	Gesetzliche soziale Aufwendungen	Freiwillige soziale Aufwendungen
	• 50 % Arbeitgeberanteil am Be trag zur gesetzlichen - Krankenversicherung - Arbeitslosenversicherung - Rentenversicherung - Pflegeversicherung • Den Beitrag zur gesetz lichen Unfallversicherung trägt der Arbeitgeber alleine.	• Fahrkostenzuschüsse • Vermögenswirksame Leistungen • • • usw.

3. a) Gemäß § 9 MuSchG ist die Kündigung einer Frau während der Schwangerschaft und bis zum Ablauf von vier Monaten nach der Entbindung unzulässig, wenn dem Arbeitgeber zur Zeit der Kündigung die Schwangerschaft oder Entbindung bekannt war oder innerhalb zweier Wochen nach Zugang der Kündigung mitgeteilt wird. Da Sonja ihrer Arbeitgeberin die Bescheinigung über ihre Schwangerschaft innerhalb der Zweiwochenfrist vorgelegt hat, besteht ein **besonderer Kündigungsschutz**, d. h., die ausgesprochene **Kündigung ist unwirksam.**

b) Aus dem **Mutterschutzgesetz** kann abgeleitet werden, dass Sonja einen Anspruch auf **Mutterschaftsgeld** hat.

c) Frauen, die Mitglied einer Krankenkasse sind, erhalten **für die Zeit der Schutzfristen Mutterschaftsgeld**. Bei den Schutzfristen handelt es sich um die 6wöchige Schutzfrist vor der Entbindung und die 8wöchige bzw. 12wöchige (Früh- und Mehrlingsgeburten) nach der Entbindung.

d) Der Anspruch auf **Erziehungsgeld** ist ebenso aus dem **Bundeserziehungsgeldgesetz** ableitbar wie der Anspruch auf Elternzeit.

4. a) Da Eva-Brigitta **ledig** ist, ist sie – wie Verwitwete, Geschiedene – für die Durchführung des Lohnsteuerabzugs in die **Lohnsteuerklasse I** einzureihen (§ 39 b EStG).

b) Hätte die **ledige** Eva-Brigitta **ein Kind**, so wäre sie in die **Steuerklasse II** einzureihen.

c) Wenn Eva-Brigitta verheiratet wäre, so wäre sie entweder in die Steuerklasse IV oder in die Klasse III bzw. V einzureihen. Die **Steuerklasse IV** wird dann gewählt, wenn beide Ehegatten ein etwa **gleich hohes**

Einkommen erzielen; haben sie ein **unterschiedlich hohes Einkommen**, so ist die **Kombination III/V** sinnvoller, wobei der Mehrverdienende in die Klasse III, der andere Ehegatte in die Klasse V eingestuft wird.

5. Solange Jasmin ihrem Arbeitgeber die **Lohnsteuerkarte nicht vorlegt**, hat Dr. Wurzelknoll die Lohnsteuer nach der **Steuerklasse VI** zu ermitteln.

6. Da die ledige Amanda Knoblauch **gleichzeitig für zwei Arbeitgeber arbeitet**, hat sie zwei Lohnsteuerkarten. Die Durchführung des Lohnsteuerabzugs erfolgt auf der ersten Karte durch Zuordnung in **Steuerklasse I**. Auf der zweiten Lohnsteuerkarte wird sie der **Steuerklasse VI** zugeordnet.

7. a) Da Eva verheiratet ist, kann sie und ihr Mann grundsätzlich wählen, ob beide sich in die Lohnsteuerklasse IV oder in die Lohnsteuerklasse III und V einreihen sollen. – Die **Lohnsteuerklasse IV** wird dann gewählt, wenn **beide** ein **gleich hohes Einkommen** erzielen; haben sie – wie im vorliegenden Fall – ein **unterschiedlich hohes Einkommen**, so ist die **Kombination III/V** sinnvoller, wobei der **Mehrverdienende** in die **Klasse III**, der andere Ehegatte in die Klasse V eingestuft wird.

b) Der Arbeitgeber hat gemäß Lohnsteuerklasse V für Eva abzuführen:

Lohnsteuer: 1.013,08 €
Solidaritätszuschlag: 55,71 €

c) An **Kirchensteuer** sind bei einem Satz von 9 % 91,17 € abzuführen.

d) Der Arbeitgeber hat für Eva insgesamt **an** das **Finanzamt abzuführen**:

Lohnsteuer: 1.013,08 €
Solidaritätszuschlag: 55,71 €
Kirchensteuer: 91,17 €

1.159,96 €

e) **Krankenversicherung**

100 % → 2.900,00 €
14,2 % → X €

$X = \frac{2900 \times 14,2}{100} = \mathbf{411,80 \, €}$

Pflegeversicherung

100 % → 2.900,00 €
1,7 % → X €

$X = \frac{2900 \times 1,7}{100} = \mathbf{49,30 \, €}$

Arbeitslosenversicherung

100 %	→	2900,00 €
6,5 %	→	X €

$$X = \frac{2900 \times 6,5}{100} = \mathbf{188,50} \ €$$

Rentenversicherung

100 %	→	2900,00 €
19,1 %	→	X €

$$X = \frac{2900 \times 19,1}{100} = \mathbf{553,90} \ €$$

Vom **Arbeitgeber** sind monatlich an **Sozialversicherungsbeiträgen abzuführen**:

Krankenversicherung:	411,80 €
Pflegeversicherung:	49,30 €
Arbeitslosenversicherung:	188,50 €
Rentenversicherung	553,90 €
Summe	**1203,50 €**

Der Arbeit**nehmer**anteil beträgt für Eva 50 % des jeweiligen Sozialversicherungsbeitrags, bzw. die Hälfte der Gesamtsumme, d.h. Evas Gehalt vermindert sich um 1203,50 : 2 = **601,75 €**.

f)	Bruttogehalt	2900,00 €
−	Lohnsteuer	1013,08 €
−	Solidaritätszuschlag	55,71 €
−	Kirchensteuer	91,17 €
−	Arbeitnehmeranteil Sozialversicherungsbeiträge	601,75 €
	Nettogehalt	**1138,29 €**

g) Der Beitrag für die **gesetzliche Unfallversicherung** ist vom Arbeitgeber zu 100 % zu tragen und an die **Berufsgenossenschaft** abzuführen.

8. a) Das monatliche steuer- und sozialversicherungspflichtige Bruttogehalt ergibt sich aus 2150,00 € zuzüglich den Leistungen des Arbeitgebers nach dem Vermögensbildungsgesetz $\frac{480}{12}$ = 40,– €; insgesamt ergibt dies einen Betrag von 2190,00 €.

b) Die Lohnsteuer beträgt gemäß Monatslohnsteuer-Tabelle 350,33 € und der Solidaritätszuschlag 19,26 €, da Angela ledig und kinderlos ist und deshalb die Lohnsteuerklasse I zu Grunde gelegt wird.

c) Die Kirchensteuer beträgt nach Monatslohnsteuer-Tabelle 31,52 €. Sie lässt sich aber auch handschriftlich berechnen, indem 9 % von der Lohnsteuer in Höhe von 350,33 € berechnet werden.

d) Insgesamt hat Dr. Übernacht einen Gesamtbetrag von

$$
\begin{array}{rl}
350,33\ € & \text{Lohnsteuer} \\
+\quad 19,26\ € & \text{Solidaritätszuschlag} \\
+\quad 31,52\ € & \text{Kirchensteuer} \\
\hline
=\ \mathbf{401,11\ €} &
\end{array}
$$

an das Finanzamt abzuführen.

e) **Krankenversicherung**

$$
\begin{array}{lll}
100\ \% & \rightarrow & 2190\ € \\
\underline{14,2\ \%} & \rightarrow & \underline{X\quad €}
\end{array}
$$

$$X = \frac{2190 \times 14,2}{100} = \mathbf{310,98\ €}$$

Rentenversicherung

$$
\begin{array}{lll}
100\ \% & \rightarrow & 2190,00\ € \\
\underline{19,1\ \%} & \rightarrow & \underline{X\quad €}
\end{array}
$$

$$X = \frac{2190 \times 19,1}{100} = \mathbf{418,29\ €}$$

Arbeitslosenversicherung

$$
\begin{array}{lll}
100\ \% & \rightarrow & 2190,00\ € \\
\underline{6,5\ \%} & \rightarrow & \underline{X\quad €}
\end{array}
$$

$$X = \frac{2190 \times 6,5}{100} = \mathbf{142,35\ €}$$

Pflegeversicherung

$$
\begin{array}{lll}
100\ \% & \rightarrow & 2190,00\ € \\
\underline{1,7\ \%} & \rightarrow & \underline{X\quad €}
\end{array}
$$

$$X = \frac{2190 \times 1,7}{100} = \mathbf{37,23\ €}$$

Von allen vier Sozialversicherungsbeiträgen hat Angela die Hälfte (sog. **Arbeitnehmeranteil**) zu tragen. Dies sind insgesamt:

$$
\begin{array}{rl}
310,98\ € & \\
+\quad 418,29\ € & \\
+\quad 142,35\ € & \\
+\quad\ \ 37,23\ € & \\
\hline
=\quad 908,85\ € & : 2 = \mathbf{454,42\ €}
\end{array}
$$

f) Dr. Übernacht hat den gesamten Betrag in Höhe von 908,85 € an die Krankenkasse abzuführen.

g)

	Bruttogehalt	2150,00 €
+	vermögenswirksame Leistung	40,00 €
	Steuer- und sozialversicherungspflichtiges monatliches Bruttogehalt	2190,00 €
−	Lohnsteuer	350,33 €
−	Solidaritätszuschlag	19,26 €
−	Kirchensteuer	31,52 €
−	Sozialversicherungsbeiträge (Arbeitnehmeranteil)	454,42 €
	Nettogehalt	**1334,47 €**

h) *Buchungen*

1) Überweisung an Angela Springmaus
   Personalkosten an **Postbank**   1334,47 €

2) Überweisung der Lohn- und Kirchensteuer und
   des Solidaritätszuschlags
   Personalkosten an **Postbank**   401,11 €

3) Überweisung des Arbeitgeberanteils **und**
   des Arbeitnehmeranteils der Sozialversicherungsbeiträge an die Krankenkasse
   Personalkosten an **Postbank**   908,85 €.

i) Die **Lohn- und Kirchensteuer** ist **spätestens am zehnten Tag nach Ablauf eines jeden Lohnsteuer-Anmeldezeitraums** (= spätestens am 10. des folgenden Monats) an das Finanzamt, in dessen Bezirk sich die Betriebsstätte (hier Anwaltspraxis) befindet, abzuführen (§ 41a EStG).

j) Wenn Dr. Übernacht nur die Hälfte des monatlichen Beitrags der vermögenswirksamen Leistung bezahlt, so erhält Angela folgendes Nettogehalt:

   1334,47 €
   −   20,00 €
   = **1314,47 €**

k) Der Jahresbeitrag zur gesetzlichen **Unfallversicherung** wird **an die Berufsgenossenschaft** abgeführt.

l) Für die Berechnung der Sozialversicherungsbeiträge stellt die **Beitragsbemessungsgrenze** die Grenze dar, bei der die Beiträge zur Sozialversicherung nicht mehr steigen, wenn das Gehalt höher als diese Grenze ist. Der Betrag des Bruttogehalts, der die Höhe des Betrages der Beitragsbemessungsgrenze übersteigt, ist folglich sozialversicherungsfrei.

2.9   Abschreibung

1. a) Die Wertminderung des Kopiergerätes erfolgt durch
   - technische **Abnutzung**, d.h. Verschleiß
   - **Veralterung** infolge des mehr oder weniger schnellen technischen Fortschritts.

   b) Außergewöhnliche, nicht alltägliche Einflüsse, wie Brand oder Wasserschaden, führen ebenfalls zur Wertminderung.

2. a) **AfA** bedeutet **Absetzung für Abnutzung**.

   b) Die AfA ist im **Einkommensteuergesetz** geregelt (§ 7 ff. EStG).

   c) Der Begriff **Abschreibung** (so auch im Folgenden genannt) wird statt AfA verwendet.

3. a) **Bewegliche Wirtschaftsgüter**:
   - PKW, Mofa
   - PC einschließlich Drucker
   - Kopiergerät
   - Notebook
   - Telefonanlage (§ 7 (2) EStG)

   b) **Immaterielle Wirtschaftsgüter**
   - Lizenzen
   - u.U. Computerprogramme (§ 7 (1) EStG)

   c) **Unbewegliche Wirtschaftsgüter**
   - Straßenzufahrten
   - Außenanlagen (§ 7 (4) (5) (5a) EStG)

4. Nach Einlegen des Rechtsmittels Revision entscheidet der **Bundesfinanzhof** in München.

5. **Bemessungsgrundlage** für die Abschreibung sind grundsätzlich die **Anschaffungskosten** oder **Herstellungskosten**.

6. a) Die **Abschreibung beginnt** in dem Jahr, in dem das Wirtschaftsgut angeschafft oder hergestellt wurde oder in dem der Betrieb eröffnet worden ist.

   b) – Das **Wirtschaftsjahr** umfasst regelmäßig einen Zeitraum von zwölf Monaten.

   – Es darf einen Zeitraum von weniger als zwölf Monaten umfassen, so z.B. wenn der Betrieb eröffnet, erworben, aufgegeben oder veräußert wird (§ 8 b EStDV).

c) **Betriebsgewöhnliche Nutzungsdauer**:
   (1) Schreibtisch   = 10 Jahre
   (2) Büromaschine   = 10 Jahre
   (3) Firmenwert   = 15 Jahre

d) – **Jahr der Anschaffung** ist das Jahr der Lieferung.
   – **Jahr der Herstellung** ist das Jahr der Fertigstellung (§ 9a EStDV).

7. Eine Eigentumswohnung ist ein unbewegliches Wirtschaftsgut (Immobilie), während ein Personalcomputer zu den beweglichen Wirtschaftsgütern zählt. Bei beweglichen Wirtschaftsgütern **kann** der Steuerpflichtige statt der Abschreibung in gleichen Jahresbeträgen (wie bei Immobilien) die Abschreibung in fallenden Jahresbeträgen (= sog. degressive Abschreibung) bemessen (§ 7 (2) EStG).

8. Die Wertminderung eines Anlagegutes wird u.a. mit dessen Verschleiß begründet. Mit steigendem Alter eines Betriebsmittels (PC, Schreibmaschine usw.) wird aber auch der Reparaturaufwand höher. Deswegen wird vielfach nicht die lineare Abschreibung, die einen gleich bleibenden Werteverzehr (also z.B. einen gleich hohen Reparaturaufwand in allen Jahren) annimmt, sondern die degressive Abschreibung gewählt.

9. a) Der **PKW** gehört dann zum (**notwendigen**) **Betriebsvermögen**, wenn er zu mehr als 50 % für den eigenen Betrieb genutzt wird.

   b) Gehört der PKW zum Privatvermögen, so sind **Fahrtkosten in der tatsächlichen Höhe** (dies ist ein Teilbetrag der jährlichen Gesamtkosten) abziehbar
   – gemessen an der jährlichen Fahrleistung.

   c) **Gesamtkosten** eines PKWs:
   – Wartungs- und Reparaturkosten
   – Betriebsstoffkosten (Benzin, Öl)
   – Kosten der Garage
   – Kraftfahrzeugsteuer
   – Kraftfahrzeugversicherungen
   – Abschreibung (4 – 8 Jahre)
   – Zinsen für das Anschaffungsdarlehen.

   d) **Nicht** zu den Gesamtkosten dürfen u.a. gezählt werden:
   – die Insassenversicherung
   – die Unfallversicherung.

10. a) Bei der **linearen Abschreibung** wird während der gesamten Nutzungsdauer des Anlagegegenstands ein **gleichmäßiger Werteverzehr** unterstellt. Der Wert des abschreibungsfähigen Wirtschaftsgutes wird durch die betriebsgewöhnliche Nutzungsdauer dividiert. Der so ermittelte

jährliche Abschreibungsbetrag ist für alle Jahre der Abschreibung gleich hoch.

b) Bei der **degressiven Abschreibung** wird während der gesamten Nutzungsdauer ein **abnehmender Wertverzehr** unterstellt. Die Abschreibungsbeträge sinken also von Jahr zu Jahr.

- **Geometrisch-degressive Abschreibung**: Der jährliche Abschreibungsbetrag ergibt sich auf Grund eines festen Prozentsatzes vom jeweiligen Restbuchwert.

- **Arithmetisch-degressive Abschreibung**: Die Abschreibungsquoten vermindern sich jährlich um den gleichen Betrag.

11. a) – Die horizontale (= waagerechte) Achse eines Koordinatenkreuzes ist die **Abszisse,**
- die vertikale (= senkrechte) Achse ist die **Ordinate**.

b) An der
- **Abszisse** ist die **Zeit** und an der
- **Ordinate** der **Abschreibungsbetrag** je Jahr abgetragen.

c) (1) **lineare** Abschreibung

(2) **arithmetisch-degressive** Abschreibung

(3) **geometrisch-degressive** Abschreibung

12. – Der Übergang der Abschreibung in fallenden Jahresbeträgen (= degressive Abschreibung) zur Abschreibung in gleichen Jahresbeträgen (= lineare Abschreibung) ist **zulässig.**
- Der umgekehrte Übergang ist **nicht zulässig** (§ 7 (3) EStG).

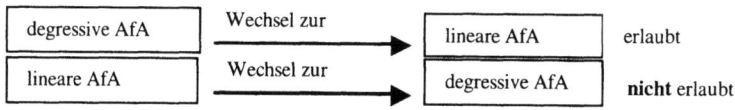

13.a)

	Lineare Abschreibung	
Jahr	Buchwert (in €)	Jährlicher Abschreibungsbetrag (in €)
Anfang 2001	7.000,–	700,–
2002	6.300,–	700,–
2003	5.600,–	700,–
2004	4.900,–	700,–
2005	4.200,–	700,–
2006	3.500,–	700,–
2007	2.800,–	700,–
2008	2.100,–	700,–
2009	1.400,–	700,–
2010	700,–	700,–
Ende 2011	0,–	0,–

b)

	Geometrisch-degressive Abschreibung	
Jahr	Buchwert (in €)	Jährlicher Abschreibungsbetrag (in €)
Anfang 2001	7.000,–	700,–
2002	6.300,–	630,–
2003	5.670,–	567,–
2004	5.103,–	510,30
2005	4.592,70	459,27
2006	4.133,43	413,34
2007	3.720,09	372,–
2008	3.348,09	334,80
2009	3.013,29	301,33
2010	2.711,96	271,19
Ende 2011	2.440,77	–

c) Bei den Datensicherungsschränken handelt es sich um Wirtschaftsgüter des Betriebsvermögens. Der Kauf beeinflusst nach Wert und Bestand unmittelbar die Höhe des Gewinns. Dieser wird geringer.

d)

	Wechsel der Abschreibungsmethode	
Jahr	Buchwert (in €)	Jährlicher Abschreibungsbetrag (in €)
Anfang 2001	7.000,–	700,–
2002	6.300,–	630,–
2003	5.670,–	567,–
2004	5.103,–	510,30
2005	4.592,70	459,27
2006	4.133,43	413,34
Restbuchwert am Ende des 5 Jahres = 4.133,43 €; danach lineare Abschreibung, d.h. jährlich gleichbleibende Abschreibungsbeträge $\rightarrow \dfrac{4.133,43}{5} = 826,686 = $ ca. 826,69 €		
2007	3.306,74	826,69
2008	2.480,05	826,69
2009	1.653,36	826,69
2010	826,67	826,69
Ende 2011	0	826,69

e) – Die volle Abschreibung des Schrankes wird bis zum Ende der betriebsgewöhnlichen Nutzungsdauer erreicht.

    – Je nach dem Zeitpunkt des Wechsels der Abschreibungsmethode ist der jährliche Abschreibungsbetrag höher als zuvor.

14. a) **Abschreibung** an **Praxisausstattung**   400,– €.

    b) Es handelt sich in diesem Fall um die **lineare Abschreibungsmethode**. Der Abschreibungsbetrag am Ende des 5. Jahres ermittelt sich wie folgt.

	Anschaffungspreis		4.000,– €
–	Abschreibungsbetrag	1. Jahr	400,– €
	Buchwert am Ende des	1. Jahres	3.600,– €
–	Abschreibungsbetrag	2. Jahr	400,– €
	Buchwert am Ende des	2. Jahres	3.200,– €
–	Abschreibungsbetrag	3. Jahr	400,– €
	Buchwert am Ende des	3. Jahres	2.800,– €
–	Abschreibungsbetrag	4. Jahr	400,– €
	Buchwert am Ende des	4. Jahres	2.400,– €
–	Abschreibungsbetrag	5. Jahr	400,– €
	Buchwert am Ende des	**5. Jahres**	**2.000,– €**

c) Der Abschreibungsbetrag in Höhe von 400,– € führt zur Verringerung des Gewinns in gleicher Höhe.

d) **Abschreibungen** sind **Betriebsausgaben**.

15. a) Im Gesamtpreis von 1.740,– € sind 16 % USt enthalten.

Der USt-Betrag errechnet sich wie folgt:

Da auf den Nettopreis 16 % USt aufgeschlagen wurden, entspricht der Gesamtpreis 116 %. – Ein Prozent ist der 116. Teil. 16 % sind 16 mal mehr als 1 %.

Daraus ergibt sich folgende Berechnung:

$$\frac{1.740}{116} \times 16 = 240,- €$$

Die Umsatzsteuer beträgt also 240,– €.

Der **Nettopreis** ergibt sich durch Subtraktion des USt-Betrages von dem Bruttopreis.

$$\begin{array}{rr} & 1.740,- € \\ - & 240,- € \\ \hline = & \mathbf{1.500,- €} \end{array}$$

b) *Buchung*:

Praxisausstattung	1.500,– €		
Vorsteuer	240,– €	an **Bank**	1.740,– €

16. a) In dem Preis, den Rechtsanwältin Schwarzkopf für das gebrauchte Kopiergerät bekommt, sind 16 % USt enthalten. 2.088,– € machen also 116 % aus. 1 % des Betrages ergibt sich durch folgende Rechnung:

$$\frac{2.088}{116}$$

16 % USt ergeben sich aus folgender Berechnung:

$$\frac{2.088}{116} \times 16 = 288,- € \text{ Umsatzsteuer.}$$

b) Der Buchwert beträgt also 2.088,– € – 288,– € = 1.800,– €

Buchung:

–	**Buchwertabgang**		an **Praxisausstattung**	1.800,– €
–	**Kasse**	2.088,–	an **Hilfsgeschäfte**	1.800,– €
			MWSt	288,– €

c) Buchungstechnisch stellt der Verkauf des gebrauchten Kopiergerätes, d.h. der Nettoverkaufspreis, eine **Betriebseinnahme** dar.

d) Ist der Nettoverkaufspreis um 300,– € höher als der Buchwert, also 1.800,– € + 300,– € = 2.100,– €, so ist der Bruttoverkaufspreis 2.100,– € + 16 % MWSt.

   = 2.100,– € + 336,– € MWSt = 2.436,– €

Buchung:

–	**Buchwertabgang**		an **Praxisausstattung**	1.800,– €
–	**Kasse**	2 436,–	an **Hilfsgeschäfte**	2.100,– €
			an **MWSt**	336,– €.

Der so entstehende **Verkaufsgewinn** ergibt sich als Differenzbetrag zwischen Nettoverkaufspreis und Buchwert. Er beträgt folglich 2.100,– € – 1.800,– = 300,– €.

e) Ein **Verkaufsverlust** entsteht, wenn der Nettoverkaufspreis geringer ist als der Buchwert.

17. a)   Der Computer wurde gestohlen. Es handelt sich um eine Posititon des Kontos Praxisausstattung. Dieses ist ein Aktiv-Konto. **Abgänge** auf **Aktivkonten** werden **im Haben** gebucht.

    b)

–	**Buchwertabgang**	an **Praxisausstattung**	3.000,– €.
–	**Bank**	an **Hilfsgeschäfte**	5.000,– €.

    c) Der Gewinn durch den Abgang des Computers ergibt sich durch Subtraktion des Buchwertes von dem Betrag, den die Versicherung an Frau Treu zahlt. Dieser erhöht sich somit um 2.000,– €.

2.10 Buchung von Belegen

1.

AVK	96,98 €	an **Bank**	112,50 €
Vorsteuer		15,52 €	

2. a) Rechtsanwalt Johann Baumwald hatte die Druckerei Ralf Setzkasten in Mainz beauftragt, für ihn Briefbögen, Briefumschläge und Visitenkarten zu drucken.

    b) AVK = Allgemeine Verwaltungskosten

	AVK	454,00 DM	an **Bank**	526,64 DM
+	**Vorsteuer**	72,64 DM		

    c) **Mainz** liegt im Bundesland **Rheinland-Pfalz**.

d) **Leipzig** liegt im Bundesland **Sachsen.**

e) **Mainz** ist die **Landeshauptstadt** von **Rheinland-Pfalz.**

f) **Dresden** ist die **Landeshauptstadt** von **Sachsen.**

3. a) Augsburg liegt im Bundesland Bayern.

b) Die **Landeshauptstadt** von **Bayern** ist **München.**

c) Karlsruhe liegt im Bundesland Baden-Württemberg.

d) Die **Landeshauptstadt** von **Baden-Württemberg** ist **Stuttgart**.

e)

Bundesländer	Landeshauptstädte
1. Baden-Württemberg	Stuttgart
2. Bayern	München
3. Berlin	Berlin
4. Brandenburg	Potsdam
5. Bremen	Bremen
6. Hamburg	Hamburg
7. Hessen	Frankfurt
8. Mecklenburg-Vorpommern	Schwerin
9. Niedersachsen	Hannover
10. Nordrhein-Westfalen	Düsseldorf
11. Rheinland-Pfalz	Mainz
12. Saarland	Saarbrücken
13. Sachsen	Dresden
14. Sachsen-Anhalt	Magdeburg
15. Schleswig-Holstein	Kiel
16. Thüringen	Erfurt

f) Sie sehen eine mittels PC ausgefüllte Paketkarte in der Abbildung.

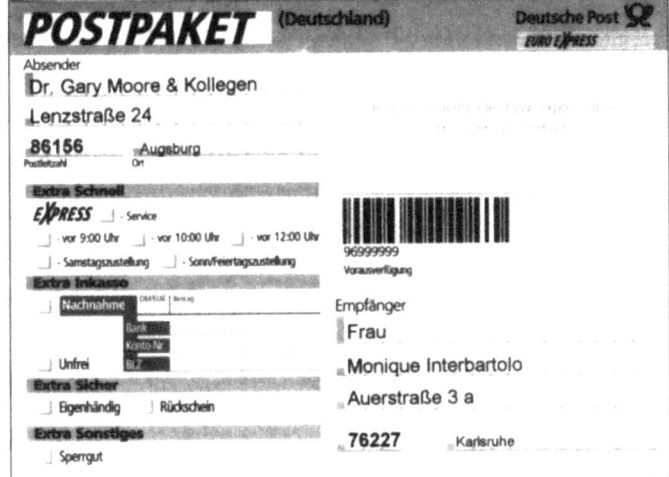

g) Das Paket hat ein Gewicht von 3 kg. Deshalb ist eine Gebühr von 5,90 € zu zahlen.

h) **Vorgelegte Kosten**   an **Kasse**   5,90 €.

4. a) **Postbank**   1.959,20 €   an **Anwaltshonorar**   1.120,00 €
                               an **MWSt**.   179,20 €
                               an **Vorgelegte Kosten**   660,00 €

b) Vorgelegte Kosten – wie in diesem Fall Gerichtskosten – sind durchlaufende Posten. Gemäß § 10 Abs. 1 UStG sind durchlaufende Posten nicht umsatzsteuerpflichtig. Deshalb werden die Gerichtskosten erst nach Berechnung der Umsatzsteuer zum Anwaltshonorar addiert.

5. a) In dem Gesamtbetrag sind Gerichtskosten enthalten, die die Anwältin vorgelegt hat. Es handelt sich deshalb um vorgelegte Kosten. Diese unterliegen **nicht** der Besteuerung durch die Umsatzsteuer. Sie sind vom Gesamtbetrag abzuziehen, um das Anwaltshonorar zu berechnen.

$$\begin{array}{r} 3.300,00 \text{ €} \\ - \quad 516,00 \text{ €} \\ \hline \end{array}$$

Anwaltshonorar   **2.784,00 €**

b) $\begin{array}{r} 3.300,00 \text{ €} \\ - \quad 516,00 \text{ €} \\ \hline \mathbf{2.784,00 \text{ €}} \end{array}$

2.784,00 € enthalten 16 % MWSt. Deshalb wurde das Honorar ohne Mehrwertsteuer 100 % gesetzt.

Der Honorar-Betrag in Höhe von 2.784,00 € entspricht folglich 116 %.

116 %   →   2.784,00 €

1 %   → $\dfrac{2.784,00}{116}$ = 24,00 €

100 %   →   24,00 × 100 = **2.400,00 €**

$$\begin{array}{r} 2.784,00 \text{ €} \\ - \quad 2.400,00 \text{ €} \\ \hline = \text{MWSt. } \mathbf{384,00 \text{ €}} \end{array}$$

Buchung:
Postbank   3 300,00 €   an **Honorar**   2.400,00 €
                             an **MWSt**   384,00 €
                             an **vorgelegte Kosten**   516,00 €

6. a) **Buchungssatz:**
Postbank   323,64 €   an **Anwaltshonorar**   279,00 €
                           an **MWSt**   44,64 €

b) Geschäftsgebühr erhält ein Anwalt für das Betreiben des Geschäfts einschließlich der Information, des Einreichens, Fertigens oder Unterzeichnens von Schriftsätzen oder Schreiben und des Entwerfens von Urkunden (§ 118 Abs.1 BRAGO).

7. a) Das Buch **„Hau Werner, Abschlussprüfung für Rechtsanwalts- und Notarfachangestellte"** ist ein Buch mit Prüfungsfragen und Fällen in einem Aufgabenteil. Im Lösungsteil sind die Lösungen zu den jeweiligen Aufgaben und Fällen aus den Gebieten Wirtschaftslehre und Rechtslehre nachzulesen. **(Siehe: www.hau-werner.de)**

b) Das Buch **„Hau Werner, Grundlagen der Rechtslehre"** ist ein Buch mit zusammenhängenden Textteilen zu verschiedenen Kapiteln, wie den Kapiteln „Bürgerliches Gesetzbuch", „Handels- und Gesellschaftsrecht", „Zivilprozessrecht", „Arbeitsrecht".

c)

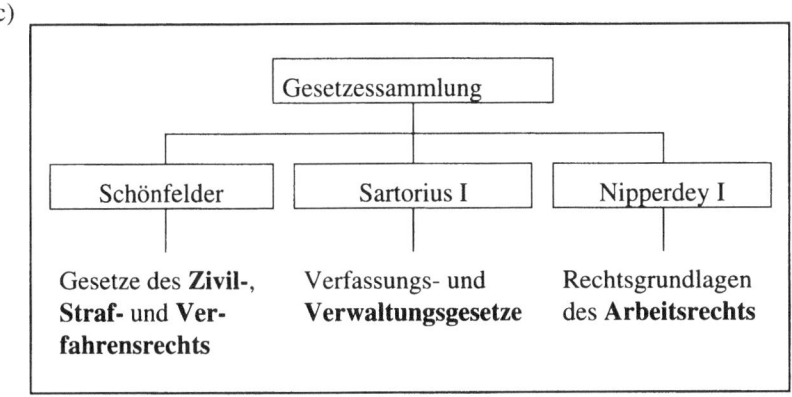

d) Der **Palandt** ist ein **Kommentar zum Bürgerlichen Gesetzbuch** und anderen darin enthaltenen Kommentaren, wie z.B. dem Kommentar zum „Haustürwiderrufsgesetz", zum „Verbraucherkreditgesetz", zum „Fernabsatzgesetz".

e) Es handelt sich hier um den Kauf von **Fachliteratur**.

Buchungssatz:

AVK	233,64 €	an **Kasse**	250,00 €
+ **Vorsteuer**	16,36 €		

f) Der **Eigentumsvorbehalt** ist in § 455 BGB geregelt. Er ist im Warenverkauf das häufigste und wichtigste **Kreditsicherungsmittel**. Dieses dient dem Sicherheitsbedürfnis des Verkäufers, der den Kaufpreis nicht gegen Übergabe des Kaufgegenstandes, hier des Buches, erhält. Solange die Ware nicht bezahlt ist, bleibt der Eigentumsvorbehalt bestehen; der Verkäufer bleibt Eigentümer der Ware. Der Eigentumsvorbehalt erlischt mit der Zahlung des vollen Kaufpreises (einschließlich der MWSt).

8. a) Das Anwaltshonorar beträgt:

       2.765,00 €
       2.488,20 €
         40,00 €
         56,60 €
     —————————
       5.349,80 €

   b) **Buchungssatz:**
      Bank   **6.206,11 €**   an **Anwaltshonorar**   **5.349,80 €**
                                        an **MWSt**   **856,01 €**

9. **Buchung**:
      KfZ-Kosten 31,92 €   an **Kasse**   **37,23 €**
      + **Vorsteuer   5,31 €**

10. **Kasse**   an **Privat**   **100,– €**

Rechtsanwalts- und Notarkammer Irgendwo

Musterprüfung

Sie haben für die Beantwortung der folgenden Aufgaben **60 Minuten** Zeit.

1. Tragen Sie Ihren **Zunamen und Vornamen** auf diesem Aufgabenblatt und auf Ihren Lösungsblättern ein!

2. Tragen Sie das **heutige Datum** an der vorgesehenen Stelle ein!

3. Die Aufgaben können in beliebiger Reihenfolge gelöst werden. Achten Sie jedoch darauf, dass die Lösungen den Aufgaben entsprechend **nummeriert** werden!

4. Als **Hilfsmittel** ist der Taschenrechner zugelassen.

5. Lassen Sie seitlich einen **Rand von drei Zentimetern!**

6. **Schreiben** Sie **deutlich!** – Unleserliche Lösungen können nicht gewertet werden.

7. **Reichen Sie** auch Ihre Zettel mit **Nebenrechnungen ein,** da sie für die Bewertung von Bedeutung sein können!

8. **Unterschreiben** Sie am Ende Ihrer Lösungen mit **ausgeschriebenem Vor- und Zunamen!**

Name: _____   Vorname: _____

Datum: _____

1. Aufgrund ihres Fahrtenbuches verbraucht das Auto von Tanita Windig 7,8 Liter Super-Benzin, wenn sie im Durchschnitt 100 km Fahrtweg zu Grunde legt. Tanita beabsichtigt, eine Woche nach München zu fahren. Für die Hin- und Rückfahrt kalkuliert sie 1.100 km ein.

   25 Punkte

   a) **Wie viel Liter Benzin** muss sie für diese Fahrt einplanen?

   b) **Wie viel Geld** muss sie für den Spritverbrauch vermutlich insgesamt hinlegen, wenn sie von einem **Liter-Preis von 1,12 €** ausgeht?

2. Inge Halstuch hat sich von ihren Eltern zum Geburtstag einen Personal-
computer gewünscht. Sie bekam das Geld mit der Bitte, sich das Gerät
selbst zu kaufen. Am Wochenende ruft Inge ihre Freundin an und lädt sie
zum Essen in einem italienischen Restaurant ein, um die 5 % draufzuhauen, die sie beim Kauf raus gehandelt habe, wie sie sagt. – **Wie teuer
war die Ware**, wenn der ausgehandelte **Preisnachlass 77,– €** betrug?

$\boxed{\text{15 Punkte}}$

3. Maria Breit legt in einem Zeitraum von 108 Tagen bei einer Sparkasse einen Betrag in Höhe von 36.000,– € an. Am Ende der Anlagedauer werden
auf ihrem Sparkonto 36.648,– € ausgewiesen. – Mit welchem Zinssatz
wurde das Kapital verzinst?

$\boxed{\text{10 Punkte}}$

4. Harald Wunderlich, Anita Baumlang und Jutta Kehrein haben im Lotto gespielt. Harald war am Einsatz mit 240,– €, Anita mit 60,– € und Jutta mit
100,– € beteiligt. Der Gewinn, den alle gemeinsam erhalten, beträgt
34.000,– €. – Welchen Anteil vom Gewinn erhalten die drei Freunde jeweils?

$\boxed{\text{18 Punkte}}$

5. Wie lauten für folgende Geschäftsfälle die **Buchungssätze**?

a) Mandant Paul Honig zahlt an Rechtsanwältin Karin Sumse das Honorar
in Höhe von 2876,80 € inkl. 16 % USt. bar (Nettoverfahren).

b) Rechtsanwältin Yvonne Landkart überweist das Gehalt ihrer Angestellten Katrin Andernach in Höhe von 4.800,– € durch Überweisung
bei der Volksbank Magdeburg.

c) Abbuchung von Telefongebühren per Bank-Lastschrift in Höhe von
912,– €.

d) Überweisung der monatlichen Miete in Höhe von 1.800,– € per
Dauerauftrag bei der Bank.

e) Barkauf von Ordnern für den Betrieb in Höhe von 213,44 € einschließlich 16 % USt.

$\boxed{\text{24 Punkte}}$

6. Erklären Sie, warum ein für eine Anwaltssozietät gekaufter Computer möglicherweise degressiv abgeschrieben wird!

$\boxed{\text{8 Punkte}}$

$\boxed{\text{Summe 100 Punkte}}$

Lösungen zur Musterprüfung

Name: Darling   Vorname: Sybille

Datum: 11. Dezember 20..

1. a) – Tanita verbraucht im Durchschnitt auf 100 km 7,8 Liter Benzin.

   – Wenn sie 1.100 km fährt, verbraucht sie das 11-fache an Benzin, d.h.

   $11 \times 7,8$ Liter = **85,80 Liter**.

   b) Wenn Tanita vermutlich 85,80 Liter verbrauchen wird und der Liter-Preis 1,12 € beträgt, so hat sie insgesamt

   $85,80 \times 1,12 = $ **96,09 €** zu zahlen.

2.   5 %   →   77,– €
   <u>100 %   →   X €</u>

   gesucht ist der Grundwert.

   $$\text{Grundwert} = \frac{\text{Prozentwert} \times 100}{\text{Prozentsatz}} = \frac{77 \times 100}{5} = 1.540 \text{ €}$$

   Der Personalcomputer kostete ursprünglich 1.540,– €.

3. K = 36.000,– €
   Z = 36.648,–   – 36.000 = 648,– €
   i = 108 Tage
   p = ?

   $$p = \frac{Z \times 100 \times 360}{i \times K} = \frac{648 \times 100 \times 360}{108 \times 36.000} = 6 \%$$

   Das Kapital von Maria Breit wird mit **6 %** verzinst.

4. Einsätze: Harald   240,– €   →   24 Anteile
               Anita   60,– €   →   6 Anteile
               <u>Jutta   100,– €   →   10 Anteile</u>
                        400,– €   40 Anteile

   Gewinnaufteilung: 34.000,– € : 40 Anteile = 850,– €/Anteil

               Harald $24 \times 850,– € = $ **20.400,– €**
               Anita $6 \times 850,– € = $ **5.100,– €**
               <u>Jutta $10 \times 850,– € = $ **8.500,– €**</u>
               Probe: 34.000,– €

5. a) Kasse 2.876,80 €   **an**   Honorar   2.480,– €

                                         MWSt.   396,80 €

   b) Personalkosten   **an**   Volksbank Magdeburg   4.800,– €

   c) AVK   **an**   Bank   912,– €

   d) Raumkosten   **an**   Bank   1.800,– €

   e) Allgemeine
      Verwaltungskosten
      (AVK)   184,00 €
      + Vorsteuer   29,44 € **an**   Kasse   213,44 €

6. Die Wertminderung eines Anlagegutes wird u. a. mit dessen Verschleiß
   begründet. Mit steigendem Alter eines Betriebsmittels (PC, Schreibmaschine usw.) wird aber auch der Reparaturaufwand höher. Deswegen wird
   vielfach nicht die lineare Abschreibung, die einen gleichbleibenden Werteverzehr (also z.B. einen gleich hohen Reparaturaufwand in allen Jahren)
   annimmt, sondern die degressive Abschreibung gewählt.

Stichwortverzeichnis

MIX
Papier aus verantwortungsvollen Quellen
Paper from responsible sources
FSC® C105338

If you have any concerns about our products,
you can contact us on
ProductSafety@springernature.com

In case Publisher is established outside the EU,
the EU authorized representative is:
Springer Nature Customer Service Center GmbH
Europaplatz 3, 69115 Heidelberg, Germany

Printed by Libri Plureos GmbH
in Hamburg, Germany